# Sozioökonomische Analyse von Pflegemaßnahmen zur Erhaltung von Heidelandschaften im Naturschutzgebiet Lüneburger Heide

Kosten-Nutzen-Analyse, Kosten-Wirksamkeits-Analyse
und Akzeptanz der Maßnahmen

von

Jan Müller

Tectum Verlag
Marburg 2005

**Müller, Jan:**
Sozioökonomische Analyse von Pflegemaßnahmen zur Erhaltung von
Heidelandschaften im Naturschutzgebiet Lüneburger Heide.
Kosten-Nutzen-Analyse, Kosten-Wirksamkeits-Analyse
und Akzeptanz der Maßnahmen.
/ von Jan Müller
- Marburg : Tectum Verlag, 2005
Zugl.: Lüneburg, Univ. Diss. 2004
ISBN 978-3-8288-8833-3

Tectum Verlag
Marburg 2005

# Inhaltsverzeichnis

# Abbildungsverzeichnis

# Tabellenverzeichnis

# Vorwort

Naturschutzgebiete erfüllen wichtige ökologische und gesellschaftliche Funktionen. Im dicht besiedelten Europa müssen diese Gebiete gepflegt und gemanagt werden. Großräumige natürliche Veränderungen wie Überschwemmungen oder Großbrände werden heute nicht mehr zugelassen und müssen deshalb mit Pflegemaßnahmen simuliert werden, um bestimmte Biotope und ökologische Lebenssysteme zu erhalten. Naturschutzpflege ist auch dann notwendig, wenn das Naturschutzgebiet, wie bei der Lüneburger Heide eine Kultur- und nicht eine Naturlandschaft darstellt. So ist diese Form der Heide ein Ergebnis einer bestimmten Nutzungsweise – der Heidelandwirtschaft mit ihrer weit bekannten Schafzucht. Da die Heidewirtschaft aufgrund wirtschaftlicher und gesellschaftlicher Veränderungen seit vielen Jahren weggefallen ist, ist eine intensive Pflege des Naturschutzgebiets notwendig, um deren Existenz, ökologischen und touristischen Wert zu erhalten.

Aktuelle Entwicklungen weisen an vielen Orten darauf hin, dass für das Management von Naturschutzgebieten nicht nur ökologische, sondern auch soziale und ökonomische Informationen von zunehmender Bedeutung sind. Die Bedeutung sozialer Aspekte des Naturschutzes zeigt sich überall dort, wo Bevölkerungsgruppen mit Naturschutzmaßnahmen in Berührung kommen, und das ist bei der heutigen Bevölkerungsdichte in Europa fast überall. Manche Maßnahmen treffen auf große Zustimmung, andere weniger. Auf Basis der Beurteilung der sozialen Akzeptanz unterschiedlicher Pflegemaßnahmen kann das Pflegeprogramm zeitlich (z.B. außerhalb oder während der Tourismussaison) und örtlich (oft oder weniger oft besuchte Orte) ausgestaltet und ein insgesamt wirkungsvolles Naturschutzmanagement realisiert werden.

Die Bedeutung ökonomischer Aspekte im Naturschutz wird in Zeiten sinkender öffentlicher Zuschüsse besonders deutlich. Analysen zur Effizienz unterschiedlicher Pflegemaßnahmen schaffen die Grundlage dafür, mit beschränkten Budgets möglichst viel Naturschutz realisieren zu können.

Trotz ihres großen Potenzials sind sozioökonomische Analysen im Bereich des Naturschutzes im deutschsprachigen Raum bisher noch nicht sehr weit verbreitet. Dabei können sie – gemeinsam mit ökologischen Informationen – einen wichtigen Beitrag für einen effizienten und effektiven Naturschutz liefern.

Die vorliegende Arbeit befasst sich mit der Pflege der Heideflächen im Naturschutzgebiet Lüneburger Heide. Sowohl für die Heidepflege insgesamt als auch für einzelne Pflegemaßnahmen werden die ökonomische Vorteilhaftigkeit und Akzeptanz beurteilt.

Die Ergebnisse zeigen, dass entsprechende Analysen eine fundierte und wertvolle Entscheidungsunterstützung zum Einsatz von Pflegemaßnahmen liefern können. Insbesondere der dritte Teil dieser Arbeit enthält eine eigenständige und innovative Vorgehensweise zur Verarbeitung ökologischer und ökonomischer Informationen im Pflegemanagement. Durch die Kombination von ökologischen und ökonomischen Informationen werden Hinweise auf die beste Pflegewirkung bei gegebenem Budget oder den geringsten Mitteleinsatz zur Erreichung einer gegebenen Wirkung gewonnen. Diese Erkenntnisse können dazu genutzt werden, mehr Naturschutz mit gleichem Mitteleinsatz zu erreichen. Naturschutzverantwortliche, die ökonomische Aspekte übersehen, verspielen Möglichkeiten, mehr Naturschutzwirkung zu erzielen. Zusammenfassend liefert die Arbeit auch Ansätze zu einer integrierten Sichtweise, die ökologische, ökonomische und soziale Aspekte im Pflegemanagement berücksichtigt. Damit stellt sie ein sehr schönes Beispiel für den sich entwickelnden Bereich des Naturschutzmanagements dar.


Prof. Dr. Stefan Schaltegger
Centre for Sustainability Management (CSM)
Universität Lüneburg

## Danksagung

Der Verfasser dieser Arbeit hatte das Glück, sowohl in einem großen und konstruktiven Team am Centre for Sustainability Management der Universität Lüneburg als auch in einem solchen in dem interdisziplinären Forschungsprojekt „Feuer und Beweidung als Instrumente zur Erhaltung magerer Offenlandschaften Nordwestdeutschlands" arbeiten zu dürfen. Ohne beide wäre die Arbeit sicher nicht entstanden. Prof. Dr. Stefan Schaltegger sei herzlich gedankt für die auch bei knappen Zeitressourcen immer vorhandene Unterstützung und Betreuung der Arbeit. Von allen Kollegen innerhalb und außerhalb des Instituts, die bei der Lösung von Einzelproblemen hilfreich waren, möchte ich Oliver Kleiber und Dr. Frank Figge besonders hervorheben, die Starthilfe und die Diskussionen waren sehr hilfreich. Derik Burgert vom Forschungsinstitut Freie Berufe der Universität Lüneburg hat sich um statistische Spezialaufgaben sehr verdient gemacht.

Die Zusammenarbeit im Rahmen des Forschungsprojekts brachte für viele Kollegen aus dem naturwissenschaftlichen Bereich sicher ungewohnte Fragen mit sich. Umso mehr ist die Hilfsbereitschaft, die mir zuteil wurde, besonderen dankenswert. Hier möchte ich die engagierte Koordination des Forschungsprojekts durch Tobias Keienburg und Dr. Johannes Prüter und die Zusammenarbeit mit der Arbeitsgruppe des Instituts für Ökologie und Umweltchemie der Universität nennen, namentlich Silke Fottner, Thomas Niemeyer und Marion Sieber. Für die Förderung des Forschungsprojekts danke ich dem Bundesministerium für Bildung und Forschung.

# I Einführung

## 1. Zusammenfassung

Im Naturschutzgebiet Lüneburger Heide existieren die größten zusammenhängenden Heideflächen in Nordwestdeutschland. Diese Flächen stellen die Reste einer ehemaligen ausgedehnten Heidelandschaft dar. In der vorliegenden Arbeit werden verschiedene Ansätze verfolgt, um die volkswirtschaftliche Vorteilhaftigkeit der Heidepflege und die betriebswirtschaftliche Effizienz einzelner Pflegemaßnahmen zu prüfen und die sozioökonomische Bedeutung dieser Aktivitäten für verschiedene Anspruchsgruppen einzuschätzen.

Ziel ist es, durch die Kombination von ökologischen, ökonomischen und sozialen Daten einen Beitrag zu einem nachhaltigen Gebietsmanagement zu leisten. Wesentliche Teile der Datengrundlage für die Analyse wurden in Befragungen bei drei Anspruchsgruppen der Heideflächen im Naturschutzgebiet geschaffen. Die Schätzung des Nutzens erfolgte über die Hochrechnung der individuellen Zahlungsbereitschaft der Besucher der Heideflächen. Daher wurden Daten zur Zahlungsbereitschaft der Heidebesucher erhoben sowie die Akzeptanz der Anspruchsgruppen Besucher, Gastronomie- und Handelsbetriebe und Landwirte für Heidepflegemaßnahmen ermittelt. Kostendaten der einzelnen Pflegeverfahren und der Heidepflege insgesamt wurden durch Auswertung von Unterlagen der betreuenden Naturschutzorganisation ermittelt.

Zum einen wird eine *Kosten-Nutzen-Analyse* der Heidepflege insgesamt durchgeführt. Die jährlichen Gesamtkosten der Heidepflege werden zusammengestellt und analysiert. Die Monetarisierung des Nutzens erfordert die Anwendung einer speziellen Methode zur Präferenzerfassung bei öffentlichen Gütern, weil die betreffenden Funktionen wie etwa „Naturgenuss durch die Heideflächen" und „Erholung auf den Heideflächen" nicht auf Märkten gehandelt werden und daher keine Marktpreise existieren. Dazu wird die Contingent Valuation Method (CVM) eingesetzt, mit der im Rahmen von Befragungen die Zahlungsbereitschaft der Heidebesucher für die Weiterführung der Heidepflege insgesamt ermittelt wird. Aus den direkten Äußerungen der Zahlungsbereitschaft sowie weiteren Befragungsergebnissen kann geschlossen werden, dass die Besucher durchaus zu einer Reduzierung ihres Nutzens zugunsten der Pflege der Heideflächen bereit sind. Aus diesen Gründen erscheint die geäußerte Zahlungsbereitschaft von 2,00 € pro Aufenthaltstag realistisch. Für die Interpretation der Ergebnisse muss ein relativ geringer Kenntnisstand über die Entstehung und Pflegenotwendigkeit der Heide bei den Besuchern berücksichtigt werden. Nach der Aggregation der individuellen Zahlungsbereitschaft ergibt sich ein deutlich positiver, volkswirtschaftlicher Nettonutzen für die Heidepflege insgesamt.

Zum anderen wird eine *Kosten-Wirksamkeits-Analyse* der einzelnen Pflegemaßnahmen auf betrieblicher Ebene durchgeführt. In diesem Schritt werden die Kosten mit den Wirksamkeitskriterien Nährstoffaustrag, Verlusten an Carabiden (Laufkäfern) und Akzeptanz der einzelnen Verfahren gegenübergestellt. In der Kosten-Wirksamkeits-Matrix werden diese Größen für eine Entscheidungsunterstützung zusammengestellt. Für komplexe Entscheidungssituationen wird die Kosten-Wirksamkeits-Matrix allerdings ein schwer handhabbares Werkzeug, sie liefert zudem keine eindeutigen Ergebnisse.

In einem weiteren Schritt wird daher mit Hilfe der *linearen Programmierung* die Gesamtkostenfunktion der Verfahren minimiert, wobei bestimmte Mindestwerte der Nährstoffausträge sowie andere Kriterien des Pflegemanagements als Restriktionen dienen. Bei Anwendung einer linearen Optimierung führt dies zu einem (kosten)optimalen Pflegeprogramm unter den gegebenen Bedingungen. Dieses enthält die optimale Fläche eines Pflegeverfahrens oder einer Kombination von Verfahren.

Darüber hinaus wird durch die Methode der *Zielprogrammierung* ein optimaler Ausgleich zwischen den verschiedenen Zielen der Heidepflege gefunden. Auch hier resultiert ein Pflegeprogramm, das den besten Kompromiss der Pflegeverfahren, gemessen an den vorgegebenen Zielen, darstellt.

Beide Bereiche der ökonomischen Analyse werden von der Akzeptanz verschiedener Anspruchsgruppen für die Heidepflege beeinflusst. Die Heidepflege insgesamt wird bei allen Gruppen recht gut beurteilt. In einzelnen Äußerungen findet man aber Hinweise auf wahrgenommene Defizite im Zusammenhang mit dem Pflegemanagement. Insbesondere die Vergrasung der Heideflächen ist offenbar ein Aspekt, der für die Heidebesucher störend wirkt. Bei der Befragung der Gruppen nach ihrer Akzeptanz für die einzelnen Pflegeverfahren zeigt sich, dass die Heidebesucher sehr positive Beurteilungen für die Beweidung vergeben und die Mahd ebenfalls gut akzeptiert wird. Die Maßnahmen Brennen, Plaggen und Schoppern erhalten dagegen von den Besuchern keine guten Bewertungen.

Insgesamt positive Einschätzungen der Heidepflege geben auch die beiden anderen Gruppen, Landwirte und Gastronomievertreter ab. Die Auswirkung der Pflege wird für die Heide als zustandsverbessernd angesehen, der Umfang der Pflege sollte nach Ansicht der Gastronomievertreter noch gesteigert werden.

Die Ergebnisse legen verschiedene Empfehlungen für das zukünftige Pflegemanagement nahe. Als kurzfristige Maßnahmen sollten die schlecht beurteilten Aspekte der Pflegeverfahren möglichst nicht dort angewendet werden, wo sie in besonderer Wiese im Blickfeld der jeweiligen Gruppen liegen. Dies könnte zur Minderung der Akzeptanz und des Nutzens führen, die sich auch in einer geringeren Zahlungsbereitschaft oder durch Entzug von Ressourcen äußern könnte. Mittelfristig sollte versucht werden, eine Strategie zur Vermittlung der fehlenden Kenntnisse an die Gruppe der Besucher zu entwickeln, um Konflikte, die sich bei einer intensiven Pflegetätigkeit ergeben könnten, vorzubeugen. Über die reale Erhebung einer Abgabe für die Heidepflege könne keine detaillierten Aussagen gemacht werden. Wenn auch die Einführung einer solchen Abgabe zunächst einen gewissen Aufwand verursachen würde, könnte die Finanzierung der Heidepflege nach den vorliegenden Ergebnissen damit geleistet werden.

## 2. Einleitung

### 2.1 Naturschutz und Wirtschaftlichkeitsbetrachtungen

Naturschutzgebiete umfassen in Deutschland eine Fläche von 982.300 Hektar, dies entspricht etwa 2,8% der Landfläche (Statistisches Bundesamt 2003). Schutzgebiete und insbesondere Großschutzgebiete, das wurde besonders im Laufe der letzten Dekaden erkannt, bilden die letzten Refugien für bedrohte Biotoptypen, Pflanzen- und Tierarten (vgl. z.B. Scheurlen 2000). In vielen Fällen ist es unstrittig, dass die Gebiete geschützt werden müssen, um diese bedrohten Naturgüter auf Dauer zu erhalten. Schutzgebiete bieten zudem Möglichkeiten zur Umweltbildung für Kinder und Erwachsene. Im internationalen Kontext sind insbesondere die westlichen Industrieländer aufgefordert, das Netz ihrer Schutzgebiete zu verdichten (vgl. z.B. Gellermann 2001). Es gibt also mehrere Gründe, Großschutzgebiete in Deutschland einzurichten und zu erhalten.

Im dicht besiedelten Mitteleuropa gibt es auf diesen Flächen kaum noch Beispiele dafür, dass die natürliche Entwicklung durch den menschlichen Einfluss noch nicht wesentlich verändert worden ist. Viele Gebiete beherbergen menschlich beeinflusste Ökosysteme, die aus ökologischer Sicht sehr wertvoll sind und in die zu ihrer Erhaltung auch weiterhin mehr oder weniger stark eingegriffen werden muss.

Nicht nur ökologisch-naturschutzfachliche Aspekte sind bei der Einrichtung und beim Management von Schutzgebieten zu beachten. Sie können nur dauerhaft funktionieren, wenn sie Rückhalt bei den gesellschaftlichen Gruppen finden, die durch die Maßnahmen des Gebietsmanagements betroffen sind und deren Unterstützung in unterschiedlichem Maße benötigt wird. Zu diesen Gruppen gehören sowohl überregionale Akteure wie nationale und internationale Politik, Verwaltung, als auch lokale wie Einwohner, Lokalpolitik, Wirtschaftsbetriebe und Gebietsmanagement. Nicht alle dieser Akteure sind primär aus intrinsischen Motiven am Erhalt von Naturgütern interessiert, sondern sie bewegen auch ihre eigene wirtschaftliche Existenz, soziale und kulturelle Fragen. Wenn diese Aspekte nicht ausreichend berücksichtigt werden, entwickeln die betroffenen Gruppen dem Schutzgebiet gegenüber keine Akzeptanz. Eine rechtzeitige und weitgehende Berücksichtigung der Interessen wichtiger gesellschaftlicher Gruppen, der kritischen Stakeholder, ist also von zentraler Bedeutung. Dieser Begriff bezeichnet diejenigen Anspruchsgruppen, die dem Management wichtige Ressourcen zur Verfügung stellen. Diese Ressourcen und die Gruppen als Lieferanten können bei kritischen Stakeholdern nur zu hohen Kosten substituiert werden (vgl. Schaltegger 1999). Ebenso sind – und dies steht im engen Zusammenhang mit der Akzeptanz der betroffenen Gruppen – ökonomische Kennwerte eines Schutzgebietes von zentraler Bedeutung. Sowohl für politisch-strategische als auch für operative Entscheidungen im Zusammenhang mit Naturschutzmaßnahmen spielen ökonomische Aspekte wie die Verursachung von Kosten und erreichte Wirkungen oder Nutzen eine wesentliche Rolle. Eine Pressenotiz zum geplanten Nationalpark Eifel belegt dies deutlich:

*„Streit ums Geld gefährdet Nationalpark Eifel".*
(aus: Süddeutsche Zeitung vom 18.01.2003)

Dabei sollten ökonomische Betrachtungen sich – insbesondere mit Blick auf die schlechte Lage der öffentlichen Haushalte – nicht auf eine politische Lobbyarbeit zur Erlangung hoher öffentlicher Zuschüsse ausrichten, sondern müssen verstärkt Wirtschaftlichkeitsaspekte einbeziehen.

In diesem Sinne kann auch das Management eines Schutzgebietes nur dauerhaft erfolgreich sein, wenn es einen nachhaltigen Charakter hat, nämlich ökologische, ökonomische und soziale Aspekte in seiner Ausführung berücksichtigt werden. Die Untersuchung ökologischer Fragen wird in den meisten Schutzgebieten bereits intensiv betrieben (vgl. z.B. Planungsgruppe für Landschaftspflege und Wasserwirtschaft 1995; Redecker et al. 2002; Ernst & Hanstein 2001).

im Naturschutzgebiet Lüneburger Heide gewonnen werden konnten.

Die Arbeit gliedert sich in vier Blöcke. Der erste Block setzt sich aus der Zusammenfassung, der Einleitung, Problemstellung und Zielsetzung der Arbeit sowie der Strukturbeschreibung des Untersuchungsgebietes zusammen. Im zweiten Block werden die gesellschaftlichen Kosten und der gesellschaftliche Nutzen der Flächen verglichen. Weiterhin wird in diesem Block die Erhebung der sozialen Akzeptanz dargestellt und deren Ergebnisse analysiert.

Im dritten Block wird die Untersuchung der Kostenwirksamkeit der einzelnen Pflegemaßnahmen beschrieben sowie einige praxisnahe Modelle zur mathematischen Optimierung der Maßnahmen entwickelt. Der vierte Block unternimmt den Versuch, Zusammenhänge der auf den verschiedenen Ebenen gewonnenen Informationen. aufzuzeigen. Insbesondere Verknüpfungen der ermittelten Akzeptanz mit den Ergebnissen der ökonomischen Analyse stehen im Mittelpunkt des Interesses. Aus diesen Erkenntnissen werden Handlungsempfehlungen abgeleitet.

## 2.2 Einordnung des Themas

Die Landschaft Mitteleuropas war in den vergangenen Jahrhunderten ständigem Wandel ausgesetzt. Die natürliche Vegetation ohne menschlichen Einfluss bestand nach heutiger Vorstellung überwiegend aus Wald, wies aber auch einen erheblichen Anteil an halboffenen Arealen auf, die – neben anderen Faktoren – maßgeblich durch den Einfluss großer pflanzenfressender Tiere wie z.B. von Wildrindern geprägt wurden (vgl. z.B. Finck & Riecken 2002). Mit zunehmendem menschlichem Einfluss entwickelten sich extensive Wiedesysteme mit Rindern, Pferden oder Schafen, die an die vorhandenen Landschaftsformen angepasst waren und diese nur mäßig veränderten. Halboffene oder offene Landschaftstypen wurden mit diesen Wiedesystemen genutzt und erhalten (vgl. z.B. Aerts & Heil 1993; Finck & Riecken 2002). Nachdem die wirtschaftliche Nutzung dieser Flächen in großem Rahmen nicht mehr möglich war, wurden die meisten von ihnen in andere Nutzungsarten wie intensive Landwirtschaft, Forstwirtschaft oder Siedlung überführt. Geringe Reste der halboffenen und offenen Flächen blieben bis heute erhalten. Diese wurden zunächst vermutlich eher zufällig oder auf Grund schlechter natürlicher Voraussetzungen nicht in andere Nutzungsarten überführt. Am Anfang des 20. Jahrhunderts entstand eine neue Motivation für den Erhalt der Offenlandschaften. Man wurde darauf aufmerksam, dass die offenen Flächen durch Aufforstung stark zurückgingen (vgl. Völksen 1984, 29ff.). Die Landschaftstypen des Offenlandes bilden im Zusammenhang mit Waldflächen einen abwechslungsreichen Landschaftsaspekt und bieten Lebensraum für viele Tier- und Pflanzenarten, die im Laufe der Landschaftsgeschichte diese Lebensräume besiedelt haben. Eine Erhaltung der verbliebenen Flächen wurde aus Gründen des Naturschutzes und der Erhaltung der kulturgeschichtlichen Zeugnisse für sinnvoll gehalten (vgl. Völksen 1984, 39; Lüer 1994, 34ff.).

Entscheidungen über den Schutz und die Pflege von flächenhaften Naturgütern wie Naturschutzgebieten fallen auf verschiedenen Ebenen. Es muss einerseits die Vorteilhaftigkeit des Gesamtprojektes eingeschätzt werden, um die Entscheidung über die Schutz- und Erhaltungsmaßnahmen insgesamt zu beurteilen. Dies erfordert Informationen, die traditionell überwiegend aus ökologischen und naturschutzfachlichen Daten bestehen und die als Erfahrungswerte oder als wissenschaftliche Ergebnisse vorliegen (vgl. z.B. Brinkmann et al. 1988). Andererseits sind bei pflegebedürftigen Flächen operative Entscheidungen notwendig, welche Pflegemaßnahmen bei konkreten Problemen angewendet werden sollen.

Eine sozioökonomische Untersuchung auf diesem Gebiet reiht sich in eine junge Disziplin, das Naturschutzmanagement, ein, in der Naturschutzprojekte nicht nur nach ökologischen, naturschutzfachlichen oder kulturhistorischen Kriterien untersucht werden. In jüngerer Zeit sind sowohl die ökonomische Bedeutung von Naturgütern als auch die gesellschaftliche Akzeptanz von Maßnahmen des Naturschutzes in den Blickpunkt der Forschung gerückt (vgl. z.B. Bräuer 2002; Rahmann 2001). Dies erhält umso mehr Relevanz, je größer die Schutzgebietsfläche ist und je größer der Nutzungsdruck im Umfeld ist. Auch durch die Stilllegung landwirtschaftlicher Flächen werden heute schon und in Zukunft vermutlich in größerem Maße zusätzlich extensiv genutzte oder ungenutzte Offenlandschaften geschaffen werden. Informationen darüber, ob eine Pflege solcher Flächen volkswirtschaftlich sinnvoll ist, wie teuer die Pflege wird, wie sie effizient zu betreiben ist und wie betroffene Gruppen auf sie reagieren, sollten angesichts einer solchen Entwicklung unbedingt erhoben und analysiert werden. In der vorliegenden Untersuchung werden die genannten Aspekte in dem seit langem etablierten Naturschutzgebiet Lüneburger Heide untersucht. Die Heideflächen in diesem Gebiet zeichnen sich durch eine hohe Pflegebedürftigkeit aus, dies bedingt einen großen Einsatz von Ressourcen für die Pflege. Daneben sind verschiedenen Anspruchsgruppen zu identifizieren, von denen die große Gruppe der Heidebesucher besondere Bedeutung für das Gebiet hat. Die Reaktion der Anspruchsgruppen hat ebenfalls erheblichen Einfluß auf die ökonomische Situation des Gebiets.

## 2.3 Problemstellung und Zielsetzung

Im Naturschutzgebiet Lüneburger Heide sind Maßnahmen notwendig, um die Offenlandflächen, im Wesentlichen Heide, in einem definierten Zustand zu erhalten und eine gewünschte Entwicklung zu unterstützen (vgl. Norddeutsche Naturschutzakademie 1993). Dazu werden finanzielle Mittel aufgewendet, um Flächen nach der vorgegebenen Zielsetzung zu pflegen. Die Pflege insgesamt und die verschiedenen Pflegemaßnahmen treffen bei unterschiedlichen Anspruchsgruppen auf verschiedene Ausprägungen von Akzeptanz.

Unter diesen Voraussetzungen ergeben sich mehrere sozioökonomische Problemfelder:

- Beurteilung des Verhältnisses von Kosten und Nutzen der Offen landpflege bzw. Allokationseffizienz auf volkswirtschaftlicher Ebene
- Akzeptanz der Pflege und einzelner Pflegemaßnahmen bei den An spruchsgruppen und mögliche ökonomische Auswirkungen
- Kostenwirksamkeit und maximale Effizienz der betrieblichen Ressourcen für das Flächenmanagement

In der vorliegenden Arbeit soll eine umfassende Betrachtung des sozioökonomischen Umfeldes der Pflegemaßnahmen von Heideflächen im Naturschutzgebiet Lüneburger Heide anhand dieser Problemfelder geleistet werden. Die erste Fragestellung betrifft die Vorteilhaftigkeit der Pflegemaßnahmen auf volkswirtschaftlicher Ebene:

*Wie ist das Verhältnis von Kosten und Nutzen der Heidepflege insgesamt im Naturschutzgebiet Lüneburger Heide?*

Für die dazu verwendete Kosten-Nutzen-Analyse werden die Kosten der Pflegemaßnahmen dem Nutzen gegenübergestellt, den die Heideflächen für verschiedene Anspruchgruppen stiften. Dabei wird davon ausgegangen, dass das Gebiet nur durch Pflege dauerhaft im gewünschten Zustand erhalten werden kann (vgl. z.b. Lütkepohl 1993, 14ff.).
Zunächst werden die Kosten, die auf volkswirtschaftlicher Ebene für die Pflege und Erhaltung der Heideflächen anfallen, erfasst. Danach wird der Nutzen, der von der Erhaltung der Flächen ausgeht, geschätzt und beide Größen miteinander verglichen. Angesichts des langen Bestands und der hohen Besucherfrequenz der Heideflächen scheint es eher wahrscheinlich, dass der gesellschaftliche Nutzen der Flächen höher liegt als die gesellschaftlichen Kosten, die anfallen. Diese Hypothese soll im Rahmen der Analyse überprüft werden.
Eine weitere Information, die hilft, auf gesellschaftlicher Ebene die Vorteilhaftigkeit der Pflegemaßnahmen einzuschätzen, ist die soziale Akzeptanz. Die Verfahren, die für die Pflege der Heideflächen angewendet werden, wiesen sehr unterschiedliche Charakteristika auf. Es ist daher zu vermuten, dass es auch Unterschiede in der Akzeptanz von Pflegeverfahren gibt. Der im vorhergehenden Schritt ermittelte Nutzen, der durch die Erhaltung der Heideflächen insgesamt gestiftet wird, kann durch eine geringe Akzeptanz oder einen Rückgang der Akzeptanz einzelner Verfahren beeinträchtigt oder umgekehrt, durch eine Akzeptanzsteigerung noch vergrößert werden. Die Akzeptanz kann, auch ohne direkt spürbare Auswirkungen, die monetäre Ausstattung beeinflussen, etwa durch Steigerung oder Entzug von Spenden oder Mitgliedsbeiträgen. Der Akzeptanzgrad für die Heidepflege insgesamt ist in den ermittelten Nettonutzen oder -kostenwerten enthalten. Jedoch kann weder die Akzeptanz für die gesamten Pflegeaktivitäten noch diejenige für einzelne Verfahren aus den Nutzen- oder Kostenwerten detailliert abgelesen werden. Jede Änderung von Managementaktivitäten kann auch Auswirkungen auf die Akzeptanz der gesamten Heidepflege haben. Die Frage, die sich in diesem Zusammenhang stellt, lautet:

*Welche Einstellung haben die Anspruchsgruppen zu den verschiedenen Verfahren der Heidepflege und welche ökonomischen Folgerungen können daraus abgeleitet werden?*

Im zweiten Problemfeld wird das Gebietsmanagement auf der operativen Ebene untersucht. Die Frage in diesem Zusammenhang ist:

*Welche Wirksamkeiten weisen die verschiedenen Heidepflegemaßnahmen im Vergleich zu ihren Kosten auf und wie kann dieses Verhältnis verbessert werden?*

Unter Wirksamkeit der Maßnahmen werden in diesem Zusammenhang positive und negative Folgen verstanden, die den Verfahren direkt zugeordnet werden können. Zur Durchführung dieses Analyseschrittes müssen zunächst Wirksamkeitskriterien für verschiedene Pflegeverfahren definiert und quantifiziert, die betrieblichen Kosten der Maßnahmen ermittelt und diese im Rahmen einer Kosten-Wirksamkeitsanalyse gegenübergestellt werden. Darüber hinaus werden in diesem Teil mathematische Optimierungsmethoden auf Kosten und Wirksamkeitskriterien des Pflegeprogramms für Heideflächen unter verschiedenen Vorgaben angewendet. Diese Schritte dienen dazu, die Entscheidung über die bestmögliche Durchführung von Pflegemaßnahmen bzw. über ein Pflegeprogramm innerhalb des Betriebes vorzubereiten. Aus den Ergebnissen beider Problemfelder sollen nicht zuletzt handlungsleitende Empfehlungen abgeleitet werden.

Anhand der Entscheidungsebenen und möglicher Konsequenzen kann die Problemstellung der vorliegenden Arbeit verdeutlicht werden. Ausgangspunkt ist eine existierende Heidefläche, bei einer Neuanlage von Heideflächen müssten ggf. zusätzliche Kriterien eingeführt werden. Das Schema der Entscheidungen auf verschiedenen Ebenen zeigt Abbildung 2-1.
Der hell schattierte Teil stellt die Ausgangssituation, Fragestellung und Methoden auf der gesellschaftlichen Ebene dar, die die Vorteilhaftigkeit der gesamten Pflege ermittelt. Die dunkel schattierten Teile symbolisieren die auf der operativen Ebene bearbeiteten Bereiche. Die soziale Akzeptanz hat sowohl Auswirkungen auf die Entscheidung über das Gebiet insgesamt als auch auf die Entscheidungen, die im Rahmen des operativen Managements getroffen werden.
Das Untersuchungsgebiet umfasst die Heideflächen im Naturschutzgebiet Lüneburger Heide. Im folgenden Kapitel wird die Struktur dieser Flächen und des gesamten Naturschutzgebietes erläutert.

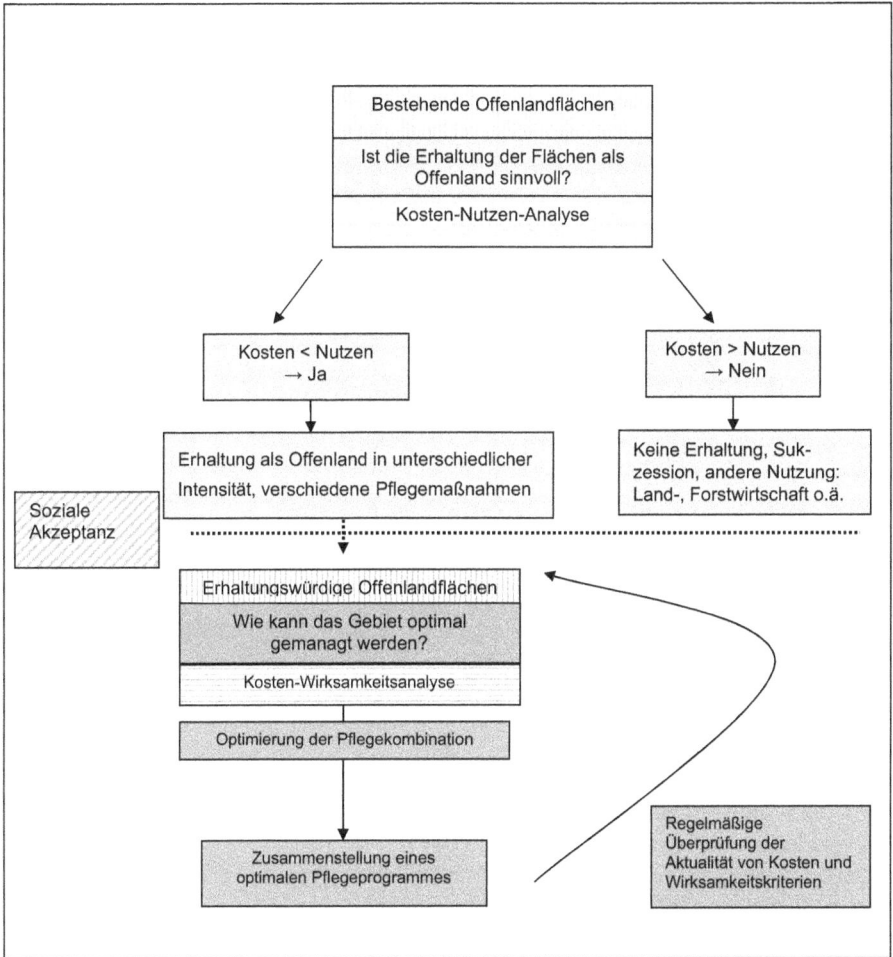

Abbildung 2-1: Vorgehensweise bei der Optimierung des Managements eines bestehenden Offenlandareals auf gesellschaftlicher und betrieblicher Ebene

(*hell schattiert*: gesellschaftliche Ebene, *dunkel schattiert:* operative Ebene; *senkrecht schraffie*rt: jeweilige Ausgangssituationen, *waagerecht schraffiert:* jeweilig angewendete Methoden, *schräg schraffiert*: soziale Akzeptanz als Einflussfaktor beider Ebenen)

Quelle: Eigene Darstellung

## 3. Struktur des Untersuchungsgebietes

In diesem Kapitel wird eine Übersicht über die sozioökonomisch relevanten Strukturparameter des Naturschutzgebietes „Lüneburger Heide", insbesondere der Heideflächen, gegeben. Die Grundlagen der Heidepflege und ihre ökonomische und gesellschaftliche Bedeutung werden detailliert dargestellt.

### 3.1 Lage und räumliche Abgrenzung

Das Naturschutzgebiet Lüneburger Heide besteht seit 1922 und ist damit das älteste Naturschutzgebiet in Deutschland (vgl. Cordes 1997; Lüer 1994). Es liegt ca. 40 km südlich von Hamburg und 100 km nördlich von Hannover. Naturschutzgebiete stellen die strengste Schutzkategorie für flächenhafte Naturschutzobjekte im Bundes- bzw. betreffenden Landesnaturschutzgesetz dar (Umweltministerium des Landes Niedersachsen 1994). Sie sind dort folgendermaßen definiert:

> *(1) Naturschutzgebiete sind rechtsverbindlich festgesetzte Gebiete, in denen ein besonderer Schutz von Natur und Landschaft in ihrer Ganzheit oder in einzelnen Teilen*
> *1. zur Erhaltung, Entwicklung oder Wiederherstellung von Biotopen oder Lebensgemeinschaften bestimmter wild lebender Tier- und Pflanzenarten,*
> *2. aus wissenschaftlichen, naturgeschichtlichen oder landeskundlichen Gründen*          *oder*
> *3. wegen ihrer Seltenheit, besonderen Eigenart oder hervorragenden Schönheit erforderlich ist.*

Die Vorgaben für den Schutzzweck sind also recht weit gefasst und nicht zwingend auf ökologische Aspekte beschränkt. Die Unterschutzstellung wurde von dem 1909 gegründeten Verein Naturschutzpark (VNP) vorbereitet und betrieben, der bereits seit 1906 begonnen hatte, Heideflächen in der Region zu erwerben. Gründungsgedanke war der Schutz der Heideflächen, aber auch die Einrichtung eines Naturschutzparks, in dem vielfältige Landschaftstypen nebeneinander gezeigt werden (vgl. Lütkepohl 1993, 10). Diese stellen die Reste einer ausgedehnten Offenlandschaft dar, die bis Ende des 19. Jahrhunderts Norddeutschland prägte. Diese Offenlandschaft war in Folge verschiedener wirtschaftlicher Handlungen entstanden, beginnend mit der Abnutzung der Holzvorräte der bis dahin großenteils bewaldeten Flächen. Im Zuge einer langanhaltenden Besiedlung hatte sich auf bestehenden Heideflächen eine besondere Form der Landwirtschaft entwickelt, die so –genannte Heidebauernwirtschaft. Insbesondere drei Nutzungsarten der Heideflächen waren in dieser Bewirtschaftungsart wichtig: Die Beweidung, vornehmlich durch Schafe, die Plaggennutzung als Stalleinstreu und Dünger sowie die

Nutzung als Bienenweide (Lüer 1994, 25). Durch die wirtschaftliche Attrakti-
vität der Heideflächen und den Holzverbrauch ging der Waldanteil in der
Region zeitweise bis auf ca. 10% zurück (Cordes 1997; Völksen 1984, 35). Wegen der fehlenden Wiederbesiedlung durch Vegetation entstanden in dieser
Zeit in größerem Umfang auch sogenannte Wehsandflächen (Cordes 1997).
Die Bewirtschaftungsart führte regelmäßig zu zwei Effekten: einerseits einem
Austrag von Biomasse und Nährstoffen und andererseits einer Verjüngungsmöglichkeit der Heidepflanzen, die zur generativen Verjüngung auf freige-
legten Mineralboden angewiesen sind. Der erste Effekt bewirkt Konkurrenz-
vorteile für die Besenheide, da diese unter oligotrophen (nährstoffarmen)
Verhältnissen besonders konkurrenzstark ist. Der zweite Effekt bezieht sich
auf die physikalischen und chemischen Voraussetzungen für einen Neuaustrieb oder eine Keimung der Heidepflanzen, die durch die Bewirtschaftungs-
maßnahmen geschaffen werden. Unter diesen Voraussetzungen konnten sich
Heidebestände auf großen Flächen behaupten. Durch die Existenz ausge-
dehnter offener Heideflächen siedelten sich eine Reihe seltener Tier- und
Pflanzenarten an, die auch heute noch im Gebiet zu finden sind, z.B. Heide-
lerche *(Lullula arborea)* oder Kreuzotter *(Vipera berus)* (vgl. z.B. Lütkepohl et al.
2000; Wollesen 2000). Die Einführung und die höchste Entwicklung der Heidebauernwirtschaft fällt somit in die Periode bis vor etwa 200 Jahren, in der
Nutzung und Biodiversität positiv korreliert waren (vgl. Kaule 2003).
Um die Mitte des 19. Jahrhunderts verschlechterte sich die Ertragssituation
der Heidebauernwirtschaft. Dadurch wurde die Bewirtschaftung vieler Heideflächen aufgegeben und diese wurden aufgeforstet, bewaldeten sich oder
wurden in andere Nutzungsformen überführt. Anfang des 20. Jahrhunderts
existierten nur noch kleine Reste der ursprünglichen Heideflächen. Einzelne
Flächen wurden wegen ihrer Bedeutung für Naturschutz, Landschaftsbild
und Kulturgeschichte von einer Gruppe von Einwohnern gekauft. Aus dieser
Gruppe ging später der Verein Naturschutzpark hervor (Cordes 1997). Der
Verein kaufte oder pachtete im Verlauf der nächsten Jahrzehnte einen Großteil der verbliebenen Heideflächen, um sie vor anderer Nutzung zu schützen.
Heute besitzt der Verein Naturschutzpark die Verfügungsrechte (durch Kauf
oder Pacht) über mehr als 90% der Heideflächen im Naturschutzgebiet (VNP
2002).
Das Naturschutzgebiet umfasst derzeit insgesamt ca. 23.400 ha. Damit gehört
es zu den größeren Naturschutzgebieten in Deutschland und ist fast so groß
wie der „Nationalpark Harz" in Niedersachen und der „Nationalpark Hoch-
harz" in Sachsen-Anhalt zusammen. Die Fläche teilt sich (Stand 1997) in ca.
58% Wald, 13% Heide, 13% militärische Fläche, 8,5% Acker, 3% Grünland, 2%
Moor und 1,5% Siedlungen und Gewässer. Prägende Landschaftsbestandteile
sind Wald, insbesondere Kiefer, und die Heideflächen (Cordes 1997). Die Flä-
chenzusammensetzung wird sich in den kommenden Jahren voraussichtlich
verändern, da ehemals militärische (Offenland-)Flächen in der Größe von

etwa 1500 ha derzeit zu Heideflächen entwickelt werden. Gegenstand der vorliegenden Untersuchung sind die langfristig bestehenden Heideflächen, die eine Größe von etwa 3100 ha haben.

Die aktuelle Naturschutzgebietsverordnung für das Naturschutzgebiet Lüneburger Heide stammt aus dem Jahr 1993 (Bezirksregierung Lüneburg 1993). Zu dieser Verordnung wurde ein Pflege- und Entwicklungsplan erarbeitet. In diesem Plan wird ein Konzept für das Gebietsmanagement aufgestellt, das zur Verwirklichung der in der Naturschutzgebietsverordnung angegebenen Ziele dienen soll (Planungsgruppe für Landschaftspflege und Wasserwirtschaft 1995).

Das Naturschutzgebiet besitzt eine überregionale Bedeutung für Naturschutz und Tourismus. Weiterhin wird es innerhalb des „Leader plus" Programms der Europäischen Union als „Kulturlandschaft zentrale Lüneburger Heide" geführt (VNP 2003). Innerhalb dieses Programms existieren verschiedene Projekte, die entsprechend der Zielrichtung von „Leader plus" überwiegend regionalökonomische Themen behandeln.

Das Naturschutzgebiet hat sich seit Ende des 2. Weltkriegs zu einem stark frequentierten Tourismusziel entwickelt. Dabei spielt die verkehrsgünstige und großstadtnahe Lage, insbesondere zu Hamburg, sicher eine wichtige Rolle. In dem gesamten Reisegebiet „Nördliche Lüneburger Heide" wurden im Jahr 2003 etwa 1,07 Millionen Übernachtungsgäste mit knapp 3,3 Millionen Übernachtungen gezählt (Niedersächsisches Landesamt für Statistik 2003, ohne Übernachtungsbetriebe unter 9 Betten). Die Besuchsentwicklung zog eine entsprechende wirtschaftliche Entwicklung nach sich. Diese Zahlen machen klar, dass ein großer Teil der Wirtschaftskraft in der Region gründet sich auf den Umsatz, der durch den Tourismus entsteht.

Nach dem Rückgang der Heidebauernwirtschaft mussten in Folge der Erhaltungsbemühungen Verfahren entwickelt werden, die die Haupteffekte der Wirtschaftsmaßnahmen, Nährstoffentzug und Verjüngungsmöglichkeit, gewährleisten und mit möglichst niedrigen Kosten durchführbar sind. Zu diesem Zweck wurde im Laufe der Zeit eine Reihe von Verfahren erprobt, um die Heideflächen zu erhalten.

## 3.2 Heidepflege

### 3.2.1 Grundlagen

Die Zielvorstellung der Pflege der Heideflächen bestand lange Zeit darin, auf großer Fläche vitale und dominierende Bestände von Besenheide (Calluna vulgaris) zu etablieren. Dies bezieht sich – wie alle weiteren Ausführungen – auf die Pflanzengesellschaften der Sandheiden, die die weitaus größte Fläche der Heideflächen im Naturschutzgebiet ausmachen (Planungsgruppe für Landschaftspflege und Wasserwirtschaft 1995). In jüngerer Zeit sind Strukturen innerhalb der Heidebestände, also Ungleichaltrigkeiten bzw. vegetationsfreie Kleinflächen, aus Naturschutzsicht als positive Elemente erkannt worden. Das Ziel des Pflegemanagements hat sich in den letzten Jahren damit in Richtung strukturreicherer Heideflächen verschoben (VNP 2003; vgl. auch Lütkepohl 1993).

Seit etwa 100 Jahren wird die Heide ohne wesentliche direkte wirtschaftliche Funktion gepflegt. In dieser Spanne gab es Zeiträume, in denen weniger gepflegt wurde und solche, in denen intensivere Pflegemaßnahmen durchgeführt wurden. Dies war einerseits durch wechselnde finanzielle Möglichkeiten bedingt, andererseits aber auch durch eine Entwicklung der Kenntnisse der Heidepflege und zudem vermutlich durch Veränderungen in den natürlichen oder anthropogenen Umweltbedingungen, wie etwa die Deposition von systemfremden Stoffen durch Luft und Niederschlag (vgl. z.B. Härdtle & Frischmuth 1998). Dem entsprechend wurden auch die Pflegeverfahren zu manchen Zeiten stärker entwickelt. Seit etwa Mitte der 1990er Jahre wurde die Pflege intensiviert, so dass auch die Entwicklung der Verfahren sich in dieser Zeit beschleunigt hat. Seit etwa den 1980er Jahren scheint sich die Vergrasung der Heideflächen zu verstärken (vgl. Lütkepohl 1993, 14). Über die Ursachen für diese Entwicklung liegen keine gesicherten Erkenntnisse vor. Als mögliche Faktoren werden hauptsächlich die verstärkten Stickstoffeinträge und eine wenig wirksame Pflegekonzeption diskutiert (vgl. z.B. Härdtle & Frischmuth 1998; Muhle & Röhrig 1979).

Der Pflege- und Entwicklungsplan zur Naturschutzgebietsverordnung (Planungsgruppe für Landschaftspflege und Wasserwirtschaft 1995; 135ff.) beinhaltet die erste systematische Zusammenstellung von Heidepflegeverfahren. Hier werden aus der damaligen Sicht vier Verfahren vorgesehen:

• Mahd
• Kontrolliertes Brennen
• Beweidung
• Bodenbearbeitung (Plaggen).

Die Maßnahme „Schoppern" wurde zur Zeit der Erstellung des Plans erst erprobt. Wissenschaftliche Untersuchungen oder Erfahrungswerte über erwünschte und unerwünschte Wirkungen lagen bis dahin kaum vor. Sie wurde aber wegen der fehlenden Verwertungs- und Absatzmöglichkeiten des anfallenden Materials nicht als günstig bewertet. Für alle Maßnahmen bis auf Beweidung wurden aus ökologischen Gründen Kleinflächen bis zu 1-2 Hektar Größe als maximale Bearbeitungsgröße empfohlen (vgl. Planungsgruppe für Landschaftspflege und Wasserwirtschaft 1995, 1-29).

Die Effektivität der Maßnahmen in Bezug auf bestimmte Wirkungen wurde ebenfalls im Pflege- und Entwicklungsplan beurteilt (vgl. Tabelle 3-1).

Günstige Wirkungen in allen beurteilten Bereichen wurden in dieser Analyse nur dem kontrollierten Brennen zugeschrieben (vgl. Planungsgruppe für Landschaftspflege und Wasserwirtschaft 1995).

Tabelle 3-1: Beurteilung der Effektivität der Pflegemaßnahmen im Pflege-
und Entwicklungsplan
Quelle: Verändert nach Planungsgruppe für Landschaftspflege und Wasserwirtschaft
(1995, 1-31)

| Maßnahme | Effektivität Rohhumusbeseitigung | Effektivität der Heideverjüngung | Schonung des Mikroreliefs | Schonung der Bodenprofile |
|---|---|---|---|---|
| Kontrolliertes Brennen | + | + | + | + |
| Mahd | +/- | + | +/- | + |
| Beweidung | - | - | + | + |
| Grubbern/Fräsen | | | | |
| Plaggen | + | +/- | - | +/- |

Allerdings sind in der Übersicht bei weitem nicht alle Kriterien eines möglichen Zielsystems der Heidepflege enthalten (vgl. Kapitel 6 Kosten-Wirksamkeits-Analyse und Optimierung des Pflegeprogramms). Die Beurteilung wird
zudem durch aktuelle Aussagen über die Wirkungen des Brennens nicht vollständig bestätigt (VNP 2003).
Tatsächlich konzentrierte man sich in den letzten Jahren zur Pflege der Heideflächen insbesondere auf die Anwendung und Entwicklung von sechs Verfahren:

- Mahd
- Beweidung (mit Heidschnucken)
- Kontrolliertes Brennen
- Schoppern
- Plaggen
- Mechanisches Entfernen von Gehölzen

Im Mittelpunkt der folgenden Ausführungen stehen die Verfahren 1 bis 5.
Das mechanische Entfernen von Gehölzen wirkt nur mittelbar als Pflegemaßnahme auf die Heidevegetation, da die Wirkung in einer anderen Vegetati-
onsschicht, der Strauch- bis Baumschicht ansetzt. Dieses Verfahren ist daher
nicht Gegenstand der detaillierten Analyse. Die übrigen Verfahren können
grundsätzlich in zwei Gruppen eingeteilt werden:

- Oberirdisch wirkende Verfahren, *Unterhaltungsverfahren:* Mahd, Bewei-
dung, Kontrolliertes Brennen
- Verfahren mit Eingriff in den Humushorizont, *Instandsetzungsverfahren:*
Schoppern, Plaggen

Oberirdisch wirkende Verfahren entfernen Teile der Vegetation. Nur beim kontrollierten Brennen kann – je nach Jahreszeit und Witterung – ein Teil des Rohhumus mit verbrennen. Auch wenn dies nicht verallgemeinert werden kann, werden die Unterhaltungsverfahren meistens in wesentlich höherer Frequenz als die Instandsetzungsverfahren angewendet. Zwischen zwei Durchgängen des Plaggens liegen mindestens 30 Jahre, während die Mahd im Abstand von 3 Jahren durchgeführt werden kann. Eine schnellere Abfolge der Verfahren würde den Pflegeeffekt der einzelnen Maßnahme verringern.

### 3.2.2 Pflegeverfahren

Die Verfahren zur Heidepflege weisen bestimmte Charakteristika auf, durch die die Voraussetzungen ihrer Anwendung, Kosten und Akzeptanz ihrer Durchführung wesentlich beeinflusst werden. Diese werden nun kurz vorgestellt.

*Beweidung*
Die Beweidung mit Heidschnucken wird als Hutehaltung auf den Heideflächen betrieben. Sie ist direkt aus der Heidebauernwirtschaft abgeleitet. Die Nutzung der Heide als Weidegebiet wurde über Jahrhunderte als Wirtschaftsmaßnahme durchgeführt, um mit der Schafhaltung Fleisch und Wolle zu erzeugen. Ende des 19. Jahrhunderts, als die gesamte Bewirtschaftung der Heideflächen (Heidebauernwirtschaft) kaum noch wirtschaftlich durchführbar war, wurden die Flächen lediglich in geringem Umfang und nicht kontinuierlich beweidet. Später führte man die Beweidung als Pflegemaßnahme für die Heideflächen und aus landschaftsästhetischen Gründen wieder ein (Cordes 1997). In den 1980er Jahren wurde die Beweidung zeitweise aus Kostengründen und wegen Zweifeln an ihrer Wirksamkeit als Pflegemaßnahme ganz eingestellt. In 90er Jahren kam es dann erneut zu einer Aufnahme der Beweidung, die in der jüngsten Zeit erheblich verstärkt wurde. Derzeit existieren beim Verein Naturschutzpark fünf Herden mit insgesamt etwa 2500 Mutterschafen (Stand 2002). Zusätzlich wird eine private Herde eingesetzt. Aus diesen Herden wird jährlich eine ähnlich große Zahl an Lämmern vermarktet. Als Infrastruktur für die Schafhaltung dienen über die Heideflächen verteilte Schafställe und einige Einrichtungen auf dem vereinseigenen Landschaftspflegehof. Es existieren ca. 20 einsatzfähige Ställe, von denen durchschnittlich 12 genutzt werden. Die Ställe sind zum kleinen Teil historisch, zum größeren Teil wurden sie aber ab der Mitte des 20. Jahrhunderts gebaut und historischen Vorbildern nachempfunden. Diese Stalltypen bilden zwar ein attraktives Landschaftselement, haben aber bezüglich der Tierhaltung Nachteile, so kann z.B. die Art der Belüftung Atemwegserkrankungen bei den Tieren fördern. In der jüngsten Zeit wird ein anderer Stalltyp favorisiert, der den Anforderungen der artgerechten Tierhaltung besser entspricht und

zudem geringere Bau- und Unterhaltungskosten verursacht. Diese Ställe bilden allerdings kein attraktives Landschaftselement, sie sind funktionale Bauwerke (vgl. Abb. 3-1 und 3-2).

Der größte Teil der Beweidung zur Heidepflege wird durch den Verein Naturschutzpark betrieben. Die Beweidung ist ein Verfahren, das neben dem Pflegeeffekt auch erhebliche Öffentlichkeitswirkung bei den Heidebesuchern verursacht. Dies betrifft sowohl die Hutung der Schafe auf den Heideflächen als auch die Schafställe als Landschaftselement (vgl. Hellmann 2002).

Abbildung 3-1: Alte Variante der Heidschnuckenställe
Foto: Verfasser

Abbildung 3-2: Neue Variante der Heidschnuckenställe
Foto: Andreas Koopmann

Die Planung der Beweidungsmaßnahmen durch den Verein sieht eine deutliche Steigerung der Schafbestände und eine Ausweitung der Beweidung auf die gesamten alten und Teile der neu eingerichteten Heideflächen vor (VNP 2003). Der Pflegeeffekt der Beweidung ergibt sich aus der Anregung der Pflanze zum Neuaustrieb durch den Verbiss der Triebe und dem Austrag von Nährstoffen aus dem System durch die Aufnahme von Pflanzenteilen.

Eine neue Entwicklung hat sich im letzten Jahr der Untersuchung bei dem Verfahren Beweidung ergeben. Auf einer Fläche von ca. 160 Hektar wurde ein Gatter eingerichtet, in dem die Beweidung mit zwei neuen Nutztierarten erprobt wird. Mit einer Robustrinderrasse und Dülmener Wildpferden wird die neue Form der Beweidung versuchsweise durchgeführt (Wormanns 2004). Dieses Projekt konnte in der vorliegenden Untersuchung nicht mehr berücksichtigt werden.

*Kontrolliertes Brennen*
Das kontrollierte Brennen leitet sich ebenfalls direkt aus der ehemaligen Heidebauernwirtschaft ab, in der Heideflächen zur Verjüngung regelmäßig gebrannt wurden. Es ist somit ein Pflegeverfahren, das sich aus der ursprünglichen Bewirtschaftung ableitet. Grundsätzlich zu unterscheiden sind Sommer- und Winterbrand. In den vergangenen Jahren wurde im Untersuchungsgebiet fast ausschließlich zum Ende des Winterhalbjahres, ab Februar gebrannt. Dies geschah aus ökologischen Gründen, um die Verluste in der Fauna möglichst gering zu halten. Durch die meist ungünstige Witterung zu dieser Jahreszeit blieb die bearbeitete Fläche allerdings sehr gering und der Anteil an der gesamten Pflege sehr niedrig (vgl. Tab. 3-2). Zudem wurden häufig vergebliche Versuche unternommen, weil der Trockenheitsgrad der Flächen schwer einzuschätzen ist. In den letzten beiden Jahren ging man aus diesem Grund zum Brennen im Spätsommer und Herbst über. Im Jahr 2003 wurden bereits im September Flächen von insgesamt ca. 20 Hektar gebrannt. Dies geschieht aus ökologischen Gründen auf Einzelflächen von unter einem Hektar Größe, weil Tiere so eher die Möglichkeit haben, die Fläche zu Beginn oder während des Brandes zu verlassen. Die Einzelflächen werden mit einer Mulchschneise eingegrenzt und ein Wasserwagen steht ständig zur Verfügung, um die Kontrolle über die Flächenausdehnung des Brandes zu gewährleisten.
Die Bearbeitung dieser kleineren Einzelflächen führt zu einer wesentlich geringeren Flächenleistung, die entscheidenden Einfluss auf die Höhe der Kosten der Maßnahme hat.
Pflegeeffekte beim kontrollierten Brennen sind die Zerstörung alter Pflanzenteile, die Anregung zum Neuaustrieb sowie das Verbrennen von Rohhumus und somit Nährstoffentzug.

*Mahd*

Die Mahd stellt ein Verfahren der Heidepflege dar, das in Handarbeit auch in Zeiten der Heidebauernwirtschaft angewendet wurde. Das Mahdgut wurde dabei als Stalleinstreu genutzt (Völksen 1984, 23). Die Mahd wird heute mit marktüblichen Schleppern mit Mähwerk durchgeführt, das Heidekraut wird meist dicht über dem Boden abgemäht. Die Mahd wird vielfach als Lohnauftrag vergeben, aber auch durch den Verein Naturschutzpark in Eigenregie durchgeführt. Die Gesamtkosten der Mahd hängen entscheidend von der Qualität des Mahdgutes ab. Werden alte, wenig vitale und vergraste Heideflächen gemäht, so entstehen die vollen Kosten der Mahd und der Entsorgung des Materials. Sind die Flächen dagegen vital und wenig vergrast, dann besteht Nachfrage nach dem Mahdgut. Es wird als Filtermaterial und als Firstlage für Reetdächer verwendet. Die Erlöse für dieses Mahdgut decken in etwa die Arbeitskosten, so dass die Vergabe im Lohnauftrag nahezu kostenfrei erfolgen kann. Der Betreiber will in Zukunft wegen des höheren Pflegeeffektes mehr Flächen des ersteren Typs mit dem Verfahren bearbeiten. Der im folgenden ermittelte durchschnittliche Kostensatz orientiert sich daher eher an dieser Variante des Verfahrens.

Durch das Mähen werden zwei Pflegeeffekte erreicht: die Heidepflanzen werden zum Neuaustrieb angeregt und durch die Freilegung und bessere Erwärmung des Oberbodens wird die Rohhumusakkumulation etwas verringert.

*Schoppern*

Das Schoppern hat keinen direkten Bezug zur Heidebauernwirtschaft. Es wurde als Pflegemaßnahme entwickelt. Bei diesem Verfahren werden die oberirdischen Teile der Vegetation und ein Teil der Rohhumusauflage mit einer Spezialmaschine entfernt. Das Verfahren liegt also in seiner Tiefenwirkung zwischen Mahd und dem unten beschriebenen Plaggen. Das anfallende Material besteht überwiegend aus organischen Substanzen mit mineralischen Anteilen. Eine Verwertung des Materials, etwa 300-400 m³ pro bearbeitetem Hektar, ist derzeit nicht möglich, es muss kostenpflichtig entsorgt werden. Es gab Versuche, das Material so weiterzuverarbeiten, dass es als Torfersatz verwendet werden kann. Diese Versuche sind bisher nicht erfolgreich gewesen, so dass dadurch derzeit keine wesentlichen Kostensenkungspotentiale für das Verfahren existieren.

*Plaggen*

Das Verfahren des Plaggens gab es ebenfalls in manueller Form bereits während der Heidebauernwirtschaft. Heute wird es mit verschiedenen Maschinen durchgeführt, mit Baggern, Gradern oder speziellen Plaggmaschinen. Bei diesem Verfahren wird das gesamte organische Material von der Fläche entfernt, um eine neue Ansamung der Vegetation zu ermöglichen. Unter diesen Bedingungen besitzt die Heide einen Konkurrenzvorteil. Heute wird das Verfahren mit Spezialmaschinen durchgeführt und verursacht die höchsten Kosten der maschinellen Verfahren. Es wird ausschließlich im Lohnauftrag vergeben. Das anfallende Material besteht auch hier aus einem Gemisch zwischen organischen und mineralischen Anteilen, wobei die letzteren einen größeren Anteil ausmachen als beim Schoppern. Es gibt bei diesem Verfahren bisher keine Verwertungsmöglichkeit für das Material, von dem über 500 m³ pro bearbeitetem Hektar anfallen. Ein wesentlicher Kosten-faktor ist daher auch hier die Entsorgung.

Allen betrachteten Verfahren gemeinsam ist das Ziel des Austrags von Nährstoffen, um oligotrophe Verhältnisse im Oberboden zu erreichen. Diese Oligotrophie wirkt sich positiv auf die Konkurrenzsituation der Besenheide (Calluna vulgaris) aus. Weiterhin werden die Pflanzen – bei den Unterhaltungsverfahren – durch Kürzung der oberen Pflanzenteile zu neuem Austrieb angeregt. Bei den Verfahren der Instandsetzungsgruppe kommt eine Verbesserung der generativen Verjüngungsmöglichkeiten der Heidepflanzen durch Freilegen der tieferen Bodenhorizonte hinzu.

Tabelle 3-2: Gesamtflächen der Pflegeverfahren von 1985-2002
Quelle: NNA 2002

| Art der Maßnahme | Flächenanzahl | Gesamtflächengröße (ha) | Durchschnittliche Flächengröße (ha) |
|---|---|---|---|
| Mahd | 292 | 404,54 | 1,39 |
| Plaggen | 153 | 137,56 | 0,90 |
| Kontrollierter Brand | 17 | 19,99 | 1,18 |
| Fräsen/Pflügen | 11 | 12,43 | 1,13 |
| Gesamt | 473 | 574,52 | 1,21 |

Seit Fertigstellung des Pflege- und Entwicklungsplans 1995 wurde die Durchführung von Pflegemaßnahmen wesentlich vereinfacht. Vor dieser Zeit war eine umfangreiche Abstimmung jeder Maßnahme in einem Gremium von Fachleuten notwendig, während jetzt Maßnahmen, die im Pflege- und Entwicklungsplan vorgegeben werden, ohne weiteren Gesprächsbedarf durch den Betreiber Verein Naturschutzpark durchgeführt werden können (VNP 2002). Tabelle 3-2 zeigt eine Übersicht der Flächengrößen, die in den Jahren 1985 bis 2002 mit mechanischen Verfahren bearbeitet wurden. Es zeigt sich, dass die Gesamtgröße der Pflegeflächen mit ca. 574 ha oder knapp 32 ha pro Jahr (~1% der gesamten Heidefläche) recht gering ist. Dies ist teilweise damit zu erklären, dass im Laufe der Zeit bestimmte Verfahren besonders favorisiert oder bevorzugt wurden. Daneben ließ auch die Ausstattung mit finanziellen Mitteln zeitweise keine intensive Pflegetätigkeit zu.

### 3.2.3 Zielsystem der Heidepflege

Mit der Heidepflege werden verschiedene Ziele verfolgt, die in ein Zielsystem eingeordnet werden können. Die Ziele haben ihre Wurzeln in den beiden Bereichen, die die Hauptfunktionen der Heideflächen darstellen, Naturschutz und Tourismus. Die Heideflächen erfüllen die Funktion eines international bedeutenden Naturschutzgebietes, sie stellen eine überregional wichtige touristische Destination dar und bilden einen Teil der Kulturgeschichte der Region ab (Cordes 1997; Völksen 1984). Diese Zielbereiche sind ihrerseits aber nicht unabhängig voneinander. Ihre Teilbereiche weisen Beziehungen auf, die komplementär, konkurrierend und neutral sein können (vgl. zu mehrfacher Zielsetzung Domschke & Drexl 2002, 49 ff.; Kahle 2001). Alle Teilbereiche des Zielsystems werden in der Verordnung des Naturschutzgebietes explizit genannt. Die detaillierte Analyse des Zielsystems wird in Kapitel 6 „Kosten-Wirksamkeits-Analyse und Optimierung des Pflegeprogramms" dargestellt.

### 3.2.4 Finanzierung der Heidepflege

Die Heidepflege wird vom Verein Naturschutzpark verantwortlich gestaltet und großenteils auch betrieben. Die Grundfinanzierung des Vereins erfolgt hauptsächlich durch Vereinsbeiträge, private Spenden und öffentliche Zuschüsse (VNP 2003). Der Verein hat mit dem Land Niedersachsen eine öffentlich-rechtliche Vereinbarung über die Pflege der dem Verein gehörenden Flächen, die auch eine Finanzierung durch das Land einschließt (Lüer 1994, 153). Die Heidepflege wird zum Teil durch das allgemeine Budget des Vereins finanziert. Hinzu kommen zweckgebundene Förderungen wie das Kooperationsprogramm-Biotoppflege, aus dem etwa die Beweidung leistungsabhängig gefördert wird (VNP 2003; ) oder das „LEADERplus" Programm der Europäischen Union. Diese Förderungen können als befristet angesehen werden und sind – gerade angesichts der aktuellen Finanzlage der öffentlichen Haushalte – mittelfristig nicht gesichert. Um ein realistisches Bild der Kosten zu erhalten, die für die Pflegeverfahren anfallen, wurden bei der vorliegenden Kostenanalyse nur solche öffentlichen Zuschüsse berücksichtigt, die dauerhaft angelegt sind. Auch diese Mittel sind bei der derzeitigen Finanzlage der öffentlichen Haushalte nicht vollkommen gesichert, sie sind aber eher als langfristige Strukturförderungen gedacht. Temporäre Förderungsprogramme wurden nicht berücksichtigt, um den tatsächlichen Zuschussbedarf zu ermitteln und die mittelfristige Planungseignung der Ergebnisse nicht zu beeinträchtigen.

In der Vergangenheit wurden wenige Kostenerfassungen der Heidepflege durchgeführt. Die detaillierteste findet sich im Pflege- und Entwicklungsplan zur Naturschutzgebietsverordnung (Planungsgruppe für Landschaftspflege und Wasserwirtschaft 1995). Dort werden für die zu dieser Zeit durchgeführten Verfahren die in Tabelle 3-3 dargestellten Kostensätze angegeben (inkl. Verwaltungskosten). Zu beachten ist, dass diese Kostensätze für den Stand 1995 ermittelt wurden und daher nicht direkt mit heutigen Kosten zu vergleichen sind.

Tabelle 3-3: Kostensätze des Pflege- und Entwicklungsplanes für die Pflege
verfahren
Quelle: Pflege- und Entwicklungsplan des Naturschutzgebietes Lüneburger Heide (Pla
nungsgruppe für Landschaftspflege und Wasserwirtschaft 1995)

| Kontr. Brennen | 408 € |
|---|---|
| Beweidung | 83 € (incl. Zuschüsse) |
| Mahd | 161 € |
| Masch. Plaggen | 2440-3220 € |

Besonders hervorzuheben im Zusammenhang mit der Finanzierung der Heidepflege ist die Aktion „Rettet die Heide", die im Jahr 1999 von regionalen Zeitungen und einer überregionalen Zeitschrift initiiert wurde (VNP 2004). Es handelte sich um eine Kampagne, in der freiwillige Beiträge für den Erhalt der Heide gesammelt wurden. Im Zuge verschiedener Veranstaltungen zu Gunsten der Heidepflege wurde eine Summe von 1,2 Millionen DM (ca. 0,6 Millionen €) für die Heidepflege gespendet.
In der Folge dieser Veranstaltungen wurde auch eine allgemeine Spendenaktion begonnen, bei der etwa 300 Spendenbehälter in Gaststätten, Hotels und Pensionen der Region aufgestellt wurden. Eine Notiz in der Böhme-Zeitung belegt, dass der direkte Bezug zur Heidepflege auch der Öffentlichkeit gegenüber kommuniziert wurde.

*VNP schlägt freiwillige „Heidemark" zur Finanzierung der Heidepflege vor*

*Angesichts der Versteppung der Heideflächen im Naturschutzgebiet Lüneburger Heide durch die Grasart Drahtschmiele spielt der Verein Naturschutzpark (VNP) mit dem Gedanken, von jedem Heidebesucher eine freiwillige Abgabe von einer Mark pro Urlaub zu erbitten.*

*Das dadurch eingenommene Geld könnte der VNP für die Pflege der Heideflächen verwenden, wie Geschäftsführer Mathias Zimmermann meint....*

(aus „Die Böhme-Zeitung, 1999" vom 12.10.1999)

Die Bitte um einen finanziellen Beitrag wurde also direkt verbunden mit der Pflegenotwendigkeit der Heideflächen. Insgesamt wurden in vier Jahren durch diese Aktion etwa 25.000 € eingenommen. Das Spendenaufkommen schwankt erheblich zwischen den einzelnen Aufstellorten. Insgesamt ist es in jüngerer Zeit deutlich rückläufig. Im Jahr 2003 wurden insgesamt weniger als 3000 € gespendet (VNP 2004). Der freiwillige Beitrag ohne Unterstützung öffentlichwirksamer Aktionen kann offenbar nicht dauerhaft einen nennenswerten Beitrag zu den Kosten der Heidepflege leisten (vgl. Kapitel 4 „Kosten-Nutzen-Analyse der Heidepflege").

In einzelnen Gemeinden im Einzugsbereich des Naturschutzgebiets wird eine Kurtaxe erhoben (allgemeine Definition des Begriffs bei Schneider-Bienert 1991, 6). Diese Mittel werden nicht zur Finanzierung der Heidepflege verwendet, sondern verbleiben in den Gemeindeetats. Geringe zusätzliche Erträge werden durch die Duldung von Bienenständen auf den Heideflächen erzeugt. Die Erzeuger von Heidehonig zahlen eine Gebühr für das Aufstellen ihrer Bienenvölker auf den Heideflächen. Da eine solche Gebühr auch auf anderen Flächen erhoben wird, kann lediglich eine mögliche positive Differenz als zusätzlicher Ertrag der Heideerhaltung betrachtet werden. Diese ist aber, wenn überhaupt vorhanden, sehr gering.

3.2.5 Anspruchsgruppen der Heideflächen

Die Umsetzung der Pflegeziele wird nicht nur von physischen und ökonomischen Faktoren, sondern auch von verschiedenen gesellschaftlichen Gruppen beeinflusst. Diese Gruppen können als Anspruchsgruppen oder Stakholder des Gebietes und speziell der Heideflächen bezeichnet werden. Ähnlich wie im Bereich von Unternehmen (vgl. Schaltegger & Sturm 1994, 8f.) ist auch im Fall eines Naturschutzgebietes davon auszugehen, dass es bei jeder Aktivität im Zusammenhang mit dem Gebiet bestimmte Erwartungshaltungen bei gesellschaftlichen Gruppen gibt. Die Gruppen weisen ökonomische oder soziale Verbindungen zu den Heideflächen oder zu angrenzenden Flächen auf und erwarten in der Regel einen Nutzen von dem Objekt ihres Anspruchs. Werden die Erwartungen erfüllt, dann werden im besten Fall positive Reaktionen hervorgerufen, möglicherweise Ressourcen bereitgestellt, mindestens aber negative Reaktionen vermieden. Der ausführenden Institution wird durch die Stakeholder die Legitimität ihrer Handlungen bestätigt. Wird das nicht erreicht, dann werden Legitimität und Ressourcen entzogen und es resultieren Konsequenzen, die sich politisch und ökonomisch auswirken können. Die Herausforderung an das Management des Schutzgebietes besteht genau wie an das eines Unternehmens darin, relevante Interessen der Stakeholder dann zu berücksichtigen, wenn sich dadurch unter Abwägung aller Folgen insgesamt ein positiver Effekt im Sinne der Zielsetzungen des Gebiets ergibt (vgl. z.B. Figge & Schaltegger 2000).

Die wichtigsten Anspruchsgruppen des Gebietes und die Art ihrer Beteiligung sind in Tabelle 3-4 aufgeführt. Die Art der Einbindung soll deutlich machen, welche Aspekte der Heideflächen das Interesse der jeweiligen Gruppe beeinflussen kann. Auch innerhalb der Gruppen können unterschiedliche Interessenlagen existieren. Die Einteilung kann daher nur die erwartete überwiegende Art der Einbindung deutlich machen.

Tabelle 3-4: Anspruchsgruppen und die Art ihrer sozialen oder ökonomischen Beziehung zu den Heideflächen

●: deutliche Hinweise für Einbindung
O: Einbindung möglich bzw. teilweise
-: Einbindung eher unwahrscheinlich

Quelle: eigene Darstellung

| Anspruchsgruppe | | Besu-cher | Gastronomie/ Handel | Landwirte | Sonstige Einwohner | Verwaltung |
|---|---|---|---|---|---|---|
| Art der Einbindung in die Pflege des Gebietes | Landwirtschaft-liche Nutzung | - | O | ● | O | O |
| | Erholungsnutzung | ● | ● | O | O | - |
| | Umsatzsteigerung | - | ● | ● | O | - |
| | Naturschutz/ Existenznutzen | ● | ● | ● | ● | ● |
| | Kostenbeteiligung | - | O | O | O | ● |
| | Mögliche negative externe Effekte | O | O | ● | O | - |

Angesichts der Frequentierung der Heideflächen kann angenommen werden, dass Besucher der Region offenbar einen größeren Teil der Zeit, in der sie sich im Bereich der Lüneburger Heide aufhalten, dort verbringen. Die Besucher der Heideflächen und die gebietstypischen Wirtschaftsbetriebe (Gastronomie und Handel), die in unmittelbarer Umgebung arbeiten und für die die Besucher einen wesentlichen Teil der Nachfrager darstellen, sind somit wichtige Anspruchsgruppen des Gebietes. Darüber hinaus gibt es verschiedene Anspruchsgruppen, die aus den beiden Bereichen Naturschutz und Tourismus stammen. Eine vollkommen scharfe Abgrenzung ist bei den Gruppen – wie bei vielen gesellschaftlichen Gruppen – nicht immer möglich. Es gibt einige Überschneidungen, die im Folgenden deutlich gemacht werden. Die Gruppen und ihre Ansprüche an und Verflechtungen mit der Pflege der Heideflächen können folgendermaßen beschrieben werden:

*Besucher* sind alle Personen, die die Heideflächen zu ihrem Vergnügen betreten, also Wanderer, Radfahrer etc., auch solche, die spezielle, nicht-professionelle Naturbeobachtung betreiben. Sie nutzen die Heide derzeit zu diesen Zwecken, ohne dafür einen direkten finanziellen Beitrag entrichten zu müssen.

Die Gruppe Besucher besteht im Wesentlichen aus Übernachtungsgästen und Tagesgästen, wobei letztere in der amtlichen Statistik nicht ausgewiesen werden (Niedersächsisches Landesamt für Statistik 2003). Es ist davon auszugehen, dass die Gruppe „Besucher der Heideflächen" die anderen Anspruchsgruppen, auch die der Anwohner an den Heideflächen, zahlenmäßig erheblich übertrifft. Außerdem ist bei dieser Gruppe der zusätzliche Nutzen, der von den Heideflächen ausgeht, sehr klar definierbar. Die Gruppe wendet Ressourcen (Zeit, Reisekosten) auf, um sich auf den Heidflächen aufhalten zu können. Daher kann bei Annahme einer rationalen Verhaltensweise von einem Nutzen der Heideerhaltung für sie ausgegangen werden.

*Gastronomie/Handelsbetriebe* bieten Beherbergung im unmittelbaren Umfeld (weniger als 10 km Entfernung) der Heideflächen oder hauptsächlich spezielle heidetypische Produkte wie Honig oder Schaffelle an. Ihr wirtschaftlicher Erfolg geht wesentlich auf die Existenz und Erhaltung der Heideflächen zurück, von ihnen kann demnach erwartet werden, dass sie an einer wirksamen Erhaltung der Heideflächen interessiert sind.

Die Anspruchsgruppe der *Landwirte* bewirtschaftet Flächen im unmittelbaren Umfeld der Heideflächen, so dass sie von den Auflagen und Pflegemaßnahmen im Naturschutzgebiet direkt betroffen sind. Landwirte insgesamt stellen eine Gruppe dar, die Naturschutzmaßnahmen aus verschiedenen Gründen, z.B. Beschränkung ihrer wirtschaftlichen Handlungsfreiheit durch Naturschutzauflagen, traditionell eher kritisch gegenübersteht (vgl. z.B. Ganzert 2000). Aus diesem Grund wurde diese Gruppe separat in die Untersuchung einbezogen. Im Fall des Untersuchungsgebietes war zu Beginn der Untersuchung nicht ganz klar, ob die meisten Landwirte eine kritische oder positive Haltung einnehmen. Denkbar ist auch, dass sie gleichzeitig zur Gruppe „Gastronomie/Handel" gehören und damit auch von positiven Auswirkungen der Heideflächen auf diese Gruppe profitieren. Welche Wirkung überwiegt und bei der Meinung und der Akzeptanz der Landwirte den Ausschlag gibt, ist im Rahmen der Untersuchung festzustellen.

*Einwohner* sind die in der unmittelbaren Umgebung der Heideflächen wohnenden Personen. Sie sind eine in ihren Eigenschaften eher unscharf definierte Gruppe. Die Auswirkungen, die die Heideflächen auf sie ausüben, können demnach sehr unterschiedlich sein. Ein wirtschaftliches Interesse, etwa durch mittelbare ökonomische Wirkungen, ist ebenso denkbar wie negative Auswirkungen durch Störungen aufgrund hoher Besucherzahlen.

Mit *Verwaltung* sind Behörden und Organisationen gemeint, die in irgendeiner Form mit den Heideflächen in Berührung kommen: in erster Linie Behörden und Verbände im Naturschutz, aber auch in Land- und Forstwirtschaft, Wasserwirtschaft etc. Die erste Gruppe ist Träger eines Großteils der Kosten, die für die Heidepflege anfallen. Da sie auch die Zielvorstellung entwickelt hat, haben die Heideflächen für diese Gruppe bei Erfüllung der Ziele auch positive Auswirkungen. Auch bei den anderen Behörden und Verbänden sind sowohl positive als auch negative Auswirkungen vorstellbar. Auf Grund ihrer ökonomischen Bedeutung steht die Gruppe der Besucher im Mittelpunkt der Untersuchung, daneben werden die Gruppen Gastronomie/ Handel und Landwirte speziell hinsichtlich ihrer Akzeptanz analysiert. Zu den anderen Gruppen werden lediglich deskriptiv Informationen aus Sekundärquellen herangezogen.

### 3.2.6 Durch die Heideerhaltung bereitgestellte Funktionen und deren ökonomische Einordnung

Schon die ursprüngliche Intention der Erhaltung der Heide war, die Heidelandschaft wegen ihrer Schönheit, aber auch wegen ihrer naturschützerischen und kulturgeschichtlichen Bedeutung und zu erhalten (vgl. z.B. Lüer 1994, 44ff.). Durch den starken Anstieg der Nachfrage nach Erholung auf den Heideflächen ist die Funktion „Erholungsmöglichkeit" heute stark in den Vordergrund getreten. Es schließt die Möglichkeit zur Ausübung bestimmter Sportarten wie z.B. Reiten, Wandern oder Laufen, ein. Die drei Funktionen „Erholungsmöglichkeit", „Gelegenheit zum Naturerlebnis" und „Informationsmöglichkeit über Kulturgeschichte" werden derzeit durch die Existenz der Heideflächen für Besucher der Heideflächen bereitgestellt. Es liegen keine Informationen darüber vor, ob die Funktionen auch getrennt voneinander bereitgestellt werden könnten. Es liegt aber nahe, dass diese Funktionen angebotsseitig eng gekuppelt sind. Daneben werden noch weitere Funktionen bereitgestellt, wie z.B. die Produktionsmöglichkeiten für Heidehonig. Diese Funktionen sind relativ leicht substituierbar und es ist davon auszugehen, dass sie insgesamt einen wesentlich geringeren Nutzen stiften als die Hauptfunktionen.

## II Kosten-Nutzen-Analyse und soziale Akzeptanz

Die Kosten-Nutzen-Analyse wird im Folgenden angewendet, um die volkswirtschaftliche Vorteilhaftigkeit der gesamten Aufwendungen für die Heidepflege zu prüfen. Danach wird dargestellt, wie die Befragten in den Umfragen auf die Fragen nach der Akzeptanz für die Heidepflege insgesamt und
für die einzelnen Pflegeverfahren reagiert haben.

## 4. Kosten-Nutzen-Analyse

In diesem Teil der Arbeit werden zunächst die Methode der Kosten-Nutzen-
Analyse und die Besonderheiten ihrer Anwendung bei der Erfassung bestimmter Kosten- und Nutzenwerte vorgestellt. Danach wird auf die Anwendung der Methode auf das Untersuchungsobjekt „Heidepflege" eingegangen
und die Gegenüberstellung von Kosten und Nutzen erläutert.

### 4.1.Charakteristika der Kosten-Nutzen-Analyse

### 4.1.1 Grundlagen

Die Kosten-Nutzen-Analyse ist ein Instrument, mit dem Projekte oder Maßnahmen auf volkswirtschaftlicher Ebene auf ihren Beitrag zur gesellschaftlichen Wohlfahrt untersucht werden.die Kosten-Nutzen-Analyse (KNA) wurde entscheidend in den 50er Jahren des vergangenen Jahrhunderts in den
USA entwickelt und bald darauf auch für Projekte im Umweltbereich eingesetzt (z.b. Subcommittee on Benefits and Costs 1950, Krutilla & Eckstein 1961;
vgl. Dasgupta & Pearce 1992). Kosten-Nutzen-Analysen sollen Unterstützung
für Entscheidungen über Projekte und Maßnahmen im Bereich öffentlicher
Haushalte liefern. Heute ist die Durchführung von Kosten-Nutzen-Analysen
bei der Beurteilung öffentlicher Vorhaben zwar verbreitet. Allerdings wird
sie offenbar nicht in allen Fällen angewendet, in denen ihr Einsatz für eine
fundierte Beurteilung notwendig wäre (vgl. Mühlenkamp 1994, 6f.). In
Deutschland ist die Anwendung von Kosten-Nutzen-Betrachtungen (vgl.
Abb. 4-1) bei Vorhaben bestimmter Größe vorgeschrieben (vgl. Bundesminister der Finanzen 1997). Sie wird auch in vielen anderen Ländern für die politische Entscheidungsfindung im Umweltbereich verwendet (vgl. z.B. Hanley
et al. 1995, 249). Grundgedanke der Kosten-Nutzen-Analyse ist, durch die
Auswahl von Vorhaben mit maximalem Nettonutzen die gesellschaftliche
Wohlfahrt zu optimieren. Recktenwald (1971, 12f.) definiert drei Ziele der
Anwendung der Kosten-Nutzen-Analyse:

- Über die ökonomische Vorteilhaftigkeit eines Projektes zu entscheiden
- Aus einer Reihe sich ausschließender Projekte einzelne auswählen
  und
- den geeigneten Zeitpunkt einer Maßnahme zu bestimmen

Innerhalb der Kosten-Nutzen-Betrachtungen müssen Kosten-Nutzen-Analysen von verwandten Analyseinstrumenten wie der Nutzwertanalyse (NWA) oder der später in dieser Untersuchung angewendeten Kosten-Wirksamkeitsanalyse (KWA) unterschieden werden (vgl. Abb. 4-1).

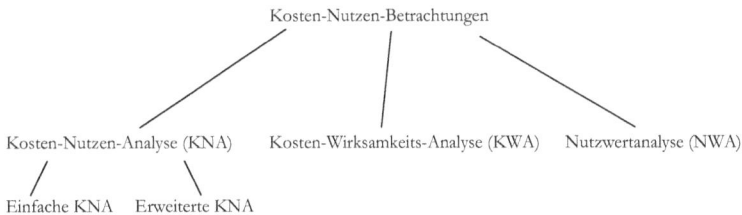

Abbildung 4-1: Kosten-Nutzen-Betrachtungen
Quelle: Eigene Darstellung (vgl. Mühlenkamp 1994, 6ff.)

Während bei diesen Verfahren die Zielerreichung in physikalischen Einheiten (Kosten-Wirksamkeits-Analyse) oder in einem Punktesystem (Nutzwertanalyse) den Kosten gegenübergestellt wird, werden bei der Kosten-Nutzen-Analyse alle Kosten- und Nutzenkomponenten monetär bewertet. Aus dieser zwingenden Monetarisierung lassen sich Vor- und Nachteile der Kosten-Nutzen-Analyse ableiten. Nutzwert- und Kosten-Wirksamkeitsanalyse bilden zwar die Multidimensionalität, die die meisten Projekte aufweisen, besser ab. Ihrem Ergebnis mangelt es aber oftmals an Klarheit und es besteht die Gefahr eines subjektiven Einflusses oder einer anderen Verzerrung bei der Gewichtung verschiedener Komponenten der Zielerreichung (vgl. Mühlenkamp 1994, 8). Derselbe Aspekt führt jedoch auch zu einem wichtigen Kritikpunkt der Kosten-Nutzen-Analyse. Alle Wertkomponenten der Bewertungsobjekte müssen in der Kosten-Nutzen-Analyse in monetärer Form vorliegen. Dies kann dazu führen, dass als intangibel betrachteten Wertkomponenten mit ungeeigneten Bewertungsmethoden ein monetärer Wert zugewiesen wird (Recktenwald 1971, 8; Dasgupta & Pearce 1992, 112 ff.). Insofern kann die Beschränkung der Kosten-Wirksamkeitsanalyse und der Nutzwertanalyse auf nicht-monetäre Einheiten den Vorteil aufweisen, unsichere Bewertungsergebnisse zu vermeiden. Bei der erweiterten Kosten-Nutzen-Analyse werden zusätzlich Beschäftigungs- und Verteilungseffekte berücksichtigt.

4.1.2 Wohlfahrtsökonomischer Hintergrund

Die neoklassische ökonomische Theorie modelliert unter anderem den privaten Haushalt unter der Annahme der Nutzenmaximierung, der Konsumentensouveränität und des rationalen Handelns (vgl. Schumann et al. 1999,

95ff.). Existiert für ein Wirtschaftssubjekt eine vollständige, transitive, stetige und streng monotone Präferenzordnung, dann kann eine Nutzenfunktion konstruiert werden (Varian 1996, 54ff.). Die Nutzenfunktionen bringen Präferenzen der Haushalte für bestimmte Gütermengenkombinationen zum Ausdruck. Die Haushalte können ihre Präferenzen selbst bestimmen. Die Präferenzordnung gibt an, welche Gütermengenkombinationen sie anderen vorziehen. Diese Kombinationen werden durch die Budgetgerade begrenzt, da die Ausgaben des Haushaltes das gegebene Budget nicht übersteigen können (Linde 1996; Schumann et al. 1999, 73 ff.). Die Nutzenniveaus sind in der Regel ordinal skaliert, das heißt, die Wirtschaftssubjekte können nur angeben, dass ein Güterbündel ihnen mehr wert ist als ein anderes, nicht aber wie viele Nutzeneinheiten dieser Unterschied ausmacht.

Unter diesen Annahmen fragen die Wirtschaftssubjekte das nutzenmaximale Güterbündel nach, zu dem im Fall der Heidebesucher auch Funktionen der Heideflächen wie „Erholungsmöglichkeit" oder „Möglichkeit zum Naturerlebnis" gehören. Bei den Haushalten, die unter anderen die Güter nachfragen, die durch die Erhaltung der Heideflächen bereitgestellt werden, gehören diese offenbar zu ihrer nutzenmaximalen Gütermengenkombination. Der Nutzen, der durch den Erwerb eines Gutes gestiftet wird, ist bei Gütern, die nicht auf Märkten gehandelt werden, individuell nicht direkt messbar. Im Fall von Marktgütern dient der Marktpreis als Bestimmungsgröße des Nutzens. Auf Märkten fragen die Wirtschaftssubjekte entsprechend ihrer Präferenzen abhängig vom Marktpreis eine bestimmte Menge eines Gutes nach. Die mit dem Preis bewertete Nachfragemenge kann dazu verwendet werden, den Nutzen zu schätzen. Bei öffentlichen Gütern bildet sich kein Marktpreis, weil die Wirtschaftssubjekte keine Anreiz haben, ihre wahren Präferenzen preiszugeben (vgl. Musgrave et al. 1994, 72ff.). Der Nutzen kann in diesem Fall durch verschiedene andere Methoden geschätzt werden.

Der Besuch der Heideflächen insgesamt hat derzeit keinen Marktpreis, er weist wesentliche Eigenschaften eines öffentlichen Gutes auf. Typische Merkmale öffentlicher Güter sind die Nicht-Ausschließbarkeit und die Nicht-Rivalität in der Nutzung des Gutes (Samuelson & Nordhaus 2001, 32). Neben der reinen Form öffentlicher Güter kommen alle Übergangsformen vor, die in Tabelle 4-1 zusammengestellt sind (vgl. auch Sugden 1999, 132). Übergangsformen bezeichnet man auch als unechte, quasi-öffentliche, quasi-private oder Mischgüter (vgl. Cornes & Sandler 1986; Musgrave et al. 1994, 77ff.).

Die Nicht-Ausschließbarkeit einzelner oder bestimmter Gruppen ist im Fall der Heideflächen zwar nicht so deutlich erkennbar wie bei einem charakteristischen freien Gut wie z.B. Luft. Es wäre technisch wohl möglich, die Heideflächen so zu sichern, dass der Zugang nur noch nach Entrichtung eines Preises möglich ist. Ein vollständiger physischer Ausschluss würde allerdings hohe Transaktionskosten verursachen.

Tabelle 4-1: Arten von Gütern im Hinblick auf den Grad der Öffentlichkeit
Quelle: Eigene Darstellung (vgl. z.b. Musgrave et al. 1994, 71)

| Rivalität der Nutzung | Ausschließbarkeit | |
|---|---|---|
| | Gegeben | Nicht gegeben |
| Gegeben | Marktgut | Allmende-Gut |
| Nicht gegeben | Club-Gut | Öffentliches Gut |

Möglicherweise könnte durch ein effizientes Kontrollsystem der Ausschluss von Nicht-Zahlern ausreichend wirksam erreicht werden. Hier existieren einige Beispiele, bei denen über stichprobenartige Kontrolle und Kombination von Angeboten zufrieden stellende Erfassungsquoten erreicht werden können (vgl. z.b. Frerichs 2002).

Über eine mögliche Rivalität der Nutzung existieren keine Informationen. Wenn eine Rivalität der Nutzung existiert, entstehen den Betroffenen Kosten, die als Überfüllungskosten (congestion costs) bezeichnet werden (vgl. z.b. Cicchetti & Smith 1976). Treten diese auf, dann werden die Besucher sie in die von ihnen geäußerten Präferenzen einfließen lassen. Insgesamt ist festzustellen, dass die Güter, die durch die Erhaltung der Heideflächen bereitgestellt werden, deutliche Merkmale öffentlicher Güter aufweisen, aber keiner Kategorie eindeutig zuzuordnen sind.

Die einzelnen Güter tendieren zu verschiedenen Kategorien der Einteilung. Der Schutz von seltenen Tieren und Pflanzen und deren Lebensräumen wird traditionell als öffentliches Gut gesehen, bei dem der Staat wegen Marktversagens mehr oder weniger stark eingreifen muss. Ähnlich wird das Gut „Informationsmöglichkeit über regionale Kulturgeschichte" beurteilt, das auf Märkten tendenziell zu wenig bereitgestellt wird. Ein Teil der Finanzierung dieser beiden Güter wird bereits von einer interessierten Gruppe geleistet, den Mitgliedern des Vereins Naturschutzpark. Besondere Erholungsmöglichkeiten werden dagegen üblicherweise näher zum Marktgut eingeordnet. Dies zeigt sich unter anderem an privaten Freizeitparks in direkter Umgebung der Heideflächen (z.B. Heidepark, www.heide-park.de). Das Angebot dieser Einrichtungen liegt zwischen einem Marktgut und einem Clubgut, je nachdem, ob wesentliche Rivalität der Nutzung auftritt.Die genannten wohlfahrtsökonomischen Daten müssen vor Beginn der Kosten-Nutzen-Analyse geklärt werden, um geeignete Methoden für die praktische Durchführung der Analyse auswählen zu können.

### 4.1.3 Ablauf der Kosten-Nutzen-Analyse

Das grundsätzliche Ablaufschema der Kosten-Nutzen-Analyse nach Hanusch (1994, 6), das Schmid (1989, 4ff.) in ähnlicher Form darstellt, zeigt Abbildung 4-2. Die Zielsetzung spielt im Ablauf der Kosten-Nutzen-Analyse eine weniger große Rolle als bei der Kosten-Wirksamkeits-Analyse (vgl. Kapitel 6 „Kosten-Wirksamkeits-Analyse und Optimierung des Pflegeprogramms"). Sie stellt in der Regel eine politische Zielsetzung dar, die in der Analyse selbst keine Berücksichtigung findet. Die Ergebnisse der Kosten-Nutzen-Analyse müssen mit den politischen Zielsetzungen abgewogen werden. So wird etwa festgelegt, ob die Begünstigung einer Gruppe durch das Projekt in der Form stattfinden soll oder nicht.

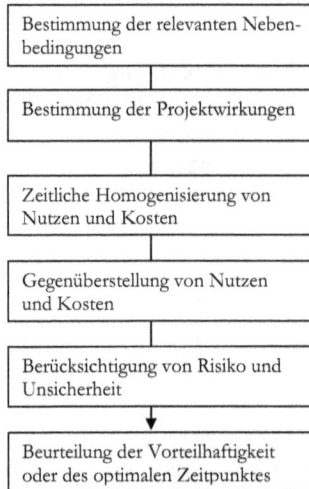

Bestimmung der relevanten Nebenbedingungen

Bestimmung der Projektwirkungen

Zeitliche Homogenisierung von Nutzen und Kosten

Gegenüberstellung von Nutzen und Kosten

Berücksichtigung von Risiko und Unsicherheit

Beurteilung der Vorteilhaftigkeit oder des optimalen Zeitpunktes

Abbildung 4-2: Ablaufschema der Kosten-Nutzen-Analyse
Quelle: verändert nach Hanusch (1994, 6)

Wenn es sich bei dem zu beurteilenden Gut um ein öffentliches Gut handelt oder das Gut wesentliche Eigenschaften öffentlicher Güter aufweist (Clubgut oder Allmende-Gut), sind Komponenten der Kosten oder des Nutzens mit Marktpreisen nicht oder nicht vollständig bewertbar. Ist bei der Festlegung des Angebots öffentlicher Güter aber der Nutzen, den Güter für die Nachfrager stiften, nicht bekannt, führt dies mit großer Wahrscheinlichkeit zu suboptimaler Allokation dieser Güter und zu Effizienzverlusten. Das zieht gesamtwirtschaftlich Wohlfahrtsverluste nach sich, weil das Angebot und die Nachfrage nach den Gütern dann in der Regel nicht auf einem effizienten Niveau zur Deckung gebracht werden können (vgl. z.B. Mühlenkamp 1994, 141ff.). Die Effekte einer Maßnahme, sowohl bei den Kosten als auch beim Nutzen, lassen sich verschiedenen Kategoriepaaren zuordnen (vgl. Hanusch 1994, 8):

- Reale und pekuniäre Effekte,
- direkte und indirekte Effekte,
- tangible und intangible Effekte und
- intermediäre und finale Effekte.

Die Unterscheidung von *realen* und *pekuniären* Effekten hebt auf die Tatsache ab, dass nicht durch alle Projekte oder Maßnahmen zusätzlicher Nutzen oder Kosten verursacht werden. Andere Maßnahmen verursachen nur eine Verlagerung der selben monetäre Größe, z.B. Umsatz in Gaststätten von einer Region in eine andere (vgl. z.B. Hanley & Spash 1993, 9). In eine Kosten-Nutzen-Analyse dürfen nur die Effekte einbezogen werden, die im untersuchten Gebiet zusätzlichen Nutzen oder Kosten bewirken.
Eine weitere Unterscheidung bezieht sich auf den Kreis derer, die die Wirkungen des Projekts betreffen. *Direkte* Kosten und Nutzen sind dem Projekt unmittelbar zuzuordnen, sie wirken auf die Projektbeteiligten bzw. auf die Gruppe, für die die Wirkung in der Projektzielsetzung gedacht ist. Die *indirekten* Effekte, die auch als externe Effekte bezeichnet werden, dagegen wirken auf die Produktions- oder Nutzenfunktionen Dritter. Sie können positiv sein, wie etwa die Steigerung von Immobilienwerten durch ein Naturschutzgebiet, oder negativ, wie etwa die Minderung von Immobilienwerten durch weitere Bebauung.
Die Unterscheidung nach *tangiblen* und intangiblen Effekten betrifft die Monetarisierbarkeit. Nur tangible Effekte sind monetarisierbar und damit in der Kosten-Nutzen-Analyse erfassbar. Die Beurteilung intangibler Effekte hat sich in den letzten Jahrzehnten stark gewandelt. Durch die Entwicklung neuer Bewertungsmethoden wird die monetäre Bewertung der Effekte von Maßnahmen immer mehr ausgeweitet. Die Ergebnisse von Methoden, die mit geäußerten Präferenzen arbeiten, werden nicht von allen Autoren vollständig anerkannt (vgl. Dasgupta & Pearce 1992, 115; Hausman 1993). Einige Autoren stehen neuentwickelten Bewertungsverfahren, insbesondere den Methoden der Präferenzerfassung, skeptisch gegenüber (eine Übersicht z.B. in Hausman 1993). Die Kritik bezieht sich im Wesentlichen auf die Qualität und Verwertbarkeit der Ergebnisse. Unbestreitbar weisen Bewertungsmethoden für öffentliche Güter, die auf Präferenzerfassung basieren, bestimmte Schwächen auf. Präferenzen – sowohl die beobachteten als die geäußerten – können nur durch einen Filter betrachtet werden können, dessen möglicherweise verzerrende Filterwirkung nicht bekannt ist. Dieser Filter manifestiert sich bei den geäußerten Präferenzen durch verschiedene Verzerrungsmöglichkeiten der Antworten (vgl. z.B. Degenhardt & Gronemann 2001; Hanley et al. 1995;

Schulze et al. 1996), bei den beobachteten Präferenzen durch Informations-
mängel über die Eigenschaften oder die Bewertungsannahmen der herange-
zogenen Marktgüter (vgl. z.B. Hanley & Spash 1993, 78ff., 86ff.). Dennoch zeigen viele Untersuchungen, dass z.B. die Contingent Valuation Method so verlässliche Ergebnisse liefert, dass eine Bewertung mit dieser Methode in vielen
Fällen sinnvoll ist (vgl. z.B. Carson 1997; Carson et al. 2001). Die Tatsache,
dass viele Kosten- und insbesondere nten, die früher als intangibel galten,
heute bewertet werden, sollte dabei zu besonderer Sorgfalt und vorsichtiger
Schätzung anhalten, um den Nettonutzen nicht zu überschätzen (vgl. auch
Bräuer 2002, 277).

Hackl & Pruckner (2000, 97f.) führen eine Reihe von Gründen auf, die dagegen sprechen, die Bewertung von öffentlichen Umweltgütern – insbesondere
in der üblichen neoklassischen Basierung – wegen der bisher ungeklärten
Fragen ganz zu verwerfen. Sie arbeiten dabei folgende Gründe heraus:

- Ohne Bewertung besteht die Gefahr, dass der Wert als 0 angenom-
  men wird.
- Eventuell bestehende moralische Bedenken gegen die monetäre
  Bewertung von Gütern wie Umwelt oder Gesundheit sind nicht
  plausibel, da die Bewertung in der Praxis implizit vorgenommen
  wird.
- Für mögliche Schadensfälle ist ein Ersatzwert sehr hilfreich.
- Die neoklassische Umweltökonomik wird bisweilen verdächtigt, die
  Umwelt zu wenig zu würdigen und zu anthropozentrisch zu verfah-
  ren.
- Solange sie aber einen besseren Schutz der Umwelt als Optimalkriteri
  um fordert, besteht Zielkonformität mit der ökologischen Ökonomik.
- Für Budgetansätze und zur optimalen wirtschaftspolitischen
  Steuerung sind monetäre Größen notwendig, auch zum Vergleich
  mit anderen wirtschaftspolitischen Effekten.

Diese Ausführungen beziehen sich auf die neu entwickelten Ansätze der neoklassischen Umweltökonomik, von denen häufig die Contingent Valuation
Method (CVM) und die Travel Cost Method (TCM) angewendet werden.

Bei Naturschutz- oder Erholungsgebieten machen die Effekte, die nach her-
kömmlichem Verständnis intangibel gewesen sind, häufig einen großen Teil
der Gesamteffekte aus (vgl. z.B. Musgrave et al. 1994, 241). Da diese Zusammenhänge als Defizite in der Bewertung von Naturgütern identifiziert wurden, wird innerhalb der ökologischen Ökonomie versucht, aus diesen bisher
als weitgehend intangibel betrachteten Effekten, wie etwa Veränderung des
Stoffhaushaltes, tangible, d.h. monetär bewertbare zu machen (vgl z.B. Klauer
1998; Klauer 2000; Faber et al. 1998; Rogall 2002). Bei Naturschutzprojekten
handelt es sich oft um kleine Vorhaben, die keine Auswirkungen auf die zugehörigen gesamtwirtschaftlichen Verhältnisse haben, sondern sich regional

auswirken. Es ist aber offensichtlich, dass Naturschutzprojekte regionale Märkte verändern können, etwa in Gastronomie und Tourismus (vgl. z.B. Rösler 2001). Die ökologische Ökonomik kann derzeit noch keine praxisreifen Konzepte anbieten, die eine Bewertung eines komplexen Umweltgutes erlauben (vgl. z.B. Hackl & Pruckner 2000, 96).

Nur innerhalb der neoklassischen Umweltökonomik existieren operationale Bewertungsverfahren. Aus den oben genannten Gründen sollten plausible Ergebnisse dieser Verfahren auch als politisches Steuerungsinstrument genutzt werden, wie es in den USA bereits eingeführt ist (vgl. NOAA 1996, zit. nach Hackl & Pruckner 2000, 112). Aus Sicht der politischen Entscheidung scheint der Vorschlag von Hackl und Pruckner allerdings nicht ganz überzeugend, die angewendete Theorie von der Umweltrelevanz der jeweiligen Maßnahme abhängig zu machen. Dies wirkt beliebig und dürfte auf politische Entscheidungsträger keinen sehr überzeugenden Eindruck machen. Eine plausible Erfassung der ökologisch fundierten Wertkomponenten scheint jedoch dringend notwendig zu sein, um die tatsächlichen Nutzenwerte adäquat zu erfassen.

Projekte und Maßnahmen weisen Effekte zu unterschiedlichen Zeiten auf. Die Effekte, die im Verlaufe des Projektes auftreten, gelten als intermediäre Effekte, während finale Effekte am Ende des Projektes oder später auftreten. Ein Schritt, der das Ergebnis der Kosten-Nutzen-Analyse wesentlich beeinflussen kann, ist die Art der zeitlichen Homogenisierung der periodisch oder unregelmäßig eintretenden Ergebnisse. Die Kosten- oder Nutzenüberschüsse, die sich in den Jahren ergeben, müssen auf einen Zeitpunkt bezogen werden, zweckmäßig ist hier der Gegenwartszeitpunkt (vgl. z.B. Hanusch 1994, 97ff.; Schmid 1989; 191ff.). Dies ist besonders wichtig, wenn die einzelnen Perioden sich in Kosten- oder Nutzenüberschüssen deutlich unterscheiden und die Laufzeit des Projektes hoch ist, weil dann der Entscheider nicht ohne eine Diskontierung über Höhe und Vorzeichen eines Gegenwartswertes befinden kann. Aber auch bei jährlich gleichgerichteten oder gleichmäßigen Nutzen- oder Kostenüberschüssen kann die Diskontierung dieser Werte zusätzliche Informationen liefern (vgl. Hanusch 1994, 98f.). Der zentrale Schritt bei der Ermittlung eines Gegenwartswertes der periodischen Ergebnisse besteht in der Auswahl des Zinssatzes. Verschiedene Gründe bedingen die Existenz eines Zinssatzes, mit dem zukünftige Ereignisse proportional zu ihrer zeitlichen Distanz abgewertet werden (vgl. Lehmann 1975, 80ff.). Menschen bewerten gegenwärtigen Konsum höher als zukünftigen, weil z.B. die Erlebenswahrscheinlichkeit umso kleiner ist, je weiter das Ereignis in der Zukunft liegt. Im Bereich der geschäftlichen Investitionen orientieren die Investoren sich mit ihren Forderungen für die Kapitalrentabilität an erzielbaren Kapitalgewinnen, die durch Steuern vermindert werden. Zu diesen marktüblichen Gewinnen kommen Aufschläge für die geschätzte Höhe des Risikos der Investition (vgl. z.B. Mühlenkamp 1994, 166f.; Stiglitz 1994). In einem vollkommenen Kapitalmarkt ist die marginale Rate der Zeitpräferenz im Bereich öffentlicher Vorhaben identisch mit derjenigen privater Investitionen. Hier könnte also der Zinssatz, der in der Kosten-Nutzen-Analyse verwendet wird, von dem Zinssatz, der auf dem Kapitalmarkt für Konsumenten oder Produzenten gilt, abgeleitet werden. Da aber in der Realität offenbar sehr unterschiedliche Zinssätze existieren, ergeben sich bei dieser Methode zur Ermittlung eines Zinssatzes Schwierigkeiten. Es gibt Empfehlungen, den Zinssatz für die Kosten-Nutzen-Analyse durch eine gewogene Mittelung von Marktzinssätzen zu errechnen. Dies dürfte aber einen hohen Aufwand verursachen und zudem wenig verlässliche Ergebnisse liefern (vgl. z.B. Hanusch 1994, 105f.; Schmid 1989, 195ff.; Sugden & Williams 1988, 211ff.).

Der Zinssatz, der für ein öffentliches Projekt verwendet wird, ist somit nicht in jedem Fall mit einem Zinssatz des Kapitalmarktes für Konsumenten oder Produzenten gleichzusetzen. Es gibt vielmehr mehrere Sichtweisen, wie der Zinssatz ermittelt werden kann. Neben dem erwähnten Zinssatz, der für Konsumentscheidungen angesetzt wird, kann auch der Zinssatz auf dem Kapitalmarkt für Produzenten als sinnvoll angesehen werden. Die Höhe des Zinssatzes hängt auch davon ab, aus welcher Quelle das Kapital, das für das öffentliche Vorhaben verwendet wird, stammt bzw. welcher Bereich von dem Projekt betroffen ist. Da die genaue Ermittlung aller genannten möglichen Zinssätze sehr aufwendig ist, weicht man häufig auf Vergleichszinssätze aus. Dies kann z.B. bei langfristigen, risikoarmen öffentlichen Projekten der Zinssatz für langfristige Bundesanleihen sein. Es ist sinnvoll, die Kalkulation mit verschiedenen Zinssätzen im Rahmen einer *Sensitivitätsanalyse* durchzuführen, da eine exakte Bestimmung eines Zinssatzes aus den geschilderten Gründen nicht möglich ist (Sugden & Williams 1988, 226).

Anwendungen der Kosten-Nutzen-Analyse existieren auf allen Gebieten, auf denen regelmäßig öffentliche Projekte und Maßnahmen durchgeführt werden (z.B. Baumgartner 2003; Oberender 1995). Die Evaluierung von umweltrelevanten Projekten und Maßnahmen mit dieser Methode ist nicht unumstritten (vgl. z.B. Bräuer 2002). Unter den aktuellen Vorgaben für die Planung öffentlicher Vorhaben (vgl. Bundesminister der Finanzen 1997), insbesondere durch die Anwendung der Kosten-Nutzen-Analyse für andere Projekte, scheint sie jedoch auch für Maßnahmen im Umweltbereich aus Gründen der Vergleichbarkeit unverzichtbar zu sein.

Auch im Bereich des Naturschutzes wurden insbesondere in den letzten beiden Jahrzehnten einige Untersuchungen durchgeführt:
Schönbäck et al. (1997) vergleichen verschiedene Varianten der Ausgestaltung eines Nationalparks und der Nutzung von Wasserkraftwerken in den Donauauen mit Hilfe dieser Analysetechnik. In dieser Studie wird eine Reihe von Methoden angewendet, sowohl für Marktgüter als auch für Güter außerhalb von Märkten, um Kosten- und Nutzenkomponenten der Varianten ein-

zuschätzen. Die Analyse führt hier nicht zu einer generellen Bevorzugung einer Variante, weil sich unter verschiedenen politischen Hauptzielsetzungen unterschiedliche Optimalvarianten ergeben.

Rommel (1998) ermittelt Kosten und Nutzen des Biosphärenreservates Schorfheide-Chorin. Bei Wilhelm (1999) findet sich eine Kosten-Nutzen-Betrachtung für Umweltprogramme in der Landwirtschaft, die ermittelte Zahlungsbereitschaften dem Mittelbedarf für die Finanzierung dieser Programme gegenüberstellt. Wilhelm kommt allerdings dabei zu der Erkenntnis, dass die Methode der Kosten-Nutzen-Analyse auf der Basis von Zahlungsbereitschaftsanalysen nur teilweise geeignet ist. Die Komplexität der Auswirkungen lässt sich als Zahlungsbereitschaft nicht abfragen. Bräuer (2002) untersucht detailliert die Möglichkeiten, die die Kosten-Nutzen-Analyse zur Quantifizierung der Auswirkungen des Artenschutzes bietet. Er kommt zu dem Ergebnis, dass die Kosten-Nutzen-Analyse wichtige Entscheidungshilfen geben kann, ihr Ergebnis allein aber nicht immer überzeugen kann. Dies ist besonders dann gegeben, wenn das Verhältnis von Kosten und Nutzen nahezu ausgeglichen ist. In diesem Fall ist ein eindeutiges Urteil über die Vorteilhaftigkeit oft wegen Messungenauigkeiten und Unsicherheiten über Bewertungsmethode und Ausgangsdaten nicht möglich.

Insgesamt kann aus den bisherigen Untersuchungen, die mit Hilfe der Kosten-Nutzen-Analyse im Bereich Naturschutz und Landschaftspflege durchgeführt wurden, entnommen werden, dass diese Methode für derartige Projekte und Maßnahmen grundsätzlich durchaus anwendbar ist und relevante Informationen liefert. Es sollte lediglich berücksichtigt werden, dass bisher in der Regel nur ein Teil des Nutzens erfassbar ist, der durch Naturgüter gestiftet wird (vgl. Bräuer 2002, 275ff.).

## 4.2 Anwendung am Fallbeispiel

Die Anwendung der Kosten-Nutzen-Analyse auf die Heideflächen im Naturschutzgebiet Lüneburger Heide soll die Frage beantworten, ob die Erhaltung der Heideflächen in der derzeitig angewendeten Form volkswirtschaftlich sinnvoll ist oder nicht. Untersuchungsgegenstand sind daher nur die Pflegemaßnahmen, die zur Erhaltung der Heideflächen in einem Zustand, der mit dem aktuellen vergleichbar ist, notwendig sind bzw. mit dieser Zielsetzung angewendet werden.

Diejenigen Nutzen- und Kostenkomponenten, die im Fallbeispiel identifiziert werden können, werden auf den Jetztzeitpunkt bezogen und gegeneinander aufgerechnet, so dass ein positiver oder negativer Nettonutzen resultiert. Im Fall von Naturschutzmaßnahmen zur Pflege von Heideflächen ist sowohl auf der Kosten- als auch auf der Nutzenseite eine Reihe von Komponenten denkbar. Mögliche individuelle und gesellschaftliche Kosten- und Nutzen-komponenten zeigt Tabelle 4-2. Die Einordnung ist dabei so zu verstehen, dass die

Nutzen und Kosten der gesellschaftlichen Ebene sich natürlich aus den betrieblichen und individuellen Nutzen und Kosten zusammensetzen und zusätzlich die externen Effekte beinhalten. Die Nutzen- und Kostenkomponenten, die mit der in der vorliegenden Untersuchung verwendeten Methode berücksichtigt werden konnten (vgl. Kapitel 4.2.1 und 4.2.2), sind dabei kursiv gesetzt. Ausgewählt wurden hier die Komponenten, die für die Fragestellung für bedeutend gehalten wurden und die mit der zur Verfügung stehenden Kapazität erfasst werden konnten.

Tabelle 4-2: Mögliche Komponenten von Kosten und Nutzen der Heidepflege
Quelle: Eigene Darstellung
*Kursiv gesetzte Komponenten wurden in der vorliegenden Untersuchung mindestens teilweise berücksichtigt*

| I) Individuelle Ebene | II) Betriebliche Ebene | III) Gesellschaftliche Ebene |
|---|---|---|
| **Mögliche Nutzenkomponenten** | | |
| *a) Erholung*<br>*b) Naturgenuss*<br>*c) Naturschutzinteresse*<br>*d) Information über Kulturgeschichte* | *a) Produkterlöse*<br>b) Sortimentserweiterung um gebietstypische Waren<br>c) Umsatzsteigerung | a) Verbesserung der Gesundheit<br>b) Klimaverbesserung<br>c) Naturschutz<br>d) Wasserversorgung |
| **Mögliche Kostenkomponenten** | | |
| *a) Überfüllungskosten*<br>b) Zugangskosten<br>*c) Beschränkung der Freizügigkeit* | *a) Pflegekosten*<br>*b) Verwaltungskosten*<br>*c) Externe Effekte*<br>*d) Dienstleistungen für Besucher* | *a) Externe Effekte*<br>b) Opportunitätskosten |

Die Erholungsmöglichkeit auf den Heideflächen muss zum individuellen Nutzen gezählt werden. Eine Aggregation erfolgt erst im zweiten Schritt . Daneben gibt es einen individuellen Nutzen noch durch den Erholungs- und Naturgenuss sowie das Interesse am Naturschutz oder der Erhaltung der kulturhistorischen Dokumentation auf den Flächen. Auf betrieblicher Ebene fallen einige Produkterlöse durch das Pflegemanagement an und es ergibt sich die Möglichkeit, gebietstypische Waren zu vertreiben. Dies trifft insbesondere auf die Schafhaltung zur Beweidung zu, in geringerem Umfang auch auf die Mahd. Die zusätzlichen gesellschaftlichen Nutzenkomponenten bestehen z.B. aus einer Verbesserung der Gesundheit durch die Erholung auf den Flächen oder der Erhaltung der Biodiversität, die einen Optionswert mit einer bestimmten Wahrscheinlichkeit auf späterer Nutzung enthält.

Auf der Kostenseite erscheinen zunächst die direkten betrieblichen Kosten, die bei der Durchführung der Pflegemaßnahmen anfallen. Darüber hinaus verursacht die Planung und Durchführung der Pflegemaßnahmen Gemeinkosten, wie etwa die Kosten des Büros des Vereins Naturschutzpark. Neben der direkten Pflege der Heideflächen werden für die Heidebesucher weitere Dienstleistungen erbracht, zum Beispiel die Unterhaltung der Wanderwege. Es kann nicht abschließend geklärt werden, inwieweit diese Dienstleistungen unmittelbar mit dem Nutzen der Heideflächen zusammenhängen, oder der Nutzen der Heideflächen ohne sie eingeschränkt sein würde. In der vorliegenden Untersuchung wurde versucht, nur die Maßnahmen zu berücksichtigen, die direkt der Pflege und Erhaltung der Heideflächen dienen. Überfüllungskosten treten für die Besucher von Erholungsgebieten auf, wenn durch die gegenseitige Beeinträchtigung Unannehmlichkeiten entstehen, die den Nutzen mindern (vgl. z.B. Musgrave et al. 1994, 85; Cicchetti & Smith 1976, 2).

Die Opportunitätskosten der Landnutzung werden durch die Möglichkeit verursacht, auf den Flächen andere Nutzungsarten als die „Nutzung als Heide" einzurichten. Die Erträge, die bei der ertragreichsten dieser Nutzungsarten anfallen würden, stellen die Opportunitätskosten der Landnutzung „Heide" dar.

Im vorliegenden Fall wurden die Opportunitätskosten der Landnutzung nicht in die Kosten-Nutzen-Betrachtung eingestellt. Dies wurde für sinnvoll gehalten, weil die Nutzung als Naturschutzfläche als politisches Ziel definiert ist (vgl. Bezirksregierung Lüneburg 1993, 294ff.). Zudem stellt Naturschutz auch das Ziel des Eigentümers der Heideflächen, des Vereins Naturschutzpark dar. Es kann angenommen werden, dass eine andere Nutzung von keinem Beteiligten in Betracht gezogen wird. Eine weitere Art gesellschaftlicher Kosten stellen die externen Kosten dar. Diese fallen an, wenn durch eine Wirkung der Heidepflege bei nicht direkt beteiligten gesellschaftlichen Gruppen Kosten anfallen. Sind monetarisierbare externe Effekte nachweisbar, dann sind diese in der Kosten-Nutzen-Analyse zu berücksichtigen (vgl. Hanusch 1994, 69ff; Mühlenkamp 1994, 160).

Die oben genannten Nutzenkomponenten können nach ihrem Bezug zu dem nutzenstiftenden Objekt systematisiert werden, auch wenn diese Systematisierung wegen verschiedener Überschneidungen nicht vollkommen scharf ist (vgl. Elsasser 1997). Dies geschieht innerhalb des Konzeptes des *total economic value (TEV)* (vgl. z.B. Bateman et al. 2002, 28ff.; Mitchell & Carson 1989, 59). Eine wichtige Nutzenquelle der Heideflächen ist offenbar der Erholungsnutzen, der eine Verbesserung der gesundheitlichen Gesamtkonstitution der Erholungssuchenden des Naturgutes verursacht. Die Erholung gehört zu den *Gebrauchswerten (use values)*, da ein tatsächlicher, nachvollziehbarer, positiver Effekt erreicht wird. Als weitere Nutzenkomponente des Gebrauchsnutzens kommen die *betrieblichen Erträge*, die im Rahmen der Heidepflege anfallen, in Betracht. Außerdem gibt es noch weitere Gebrauchswerte, z.B. Gebrauchsnutzen aus der Verwertung von pflanzlichen oder tierischen Ressourcen, die durch den Zustand der Vegetation erhalten bleiben. Ein Beispiel dafür wäre die Erzeugung von Heidehonig. Dazu kommt der generelle Nutzen, der aus dem Erhalt biologischer Vielfalt entsteht, dessen Höhe aber sowohl insgesamt als auch bei den meisten Einzelfällen völlig ungeklärt ist. Gebrauchswerte sind – abgesehen von der Möglichkeit methodischer Verzerrungen – weitgehend unproblematisch in der Kosten-Nutzen-Analyse zu verwenden.

Ein so bekanntes Schutzgebiet wie das Naturschutzgebiet Lüneburger Heide schafft zweifellos auch *Nicht-Gebrauchswerte (non-use-values)*. Durch Befragung von Nicht-Nutzern der Heideflächen könnten solche Nicht-Gebrauchswerte ermittelt werden. Es gibt beispielsweise sicher naturschutzinteressierte Personen, etwa Mitglieder des Verein Naturschutzpark, die das Gebiet nicht selbst nutzen. Diese Mitglieder können trotzdem bereit sein, einen zusätzlichen finanziellen Beitrag zu ihrer Erhaltung zu leisten. Ihre grundsätzliche Zahlungsbereitschaft dokumentieren sie durch ihren Vereinsbeitrag. Der Wert der sich daraus ergibt, fällt unter Nicht-Gebrauchswerte (vgl. z.B. Garrod & Willis 1999, 6; Mitchell & Carson 1989, 63). Solche Wertkomponenten sind aber oftmals auch bei Nutzern des Gutes vorhanden. Welcher Nicht-Gebrauchswert vorliegt, hängt davon ab, ob der betreffenden Person um die Erhaltung des Gebietes generell *(Existenzwert)* oder um die Erhaltung des Gutes für kommende Generationen *(Vermächtniswert)* geht. Abbildung 4-3 zeigt eine Überblick über die Einteilung nach Gebrauchs- und Nicht-Gebrauchswerten und die entsprechende Systematisierung der Nutzenkomponenten aus Abbildung 4-2 (vgl. auch Mitchell & Carson 1989, 59ff.; Meyerhoff 2001b; Meyerhoff 2001a; Elsasser 1997).

Bei der Ermittlung bzw. dem Nachweis von Nicht-Gebrauchswerten ergeben sich in der Praxis Schwierigkeiten (vgl. z.B. Bateman & Langford 1997; Meyerhoff 2001a). Einige Autoren sind zudem der Ansicht, dass Nicht-Gebrauchswerte für ökonomische Entscheidungen irrelevant sind, oder dass sie durch die direkte Präferenzerfassungsmethoden nicht angemessen ermittelt werden können (vgl. Meyerhoff 2001b, 395). Es gibt andererseits kaum Zweifel, dass Nicht-Gebrauchswerte in einer Zahlungsbereitschaft enthalten sein können. Die Contingent Valuation Method ist grundsätzlich geeignet, solche Nicht-Gebrauchswerte zu erfassen (Carson et al. 1999, 115).

Eine wesentliche Erkenntnis in diesem Zusammenhang ist, dass das Motiv eines Wirtschaftssubjektes für seine Zahlungsbereitschaft irrelevant für deren Konsistenz ist (Carson et al. 2001; Enneking 2001, 140). Dies gilt für Märkte genauso wie für die Bewertung von nicht-marktlichen Gütern. Carson et al. (2001) stellen dazu fest:

*"... it is utility whatever its source that matters for value"*.

Total Economic Value (TEV)

| Gebrauchswerte | | Nicht-Gebrauchswerte | | |
|---|---|---|---|---|
| Direkt | Optionswert | Altruismus | Existenzwert | Vermächtniswert |
| I a),b),c),d) | I a),b),c),d) | I a),b),c),d) | I a),b),c),d) | I a),b),c),d) |
| II a),b),c) | II a),b),c),d) | II a),b),c),d) | III a),b),d) | III a),b),c),d) |
| III a),b),d) | | | | |

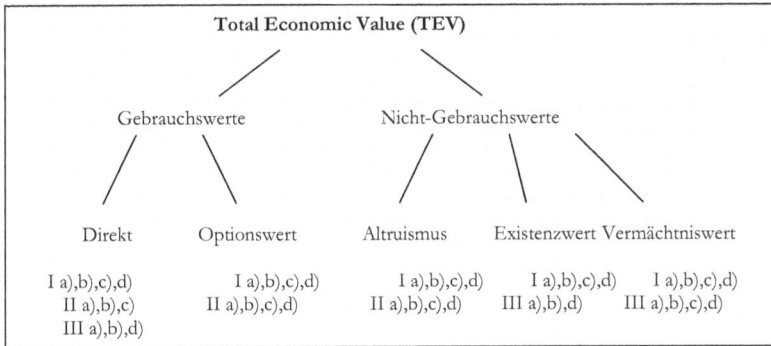

Abbildung 4-3: Mögliche Werte der Heideflächen, unten die Zuordnung
zu den Nutzenkomponenten aus Tabelle 4-2

Quelle: Verändert nach Bateman et al. (2002, 29)

Es scheint plausibel, dass besonders Nicht-Gebrauchswerte, aber auch Gebrauchswerte, eine enge Beziehung zu den Informationen aufweisen, die dem
Befragten zur Verfügung stehen (vgl. Hanley et al. 1995, 255ff.; Meyerhoff
2001b, 397ff.; Spash 2002). Nicht-Gebrauchswerte setzen ein Mindestmaß an
Informationen über das Gut, das bewertet werden soll, voraus. Zumindest
muss die Existenz des Gutes bekannt sein, um eine plausible positive Zahlungsbereitschaft äußern zu können. Daneben sind (angenommene) Eigenschaften des Gutes, wie Einmaligkeit und Irreversibilität, ausschlaggebend
für die Existenz von Nicht-Gebrauchswerten (Meyerhoff 2001b, 394). Während bei Nutzern eines Gutes ein Mindestmaß an Informiertheit vorausgesetzt werden kann, ist dies bei den Nicht-Nutzern nicht gegeben. Carson et al.
(1999, 115f.) vergleichen Umweltgüter in diesem Zusammenhang mit gängigen Marktgütern und kommen zu dem Schluss, dass Informationen über
Umweltgüter weniger wichtig seien, weil auch auf den Märkten für Konsumgüter ständig neue Produkte erscheinen, über die der Konsument bis dahin
keine Informationen hat. Dies erscheint aber angesichts der Werbung für
Konsumgüter und der grundlegenden Informiertheit, die Konsumenten über
Konsumgüter besitzen, nicht ganz überzeugend. Kenntnisse über ökologische
Zusammenhänge sind in vielen Fällen wesentlich spezieller und komplexer
als dies bei Informationen über viele Konsumgüter der Fall ist.
Die Verteilung der Wertkomponenten innerhalb einer geäußerten Zahlungs-
bereitschaft kann in der Regel nicht ermittelt werden, sofern sie nicht aus den
Rahmendaten, etwa eindeutige Zuordnung des Befragten zur Gruppe der
Nicht-Nutzer, abgelesen werden kann. Es ist aber auch in anderen Fällen
manchmal möglich, grobe Zuordnungen zu leisten oder Tendenzen abzu-

schätzen. In der vorliegenden Studie ist aufgrund der Struktur des Gebietes und vor allem der Art der Befragung vorwiegend mit der Äußerung von Gebrauchswerten zu rechnen. Anhand von Äußerungen aus den Interviews kann versucht werden, Tendenzen über die Motivation der Zahlungsbereitschaft abzuschätzen.

Für die volkswirtschaftliche Kosten-Nutzen-Analyse ist nur der Nutzen relevant, der durch die Heideflächen zusätzlich gestiftet wird. Dies ist von den untersuchten Gruppen nur bei der Gruppe der Besucher der Fall (vgl. oben pekuniäre Effekte). Die Befragungsergebnisse der anderen Gruppen werden nach den Ergebnissen der Kosten-Nutzen-Analyse zusätzlich dargestellt, um Hinweise für regionale Auswirkungen zu verdeutlichen.

### 4.2.1 Kostenerfassung

Im Rahmen der Unterschutzstellung von Gebieten und von aktiven Naturschutzmaßnahmen können verschiedene Kostenarten an unterschiedlichen Orten entstehen. In der Kosten-Nutzen-Analyse sollen die Kosten, die ursächlich mit der Erhaltung der Heideflächen in Zusammenhang stehen, möglichst vollständig für die Gegenüberstellung mit dem monetarisierten Nutzen zur Verfügung stehen. Die Opportunitätskosten der Bodennutzung sollen im vorliegenden Fall außer Betracht bleiben. Dies bedeutet, dass die Bodennutzung als Naturschutzgebiet als vorgegebenes politisches Ziel betrachtet wird. Die innerhalb dieser Vorgabe existierenden anderen Nutzungsarten, lassen keinen wesentlichen positiven Ertrag erwarten (z. B. Forstwirtschaft), bedingen somit auch keine Opportunitätskosten.

Diese Vorgabe wäre nicht zulässig, wenn es sich um ein Naturschutzgebiet handelte, das nur aus den Heideflächen bestünde. Die Heideflächen könnten mittelfristig ohne Pflege nicht erhalten werden. Falls das Ergebnis der Kosten-Nutzen-Analyse wäre, dass es nicht sinnvoll ist, die Heideflächen weiter zu pflegen, dann würden sich die Flächen möglicherweise so entwickeln, dass sie auch nicht mehr schutzwürdig wären. Dieses Ergebnis wäre dann nicht mehr vereinbar mit der Voraussetzung, dass die Flächennutzung Naturschutz politisch vorgegeben ist. Daher impliziert diese Vorgabe die Schutzwürdigkeit des Naturschutzgebietes auch ohne die Heideflächen.

Die Kosten der Durchführung der Verfahren sind in Tabelle 4-3 zusammengestellt. Für die Verfahren „Beweidung" und „Kontrolliertes Brennen" konnten die Kosten durch Analyse der einzelnen Kostenkomponenten ermittelt werden, da diese Verfahren vom Verein Naturschutzpark selbst durchgeführt werden. Die Gesamtkosten der Heideerhaltung zur Erholungsnutzung gehen über die direkte Pflege der Heideflächen hinaus. Es kann angenommen werden, dass der aktuelle Zustand der Heideflächen Grundlage der Bewertung durch die Besucher ist. Eine minimale Beschilderung und Unterhaltung der Wege sind darin aller Wahrscheinlichkeit nach enthalten. Als Kostenkomponenten wurden daher für die Ermittlung der Gesamtkosten der Heideerhaltung Personal- und Sachkosten (incl. Gemeinkosten) für die Durchführung der folgenden Maßnahmen ermittelt:

- Kontrolliertes Brennen
- Mahd
- Beweidung
- Schoppern
- Plaggen
- Entfernung von Gehölzen
- Beschilderung der Heideflächen
- Wegeunterhaltung auf den Heideflächen

Es wird dabei impliziert, dass die aktuell aufgewendeten Ressourcen für die Heidepflege im weiteren Sinne ausreichen, um die Heideflächen dauerhaft zu erhalten. Dies ist zwar wegen fehlender Prognosedaten keineswegs sicher. Die aktuellen Nährstoffeinträge können mit den eingesetzten Ressourcen aber kompensiert werden (vgl. Kapitel 6 „Kosten-Wirksamkeits-Analyse und Optimierung des Pflegeprogramms"). Eine detaillierte Darstellung der Kostenerfassung der einzelnen Pflegeverfahren findet sich ebenfalls im Kapitel 6 „Kosten-Wirksamkeits-Analyse und Optimierung des Pflegeprogramms".
Eine Pauschale für Vorbereitung und Verwaltung der Maßnahmen ist in den in Tabelle 4-3 aufgeführten Werten enthalten. Die Flächenangaben in Tabelle 4-3 sind als aktuell jährlich angestrebte Flächengrößen zu verstehen. Die Werte, die für die einzelnen Verfahren angegeben sind, weichen vom langjährigen Durchschnitt (vgl. Kapitel 3.2) stark ab. Dies liegt an der angesprochenen Intensivierung der Pflegemaßnahmen in den letzten Jahren. Die jährlichen Gesamtkosten für die direkten Heidepflegemaßnahmen betragen derzeit rund 716.000 €. Es müssen für die Gegenüberstellung von Kosten und Nutzen alle Kosten berücksichtigt werden, von denen angenommen werden muss, dass sie den Nutzen, der innerhalb der Untersuchung erhoben wird, begründen. Die mit diesen Ressourcen bereitgestellten Güter werden von den Befragten in der Zahlungsbereitschaft, die erhoben wird, in ihrer Äußerung berücksichtigt. Dazu gehören aller Wahrscheinlichkeit nach auch die Einrichtungen, die für die Besucher auf den Heideflächen geschaffen und unterhalten werden, sowie die Wegeunterhaltung. Für diese Leistungen können Kosten von rund 70.000 € jährlich (Personal- Sachkosten, kalkulatorische Kosten) angesetzt werden. Daher erhöht sich die Gesamtsumme der Heideunterhaltung auf rund 786.000 € jährlich.

Tabelle 4-3: Kosten der Heidepflegeverfahren
Quelle: Eigene Darstellung, Daten nach VNP (2003)

| Maßnahme | Beweidung | Kontr. Brennen | Mähen | Schoppern | Plaggen | Entkusseln | Beschilderung, Wege etc. | Total |
|---|---|---|---|---|---|---|---|---|
| Kosten/ Durchführung (€/Hektar) | 171 (138-171) | 355 (300-380) | 400 (0-500) | 1.700 (1500-2100) | 3.100 (2800-3700) | ~500 | | |
| Fläche jährlich ca. (ha) | 2.800 | 15 | 250 | 30 | 10 | ~100 | | > 3.000 |
| Gesamtkosten (€) | 478.800 | 5325 | 100.000 | 51.000 | 31.000 | ~50.000 | 70.000 | 786.125 |

## 4.2.2 Monetarisierung des Nutzens

Für die Funktionen, die direkt durch die Erhaltung der Heideflächen bereitgestellt werden, wie „Erholung auf den Heideflächen", „Genuss von Natur und Kulturgeschichte in der Lüneburger Heide", muss kein Preis entrichtet werden. Für die Ermittlung der monetären Höhe des Nutzens, den diese Güter stiften, wird daher eine Methode zur Erfassung der Präferenzen für öffentliche Güter angewendet.

### 4.2.2.1 Auswahl der Methoden

Zur Schätzung des monetären Wertes des Nutzens, der von Naturgütern ausgeht, können verschiedene Methoden angewendet werden. Diese sollen hier nur kurz skizziert werden, um die Auswahl der Methode zu erläutern. Ausführliche Darstellungen liefern beispielsweise Pommerehne (1987) oder Garrod & Willis (1999). Tabelle 4-4 gibt eine Übersicht über diese Methoden. In diesem Zusammenhang lassen sich grundsätzlich direkte und indirekte Methoden der Präferenzerfassung unterscheiden. Bei der Anwendung direkter Methoden wird versucht, die Präferenzen der jeweiligen Personen oder Gruppen über deren Äußerungen zu schätzen, d.h. es werden Befragungen oder Experimente durchgeführt. Bei den Verfahren der indirekten (beobachtenden) Präferenzmessung werden dagegen andere ökonomische Größen, wie etwa Reisekosten oder Wiederherstellungskosten, für die Schätzung des Nutzens herangezogen.

Je nach Art des Naturgutes weisen die Methoden der Präferenzerfassung eine unterschiedliche Eignung zur Bearbeitung bestimmter Fragestellungen auf.

Wie oben bereits dargestellt, sind im Fall des Untersuchungsgebietes insbesondere drei Funktionen an der Nutzenstiftung beteiligt:

- Möglichkeit zur Erholung
- Schutz von seltenen Tieren und Pflanzen sowie deren Lebensräumen
- Erhaltung, Dokumentation und Information von kulturgeschichtlichen Zusammenhängen

Die erste Nutzenkomponente wird durch die Besucher deutlich zum Ausdruck gebracht, indem sie die Heideflächen besuchen. Dies tun sie nur, weil sie so ein höheres Nutzenniveau erreichen als wenn sie es nicht täten. Diese Nutzenkomponente stellt somit einen klar anthropozentrischen Ansatz eines Gebrauchswertes dar, der mit der neoklassischen ökonomischen Theorie adäquat erfasst werden kann.

Tabelle 4-4: Verfahrensübersicht zur Präferenzerfassung bei öffentlichen
Gütern
Quelle: Verändert nach Pommerehne (1987, 11)

| Verfahren der indirekten Präferenzerfassung | Verfahren der direkten Präferenzerfassung | |
|---|---|---|
| | Quantitative Präferenzäußerung | Qualitative Präferenzäußerung |
| Analyse der Beziehung zwischen privaten und öffentlichen Gütern | Erfassung der Zahlungsbereitschaft | Interpretation von Meinungsumfragen |
| Aufwandmethode | Marktsimulation | Schätzung individueller Wohlfahrtsfunktionen |
| Marktpreismethode | | |

Insbesondere zur Erfassung dieser Präferenzen wurde in der vorliegenden
Untersuchung die Contingent Valuation Method (CVM) angewendet. Die
zweite und dritte Komponente können ebenfalls in dieser Form erfasst werden, wenn davon ausgegangen wird, dass
1. die Contingent Valuation Method zur Monetarisierung des Nutzens
   Gebrauchs- und Nicht-Gebrauchswerte gleichermaßen erfassen kann
   und dass
2. der Nicht-Gebrauchswert für die Einbeziehung in die Kosten-Nutzen-
   Analyse geeignet ist.

Der erste Aspekt ist allgemein unstrittig (vgl. z.B. Mitchell & Carson 1989, 59;
Carson et al. 1999). Die zweite Annahme wird im Fall der Kombination von
Gebrauchs- und Nicht-Gebrauchswerten gestützt durch die Erkenntnisse von
Meyerhoff (2001b).

4.2.2.2 Die Bedingte Bewertungsmethode

4.2.2.2.1 Allgemeines

Die Bedingte Bewertungsmethode (Contingent Valuation Method, CVM) hat
sich seit Mitte des 20. Jahrhunderts zu einer sehr wichtigen Methode zur Präferenzerfassung nicht marktgängiger Güter entwickelt. Die Entwicklung fand
zunächst fast ausschließlich in den USA statt. In der Literatur existieren mehrere ausführliche Beschreibungen der Methode (z.B. Bateman et al. 2002; Mitchell & Carson 1989). Einen Meilenstein in der Entwicklung gab es in der Folge des Tankerunglücks der Exxon Valdez. Die politischen Prozesse führten
zu einer Verankerung der Methode für derartige Fälle in die Gesetzgebung

der Vereinigten Staaten (NOAA 1996; zit. nach Hackl & Pruckner 2000, 112). In Europa begann die Entwicklung erheblich später. Navrud & Pruckner (1997) vergleichen Kosten-Nutzen-Analysen im Umweltbereich, die in den vergangenen Jahren in den USA und in Europa durchgeführt wurden. In Europa ist diese Analysemethode nach ihren Erkenntnissen noch wenig verbreitet. Als Gründe identifizieren sie unter anderen die Schwierigkeiten, die mit der Anwendung von Methoden verbunden sind, die auf Präferenzäußerungen ba-sieren. Insbesondere in Deutschland scheint die Anwendung und Entwicklung der Methode nur langsam fortzuschreiten. In einer Rangfolge von Untersuchungsanzahlen, gewichtet nach Bevölkerungszahl, belegt Deutschland den letzten Platz in Europa (Navrud 1999, zit. nach Hackl & Pruckner 2000, 104).

In den 90er Jahren ist die in Deutschland erarbeitete Zahl von Fallstudien offenbar zeitweise leicht angestiegen, in denen die Contingent Valuation Method angewendet wurde (vgl. Hackl & Pruckner 2000, 105). Aktuelle Tendenzen liegen nicht vor, die Zahl der Studien dürfte aber nach der Literaturauswertung bestenfalls stagnieren.

### 4.2.2.2.2 Wohlfahrtsökonomische Grundlagen

Es existieren in der mikroökoomischen Theorie mehrere Maße für den Nutzen, der durch ein Gut für den Konsumenten geschaffen wird. Im Rahmen der Anwendung der Contingent Valuation Method wird entweder die kompensierende oder kompensatorische Variation (compensating variation) oder die äquivalente Variation (equivalent variation) geschätzt (Hanley & Spash 1993, 32ff.; 53ff.; für eine allgemeine Darstellung z.B. Varian 1996; Wiese 1999, 271ff.). Die *kompensierende Variation* beschreibt die Geldgröße, die notwendig wäre, um einen Haushalt nach Eintritt eines Ereignisses wieder auf das gleiche Nutzenniveau zu bringen, wie er es vorher innehatte. Je nach Veränderungsrichtung des Nutzens, der etwa durch ein Umweltgut gestiftet wird, kann diese Veränderung einen Einkommenszuwachs oder eine Einkommensminderung verursachen. Die kompensierende Variation bildet das Kaldor-Hicks-Kriterium ab, nach dem eine wirtschaftspolitische Maßnahme dann sinnvoll ist, wenn die durch sie schlechter gestellten Wirtschaftssubjekte von denjenigen, die besser gestellt werden, entschädigt werden können. Die *äquivalente Variation* bildet eine Geldgröße ab, die dem Haushalt anstelle eines Ereignisses als Einkommenszuwachs oder –minderung zukäme (Varian 1996, 250ff.; Wiese 1999, 272).

Je nach Fragedesign kann demnach die Frage nach der Präferenz für den Erhalt oder eine Mehrversorgung mit einem Gut gestellt werden bzw. nach der Kompensationsforderung für die Minderversorgung oder Abschaffung eines Gutes. Abbildung 4-4 zeigt die theoretische Ableitung dieses Maßes für den Fall einer Wohlfahrtsverbesserung.

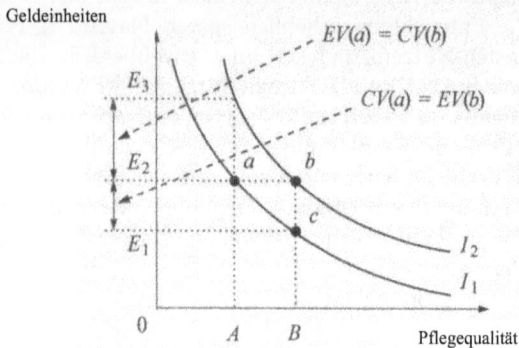

**Abbildung 4-4: Äquivalente (EV) und Kompensierende (CV) Variation**
Quelle: Verändert nach Wiese (1999, 273)

Die Zahlungsbereitschaft (willingness-to-pay) steht bei einer geplanten Senkung der Wohlfahrt für die *äquivalente Variation*. Dies ist der Geldbetrag, den die Wirtschaftssubjekte aufwenden würden, um das Niveau der Wohlfahrt auf dem gleichen Niveau wie vor der Maßnahme zu halten (vgl. Hanley & Spash 1993, 53; Wiese 1999, 275).

Im Fall, dass Maßnahmen eine wesentliche Änderung der Wohlfahrtsmaße bewirken, müssen zusätzlich zu den direkten Effekten noch die Auswirkungen des verminderten oder erhöhten Einkommens durch die Zahlung oder Kompensation berücksichtigt werden. Im Fall der vorliegenden Untersuchung scheinen diese Effekte so gering zu sein, dass auf eine Berücksichtigung verzichtet werden kann.

Umweltgüter weisen häufig *technologische externe* Effekte auf. Dies bedeutet, dass Effekte auftreten, die den direkten Nutzen anderer Wirtschaftssubjekte betreffen und nicht in das Preissystem internalisiert sind. Diese Effekte können sowohl von Konsum- als auch von Produktionsaktivitäten ausgelöst werden. Sie können positive oder negative Auswirkungen auf den Nutzen anderer Wirtschaftssubjekte haben (Weimann 1995, 30f.).

Die bedingte Bewertungsmethode basiert auf der Annahme, dass Wirtschaftssubjekte in der Lage sind, ihre wahre maximale Zahlungsbereitschaft *(willingness-to-pay)* für ein Gut (oder für die Veränderung der Menge des Gutes), für das sie in der Realität nichts bezahlen müssen, innerhalb einer Befragung zu äußern (vgl. Mitchell & Carson 1989, 2f.; Pommerehne 1987, 142f.). Alternativ dazu kann auch nach der Entschädigungsforderung *(willinness-to accept)* gefragt werden, die die Besucher für eine Abschaffung oder die Veränderung der Menge des Gutes stellen würden. Es herrscht aus empirischen Befunden dabei weitgehend Einigkeit, dass die Zahlungsbereitschaft der Befragten für dasselbe Gut deutlich unter der Entschädigungsforderung liegt (z.B. Knetsch 1989; 1277; Schneider 2001 190; Ahlheim & Buchholz 2000). Dies wird auf Gründe wie Budgetbegrenzung bei der Zahlungsbereitschaft, Substitution und Verlustaversion zurückgeführt (vgl. z.B. Bateman et al. 2002, 385ff.; Hanemann 1991; Isik 2004; Kahneman et al. 1990). Voraussetzung für die Äußerung einer realistischen Zahlungsbereitschaft ist, die Befragten in eine plausible Situation zu versetzen, so dass sie sich die Zahlungssituation vorstellen können (Bateman et al. 2002, 127ff.).

### 4.2.2.2.3 Ablauf einer Contingent-Valuation-Studie

Abbildung 4-5 zeigt den Ablauf einer Contingent Valuation Studie. Zu Beginn einer Untersuchung ist genau festzulegen, welches Ziel verfolgt wird und wie das Bewertungsobjekt abzugrenzen ist. Dies ist von zentraler Wichtigkeit für das Design des Fragebogens. Die Erhebungsmethode kann ein postalisches, telefonisches oder persönliches Interview sein (Bateman et al. 2002, 101). Da bei Umweltgütern oftmals eine rela-tiv hohe Erklärungsbedürftigkeit besteht, wird eine persönliche Umfrage meist favorisiert (vgl. Arrow et al. 1993, 48).

Eine genaue Festlegung der Zielpopulation ist für die Stichprobennahme und die spätere Aggregation der Daten unerlässlich.

Ein geeignetes Design des Fragebogens spielt ebenfalls eine wichtige Rolle für die Qualität der Ergebnisse. Der Fragebogen sollte getestet werden, bevor die Hauptuntersuchung durchgeführt wird, um mögliche Verständnisprobleme oder Strukturmängel frühzeitig zu identifizieren.

Auf die wichtige Anspruchsgruppe „Besucher der Heideflächen" wurde der größte Teil der Befragungsaktivität verwendet. Grundsätzliche Planungsparameter einer Befragung sind Ziel der Befragung, Befragungsort, Stichprobenumfang und Befragungstechnik (Fragebogen, Computer Aided Personal Interview etc.) Die Befragung der Besucher wurde wegen der notwendigen Stichprobengröße und der Verteilung der Besucher in der Fläche nur als Zielgebietsbefragung durchgeführt, also unmittelbar auf den Heideflächen.

Ziel der Befragung der Besucher war es zum einen, die maximale Zahlungsbereitschaft für die Erhaltung der Heideflächen zu ermitteln. Ein weiteres wichtiges Ziel war die Schaffung einer Datengrundlage für eine plausible Abschätzung der Akzeptanz der Heidepflegeverfahren.

In der Lüneburger Heide existieren wenige touristische Einrichtungen, die große Attraktivität für jüngere Besucher oder Familien besitzen. Daher war zu vermuten, dass es sich bei den Besuchern der Heideflächen um eine Gruppe mit sehr spezifischen Merkmalsausprägungen handelt, die nicht ohne weiteres mit anderen Gruppen oder der Gesamtbevölkerung vergleichbar ist.

```
┌─────────────────────────────┐
│   Festlegung von Bewertungsobjekt   │
│        und Fragestellung             │
└─────────────────────────────┘
┌─────────────────────────────┐
│   Bestimmung der Bewertungs- und    │
│        Erhebungsmethode              │
└─────────────────────────────┘
┌─────────────────────────────┐
│  Bestimmung der zu untersuchenden   │
│         Grundgesamtheit              │
└─────────────────────────────┘
┌─────────────────────────────┐
│         Fragebogendesign             │
└─────────────────────────────┘
┌─────────────────────────────┐
│       Pretest und Erhebung           │
└─────────────────────────────┘
┌─────────────────────────────┐
│  Statistisch-ökonometrische Analyse  │
└─────────────────────────────┘
┌─────────────────────────────┐
│       Test auf Validität und         │
│     Zuverlässigkeit der Daten        │
└─────────────────────────────┘
┌─────────────────────────────┐
│  Aggregation und Präsentation der    │
│            Ergebnisse                │
└─────────────────────────────┘
```

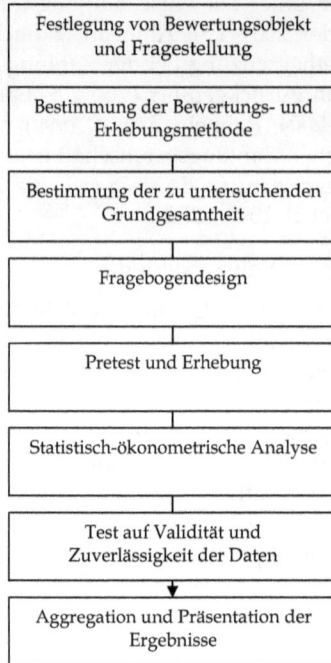

Abbildung 4-5: Ablauf einer Contingent Valuation Studie

Quelle: Verändert nach Bateman et al. (2002, 84)

Ihre genaue Struktur war aber nicht bekannt. Cochran (1972, 99) zählt vier Möglichkeiten auf, um in dieser Situation, nämlich bei unbekannter Varianz, den notwendigen Stichprobenumfang abzuschätzen:

- Stichprobenerhebung in zwei Schritten
- Vorerhebung zur Ermittlung der Varianz
- Heranziehung anderer Ergebnisse aus derselben oder einer ähn lichen Grundgesamtheit
- Ableitung der Varianz aus Hypothesen

Für den vorliegenden Fall am geeignetsten schien die Übertragung von Er-gebnissen ähnlicher Grundgesamtheiten. Die Ermittlung eines angemessenen Stichprobenumfanges ist aus verschiedenen Gründen wichtig. Zunächst sol-len Fehlergrößen und -wahrscheinlichkeiten in einem Rahmen gehalten wer-den, in dem die resultierenden Aussagen als gesichert angesehen werden können. Weiterhin sollte diesbezüglich eine möglichst große Reserve gehalten werden, um auch eine abgesicherte Auswertung von Untergruppen, die möglicherweise bei der Planung noch gar nicht bekannt sind, zu ermöglichen. Diese Kriterien sollen im Rahmen der finanziellen und zeitlichen Möglichkeiten optimal erfüllt werden. Aus den Erfahrungen bei ähnlichen Erhebungen und den Erwartungen über die zu befragende Grundgesamtheit konnte davon ausgegangen werden, dass der Variationskoeffizient des Merkmales „Zahlungsbereitschaft" deutlich unter 1,0 liegt. Das bedeutet, dass die Standardabweichung in absoluten Werten nicht größer als der Mittelwert ist. Kalkuliert man den erforderlichen Stichprobenumfang mit einem Variationskoeffizienten von 0,75, zieht dies 434 notwendige Interviews bezogen auf das Merkmal Zahlungsbereitschaft nach sich, wenn von beidseitiger Irrtumswahrscheinlichkeit von 5% und einem maximalen Fehler von 20% ausgegangen wird (vgl. z.b. Mitchell & Carson 1989, 365). Es wurde daher angestrebt, diese Zahl von Interviews mindestens zu erreichen.

Entsprechend der Größe und der erwarteten ökonomischen Bedeutung der Besuchergruppe waren hier auch bei Stichprobenfehlern die größten Verzerrungen der Gesamtergebnisse zu befürchten. Daher war eine sorgfältige Planung und Durchführung der Befragungen für diese Gruppe besonders wichtig.

Grundsätzlich muss eine Befragung so konzipiert werden, dass von den Rahmenbedingungen möglichst wenig Beeinflussung der Antworten zu erwarten ist (vgl. z.b. Bateman et al. 2002, 93ff.). Weiterhin sollte auf Repräsentativität der Stichprobe geachtet werden. Dies ist bei Befragungen regelmäßig bei zwei Auswahlverfahren der Befragten gegeben: bei einer Zufallsstichprobe mit ausreichendem Stichprobenumfang, d.h. kleiner Irrtumswahrscheinlichkeit für Stichprobenfehler oder bei einer Quotenauswahl nach bestimmten demographischen Gesichtspunkten (Gabler 1997, 5). Der notwendige Stichprobenumfang der Zufallsstichprobe kann genau nur an einer bereits ausgewerteten Stichprobe derselben Grundgesamtheit bestimmt werden, eine Einschätzung ist aber auch anhand ähnlicher Erhebungen in vergleichbaren Grundgesamtheiten möglich (Bateman et al. 2002, 108). Die Befragung wurde als Zielgebietsbefragung durchgeführt, da dies zur Erfassung einer Gruppe durch eine größere Stichprobe am besten geeignet erschien. Grundsätzlich wären auch andere, weniger aufwendige Befragungstechniken möglich gewesen wie z.b. schriftliche Befragung. Die Anwendung solcher Methoden erschien jedoch aus verschiedenen Gründen, z.b. wegen unsicherer Datenlage zur Gruppenzugehörigkeit und der Komplexität der Fragestellung nicht sinnvoll (vgl. z.b. Degenhardt 1998, 135). Die persönliche Befragung wird in Analysen des methodischen Vorgehens bei den Interviews als vorteilhaft angesehen (z.b. Arrow et al. 1993, 48; Bateman et al. 2002, 101ff.). Das fragebogengestützte Interview wurde an festgelegten Interviewplätzen geführt (vgl. Anhang 1, Fragebogen Besucher und Anhang 7, Karte der Interviewplätze). Die

Interviewplätze wurden so ausgewählt, dass sowohl stark frequentierte Wege im Zentrum der Heideflächen als auch außerhalb gelegene, weniger besuchte Wege erfasst wurden. In den verschiedenen Bereichen der Heideflächen sind möglicherweise unterschiedliche Untergruppen der Gesamtheit „Heidebesucher" mit verschiedenen Wahrscheinlichkeiten anzutreffen. Daher musste bei der Auswahl versucht werden – auch wenn nicht mit letzter Sicherheit bekannt war, an welchen Plätzen welche Untergruppen anzutreffen sind – Plätze von möglichst verschiedenartiger Besuchseignung zu erfassen, zum Beispiel Bereiche, in denen sich typischerweise Wanderer, Fahrradfahrer, Reiter etc. aufhalten. Zu diesem Zweck wurden neun Interviewplätze ausgewählt, die über das gesamte Untersuchungsgebiet verteilt waren (vgl. Anhang 7). Von der Repräsentativität einer Stichprobe kann nur bei einer Zufallsauswahl einer ausreichenden Anzahl von Probanden ausgegangen werden. Nur dann stimmen die Grundgesamtheit und die Stichprobe in ihren Merkmalen überein. Diese Zufallsauswahl ist bei einer Feldstudie in der Regel nicht vollständig gewährleistet, auch wenn alle Maßnahmen zur Annäherung der Auswahl an eine Zufallsauswahl getroffen werden. Es entsteht ein so genannter „Noncoverage", eine Differenz der Merkmale zwischen Grund- und Auswahlgesamtheit (Gabler 1997, 221ff.). Die Auswahl der Interviewplätze, die Besetzung dieser Plätze und die Auswahl der Probanden an den Plätzen haben insofern eine entscheidende Auswirkung auf die Repräsentativität der Stichprobe. Die zeitlich und örtlich gleichmäßige Besetzung der Interviewplätze konnte nicht gewährleistet werden, weil an den weiter außerhalb gelegenen Plätzen nur zu bestimmten Zeiten, den Hauptbesuchszeiten der Flächen im August/September, überhaupt Interviews geführt werden konnten. Über lange Zeiträume des Jahres ist die Besucherfrequenz dort sehr gering. Auf die Konsequenzen aus diesen Zusammenhängen wird im Abschnitt „Vorbereitung der Daten" noch näher eingegangen.

Die Interviews wurden zum größten Teil von wissenschaftlichen Hilfskräften durchgeführt, die vom Verfasser jeweils bei den ersten Terminen eingewiesen wurden. Zudem wurde ihnen eine Interviewanweisung ausgehändigt, auf der die wichtigsten Verhaltensweisen für ein Interview aufgeführt waren. Die Interviewer waren angewiesen, jeweils die dritte Person zu interviewen, die den Interviewplatz passiert, nachdem sie alle mit dem vorherigen Interview zusammenhängenden Arbeiten abgeschlossen hatten. Alle Vorgaben an die Interviewer sind in der Interviewanweisung zusammengestellt (Anhang 6).

*Fragebogen und Interviewführung*
Für die Befragung der Besucher wurde ein Fragebogen entwickelt, dessen Grundstruktur an die Fragebogen von Elsasser (1996) und Kleiber (2004) angelehnt ist und Grundsätze des Fragebogendesigns berücksichtigt, wie sie zum Beispiel bei Kaufmann (1999) beschrieben werden.

Zu Beginn werden einfache, nicht bedrängende Fragen nach Aufenthalts-grund, Dauer des Aufenthalts und Anreise gestellt. Danach werden positiv und negativ bewertete Merkmale in der Lüneburger Heide abgefragt. Dann folgt ein Block von Fragen zu Kenntnisstand und Meinung über die Heide-pflegemaßnahmen, in dem auch eine Bewertung anhand von Bildern vorge-nommen werden soll, auf denen verschiedene Aspekte der Pflegemaßnah-men zu sehen sind. Nach dieser Bewertung konnte davon ausgegangen wer-den, dass die Besucher sich auf den Themenbereich eingestellt haben. Nach-folgend wird die Frage nach der Zahlungsbereitschaft gestellt. Die Frage nach der Zahlungsbereitschaft kann als monetärer Aspekt eher als anspruchsvoll, eventuell sogar unangenehm bewertet werden und wurde daher im hinteren Teil des Fragebogens platziert. Für diese Frage werden in der Literatur meh-rere Designmöglichkeiten diskutiert. Insbesondere vier Varianten sind grund-sätzlich erprobt (vgl. z.B. Bateman et al. 2002; 138ff.):

- Offene Frage
- Bieten („bidding game")
- Offene Frage mit Zahlungskarte
- Entscheidung über einen oder mehrere gegebene Preise („dichoto mous choice")

Im Fall der vorliegende Studie wurde die Form der offenen Frage gewählt, wie sie in mehreren ähnlichen Studien ebenfalls benutzt wurde (z.B. Elsasser 1996; Degenhardt 1998). Nach der ersten Frage zur Zahlungsbereitschaft ha-ben die Befragten die Möglichkeit einer zweiten, korrigierten Äußerung. Die Frage nach der Zahlungsbereitschaft wird von einer Zahlungskarte (siehe Anhang 4) unterstützt (Mitchell & Carson 1989; 100; Bateman et al. 2002, 138f.). Diese Form der Befragung ist prinzipiell bewährt, kann aber Verzer-rungen durch zwei Effekte hervorrufen. Zum einen durch den Bereich von Zahlen, der auf der Zahlungskarte verzeichnet ist und zum anderen durch die Abstufung der dortigen Werte (Bateman et al. 2002, 139).
Neben den Befragungen wurden durch die Interviewer auf einer separaten Liste die Verweigerungen notiert und mit stichprobenartigen Zählungen Be-sucherbewegungen erfasst (jede volle Stunde fünf Minuten Zählung).
Erfahrung mit dem Führen von Interviews und mit der speziellen Interview-struktur führen in der Regel zu einer höheren Qualität der gewonnenen Da-ten. Es wurde daher bei der Auswahl der Interviewer darauf geachtet, dass eine Mindestbeschäftigungszeit von etwa drei Monaten eingehalten wurde, um die gesamten Einarbeitungszeiten so gering wie möglich zu halten. Ein-zelne Interviewer konnten wesentlich länger beschäftigt werden. Fehler bei der Interviewführung dürften daher nicht in nennenswertem Umfang aufge-treten sein.
Von Ende August 2001 bis Mitte April 2003 wurden 859 Interviews mit den Besuchern der Heideflächen durchgeführt. Es wurde insgesamt an 58 Tagen

während dieses Zeitraumes befragt. Die Tage wurden so ausgewählt, dass sie gleichmäßig über die Wochentage, Jahres- und Saisonzeiten verteilt waren und nicht zum Beispiel in der Hauptsaison, der Heideblüte, besonders gehäuft wurden. Der für die Gruppe Besucher benutzte Fragebogen findet sich in Anhang 1.

Ziel der Befragung war es, die Befragten bezüglich der Bezahlung für das bisher kostenlos nutzbare Gut in eine möglichst realistische Situation zu bringen. Dies soll die Verzerrung minimieren, die dadurch entsteht, dass die Befragten die Zahlungssituation für hypothetisch halten. In der vorliegenden Studie wurde auf eine genaue Spezifizierung des Zahlungsvehikels (Zahlungsinstrument, z.b. Kurtaxe) verzichtet. Dies erschien möglich und sinnvoll, weil es im deutschsprachigen Raum sehr viele Beispiele dafür gibt, dass für vergleichbare, abgegrenzte Urlaubsregionen ein pauschaler, zeitlich gebundener finanzieller Beitrag entrichtet werden muss (vgl. z.b. Schneider-Bienert 1991). Dies ist etwa an vielen Orten der Nordseeküste der Fall, wo eine Kurtaxe entrichtet werden muss, ohne die der Strand nicht betreten werden darf (vgl. z.B. Frerichs 2002). Es war daher nicht zu befürchten, dass die Befragten eine Zahlungssituation nicht für realistisch hielten. In der Literatur zur Contingent Valuation Method wird häufig darauf hingewiesen, dass das vorgegebene Zahlungsvehikel die Zahlungsbereitschaft beeinflussen kann. Es liegt aber nur wenig Literatur über Höhe oder Einflussrichtung des Zahlungsvehikels bei bestimmten Szenarien vor (z.B. Kato & Hidano 2004).

Ein wichtiges Anliegen innerhalb einer Umfrage zur Zahlungsbereitschaft ist, Informationen zu erfassen, die Hinweise darauf geben, wie die Antworten der Befragten gemeint sein könnten. Dies ist z.B. zur Identifizierung von Protestäußerungen wichtig (vgl. Bateman et al. 2002, 310ff.; Mitchell & Carson 1989, 268). Die Interviewer haben deswegen alle Kommentare und Anmerkungen, die die Befragten zu ihrer Äußerung der Zahlungsbereitschaft, aber auch zu anderen Fragen machten, schriftlich auf dem Fragebogen festgehalten.

*Vorbereitung und Auswertung der Daten*

Die Auswertung der Daten erfolgte fast ausschließlich mit dem Programmpaket SPSS (Beschreibung bei Bühl & Zöfel 2001). Die Tobit-Analyse zur Ermittlung von möglichen Abhängigkeiten der Zahlungsbereitschaft von anderen Faktoren wurde mit der Software „LimDep" durchgeführt. Auf Grund der oben geschilderten Voraussetzungen hinsichtlich der Repräsentativität der Daten waren einige Vorbereitungsschritte notwendig, bevor die eigentliche Auswertung durchgeführt werden konnte. Insbesondere mussten geeignete Gewichtungsfaktoren entwickelt werden, um die Verzerrungen zu minimieren, die durch die Art der Stichprobennahme entstanden waren (vgl. Kleiber 2004; Elsasser 1996, 2001). Die Stichprobe weist mehrere Eigenschaften auf, die dazu führen, dass die Auswahl der Elemente nicht zufällig stattgefunden hat. Insbesondere drei Eigenschaften konnten in diesem Zusammenhang identifiziert werden:

1. Die Interviewer müssen Standorte besetzen, an denen sie ihre Interviews führen. Werden diese Standorte nicht gleichmäßig besetzt, so haben die Stichprobenelemente (im vorliegenden Fall: Besucher), die an den einzelnen Standorten zu finden sind, unterschiedliche Auswahlwahrscheinlichkeiten. Eine gleichmäßige Besetzung der Standorte konnte aber nicht gewährleistet werden, da an einigen Standorten nur zu bestimmten Zeiten überhaupt Besucher angetroffen wurden, d.h. die Verteilung der Besucher sehr ungleichmäßig war. Eine weitere standortbezogene Verzerrung könnte von der Wahl der Standorte ausgehen. Dies wird aber bei der getroffenen Auswahl nicht für wahrscheinlich gehalten, da die Standorte gleichmäßig über die Untersuchungsflächen verteilt waren und sowohl Kerngebiete als auch Randgebiete der Heidefläche berücksichtigt wurden.

2. Die Antreffwahrscheinlichkeit jedes Besuchers wird von seiner Aufenthaltsdauer auf den Heideflächen bestimmt. Beispielsweise haben Besucher, die sich zwei Stunden auf den Heideflächen aufhalten, eine halb so große Wahrscheinlichkeit, interviewt zu werden wie Besucher, die sich vier Stunden dort aufhalten.

3. Besucher, die die Heideflächen in Gruppen besuchen, haben eine geringere Auswahlwahrscheinlichkeit, weil der Interviewer nur eine Person aus der Gruppe interviewen kann.

Um diese Verzerrungen auszugleichen, mussten die Daten mit Faktoren gewichtet werden. Diese Faktoren betragen für die drei Verzerrungsursachen:

- $W_S$ = Interviewerstunden gesamt/ Interviewerstunden am Standort n
- $W_D$ = 1/Aufenthaltsdauer auf den Heideflächen
- $W_G$ = Größe der Gruppe, in der der Befragte unterwegs ist

Die Interviewerkapazität sollte bei einer zufälligen Auswahl der Befragungspersonen gleichmäßig über die Standorte verteilt sein. Da nicht bekannt ist, ob die Standorte von unterschiedlichen Untergruppen bevorzugt werden, kann eine längere Interviewbereitschaft an einem Standort Verzerrungen bedeuten, die durch den Kehrwert des Anteils der Interviewkapazität der Interviewer am jeweiligen Standort ausgeglichen werden kann.

Die erhöhte Auswahlwahrscheinlichkeit länger anwesender Besucher wird durch den Kehrwert der geschätzten Aufenthaltsdauer auf den Heideflächen ausgeglichen. Dazu müssen sowohl Aufenthaltsdauer als auch Frequenz der Besuche in der Heide berücksichtigt werden. Beide Informationen wurden im Rahmen der Befragung ermittelt.

Die mögliche Verzerrung durch die Änderung der Auswahlwahrscheinlichkeit wird durch die Berücksichtigung der Gruppengröße ausgeglichen. Der Faktor $W_T$, mit dem die Daten gewichtet werden, ergibt sich aus dem Produkt der drei Faktoren $W_S$, $W_D$ und $W_G$:

$$W_T = W_S * W_D * W_G$$

Nach der Anwendung dieses Gewichtungsfaktors wurden die Daten wieder auf die ursprüngliche Anzahl der Stichprobenfälle von 859 normiert. Die weitere Auswertung der Daten erfolgt mit den üblichen Verfahren der deskriptiven Statistik, soweit diese für die gefundenen Verteilungen angemessen sind.

Für die multivariate Statistik lagen Merkmale in verschiedenen Messniveaus vor. Zur Erklärung der Zahlungsbereitschaft durch andere Merkmale wurden Mittelwertvergleiche und die Tobit-Analysen herangezogen. Das Tobit-Modell (vgl. Tobin 1958; Greene 1997, 962ff.) kann Variablen abbilden, die eine zensierte (censored distribution) oder gestutzte (truncated distribution) Verteilung (vgl. Abb. 4-6) aufwiesen. Im ersten Fall werden Daten auf einen bestimmten Wert zensiert, ein maximaler Wert für die Größe des Vermögens von z.B. 1.000.000 €.

Der Fall der gestutzten Verteilung wird in Abbildung 4-6 dargestellt. Diese Verteilung kann bei der Zahlungsbereitschaft erwartet werden, denn der beobachtete Wertebereich der Zahlungsbereitschaft liegt nur im positiven Bereich, eine negative Zahlungsbereitschaft ist nicht ermittelt worden. Dies wäre zwar vorstellbar, nämlich dann wenn die Pflege insgesamt bei den Besuchern einen negativen Nutzen stiften würde und sie eine Entschädigung fordern würden.

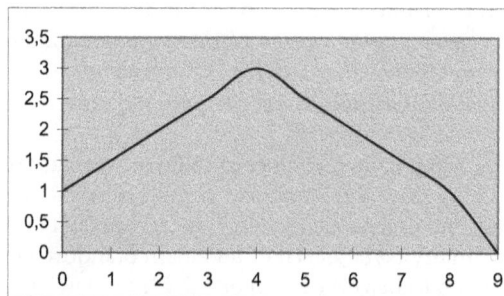

Abbildung 4-6: Beispiel für eine gestutzteVerteilung
Quelle: Eigene Darstellung

Die fehlenden Werte verursachen bei dieser Verteilung eine Verzerrung, wenn eine einfache OLS-Regression oder Korrelationsanalyse angewendet wird. Im Tobit-Modell wird diese Verzerrung ausgeglichen. Das Tobit-Modell lautet in seiner Grundformulierung (vgl. Baltagi 2002, 352):

$$y_i^* = \beta' x_i + t_i$$

mit      $y_i^*$: latente Zahlungsbereitschaft
              $x_i$ : Einflussgrößen
              $t_i$ : Störgröße (normalverteilt).

## 4.2.3 Ergebnisse der Nutzenschätzung mit der Contingent Valuation Method

*Bereitschaft der Befragten und Datenqualität*
Ein zentraler Erfolgsfaktor einer Befragung ist die Kooperationsbereitschaft der Zielgruppe. Besteht eine geringe Bereitschaft zur Zusammenarbeit, dann ist nicht mit sorgfältigen Antworten zu rechnen, hohe Abbruch- und Verwiegererquoten lassen keine aussagekräftige Datenbasis zustande kommen (vgl. z.B. Bateman et al. 2002, 177ff.; Mitchell & Carson 1989, 279ff.). In der vorliegenden Studie war die Kooperationsbereitschaft derjenigen, die zum Interview grundsätzlich bereit waren, recht hoch. Auch die Zahl der nachträglichen Abbrecher war mit 9 sehr gering, die Abbruchquote liegt bei etwa 1%. Es gab nach den Aufzeichnungen der Interviewer 315 globale Interviewverweigerungen. Das bedeutet, dass etwa 73% der für ein Interview ausgewählten Personen auch dazu bereit waren, dies liegt im oberen Bereich der für größere Umfragen üblichen Werte (vgl. z.B. Kopp et al. 1997, 242; Babbie 2001, 256ff.). Nach der Befragung einer Person wurde durch die Interviewer festgehalten, wie das Interesse des Interviewten einzuschätzen war. Dabei wurden über 80% der Befragten der ungewichteten Stichprobe als „sehr interessiert" oder „interessiert" eingestuft. Eine Zahlungsbereitschaft wurde von mehr als 95% der Befragten der ungewichteten Stichprobe angegeben.
Die Aussagekraft der Ergebnisse der Befragung wird durch die Verweigerer dann beeinträchtigt, wenn die Verweigerung systematische Ursachen hat. Die kann zur Folge haben, dass Zielpersonen mit bestimmten Merkmalen in der Stichprobe unterrepräsentiert sind, weil sie bei den Verweigerern überdurchschnittlich oft vertreten sind. Festzustellen wäre eine systematische Verzerrung durch Vergleich statistischer Kennwerte von Stichprobe und Verweigerern. Die Merkmale der Verweigerer sind im Fall der vorliegenden Studie nicht bekannt, da es sich um eine Zufallsauswahl ohne vorherige Festlegung von Zielpersonen handelt (vgl. zur Methode z.B. Cochran 1972, 415ff.). Bei der oben beschriebenen Vorgehensweise ist aber nicht zu befürchten, dass es zu systematischen Verzerrungen durch die Interviewverweigerer gekommen sein könnte. Eine Quelle einer solchen Verzerrung könnten z.B. die Einlei-

tungssätze sein, den die Interviewer zur Ansprache der Zielpersonen gebrauchen sollten. Diese lauteten:

*Guten Tag, Verzeihung – hätten Sie einen Moment Zeit?*
*Mein Name ist....*
*Ich führe im Rahmen eines Forschungsprojekts der Universität Lüneburg in Zusammenarbeit mit der Nieders. Naturschutzakademie und dem Verein Naturschutzpark eine Umfrage durch, in der es um die Lüneburger Heide als Naturschutz- und Erholungsregion geht.*

Aus dieser Formulierung und aus dem Verhalten der Verweigerer während der Befragung konnten keine Hinweise auf eine Verzerrung gewonnen werden. Die Einleitung stützt sich neben der Nennung der Universität auf zwei bekannte Institutionen, für die keine Erkenntnisse über mangelnde Akzeptanz bestimmter Gruppen bekannt sind. Es wird daher davon ausgegangen, dass keine solche Verzerrung vorliegt.

*Geschätzte Zusammensetzung und allgemeine Eigenschaften der Grundgesamtheit*
Neben den speziellen Informationen zur Zahlungsbereitschaft für die Heidepflege wurden auch allgemeinere Fragen zu diesem Thema gestellt sowie statistische Informationen erhoben. Die durch die Stichprobe geschätzte Grundgesamtheit hat dabei einige auffällige Eigenschaften und Informationen erkennen lassen, die der Interpretation der übrigen Ergebnisse dienlich sind. Sie sollen daher im Folgenden dargestellt werden.
Eine sehr markante Eigenschaft der Heidebesucher ist ihre Altersverteilung. Die in Abbildung 4-7 im Vergleich zum Bundesdurchschnitt aufgetragenen Häufigkeiten zeigen einen erheblich höheren Anteil ältere Menschen unter den Heidebesuchern. Analog findet sich bei den Berufsangaben weit überdurchschnittlich die Angabe Rentner(in)/Pensionär(in). Zum Vergleich sind die korrespondierenden Daten der bundesdeutschen Bevölkerung dargestellt, die aus der amtlichen Statistik entnommen wurden (Statistisches Bundesamt 2004).
11,8 % der Besucher sind das erste Mal in der Heide, 20,2 % kommen seltener als einmal im Jahr dorthin. Der Rest (68 %) kommt mindestens einmal jährlich, immerhin 2,5 % der Besucher kommen öfter als 100 mal im Jahr auf die Heideflächen. 93,2 % der Besucher reisen in die Heide mit Individualverkehr an, also mit Auto oder Motorrad.

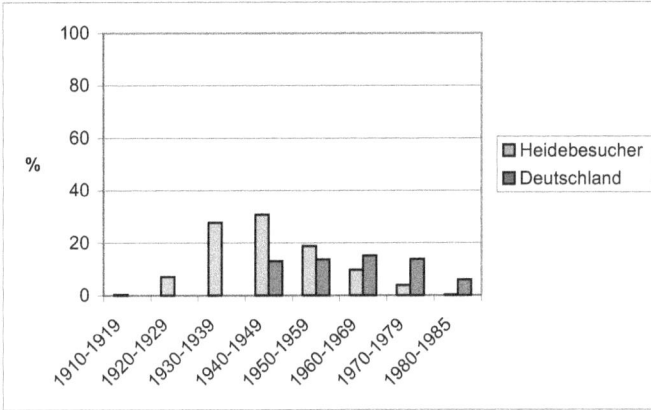

Abbildung 4-7: Verteilung der Geburtsjahrgangsklassen der Heidebesucher
und der bundesdeutschen Bevölkerung.

Quelle: Verändert nach Statistisches Bundesamt (2004) für die bundesdeutschen Daten und
eigene Datenerhebung

Die Einkommensverteilung ist ebenfalls ein Merkmal, das die Grundgesamtheit der Heidebesucher von der bundesdeutschen Bevölkerung unterscheidet. Die Einkommensverteilung der Heidebesucher ist in Abbildung 4-8 auf-
getragen. Ihr Mittelwert beträgt 2431 €.

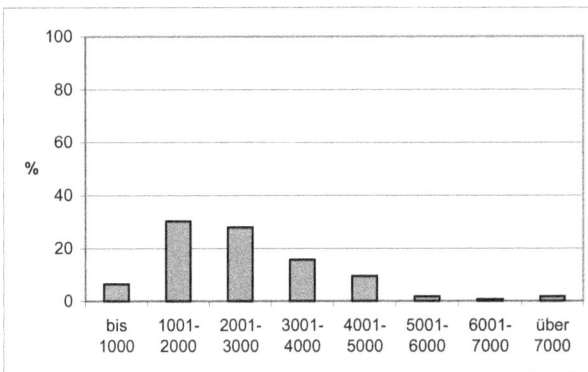

Abbildung 4-8: Einkommensverteilung der Heidebesucher
Quelle: Eigene Darstellung

70

Im Durchschnitt verfügten private Haushalte bereits im Jahr 1998 in der gesamten Bundesrepublik dagegen über ein Haushaltsnettoeinkommen von 5115 DM (2615 €) monatlich (Statistisches Bundesamt 2004). Die Heidebesucher besitzen also, besonders wenn man die allgemeine Einkommenssteigerung bis zum Untersuchungszeitraum berücksichtigt, ein unterdurchschnittliches Nettoeinkommen im Vergleich zum Durchschnitt der Bundesrepublik. Dies ist bei einem hohen Anteil vergleichsweise einkommensschwacher Berufsgruppen wie Rentner auch zu erwarten. Insgesamt kann festgestellt werden, dass es sich bei den Besuchern der Heideflächen um eine Gruppe handelt, die sich in den Merkmalen Altersverteilung und Einkommensverteilung deutlich von der Gesamtbevölkerung unterscheidet.

Die Herkunft der Besucher wurde in der Befragung eingeteilt in Anwohner, Tagesausflügler und Urlaubsgäste. Während die Abgrenzung der letzten beiden Gruppen deutlich durch die Übernachtung definiert werden konnte, stellte sich zu Beginn der Befragung das Problem, wie die Gruppe der Anwohner der Heideflächen sinnvoll von den anderen Gruppen abgegrenzt werden kann. Als pragmatische Lösung wurden diejenigen Personen als Anwohner bezeichnet, die innerhalb der engeren Region Lüneburger Heide ihren Wohnsitz haben, d.h. in den Landkreisen Soltau-Fallingbostel und Harburg. Diese Definition erbrachte das in Abbildung 4-9 dargestellte Ergebnis.

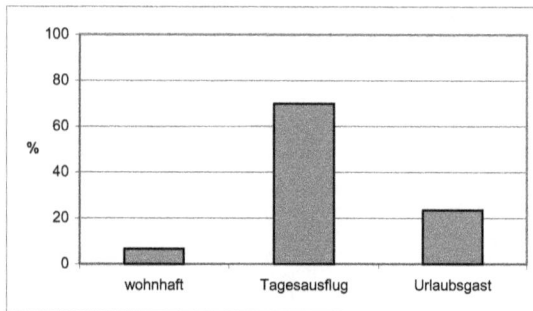

Abbildung 4-9: Geschätzte Zusammensetzung der Grundgesamtheit der Heidebesucher nach Anwohnern, Tagesausflüglern und Ur laubsgästen

Quelle: Eigene Darstellung

Etwa 70% der Grundgesamtheit der Heidebesucher sind demnach Tagesausflügler, der Anteil der Anwohner beträgt 6,5 %, die Urlaubsgäste machen 23,5 % der Heidebesucher aus. Sie verbringen durchschnittlich ca. 3 Tage mit dem Besuch der Heide, während die Tagesgäste im Mittel 3,5 Stunden dort verweilen. Auch hier gab es wieder Probleme der Abgrenzung, da es alle Übergangsformen des Besuches der Lüneburger Heide gibt (z.b. Besuch der Stadt Lüneburg, ggf. mit Übernachtung, kann von den Befragten auch als solcher angesehen werden). Es wurden daher die Zeiten abgefragt, die der Besuch in unmittelbarem Zusammenhang mit den Heideflächen dauert. Möglicherweise liegt aus den genannten Gründen eine leichte Überschätzung der Zeiten bei den Urlaubsgästen vor, wenn die Region tendenziell für größer gehalten wurde als der direkte Einzugsbereich der Heideflächen.

Die meistgenannten Antworten auf die Frage nach dem Hauptgrund ihres Besuchs in der Lüneburger Heide zeigt Abbildung 4-10. Es handelte sich hier um eine offene Frage, es sollte aber nur der Hauptgrund genannt werden. Diese Vorgehensweise führt dazu, dass die Besucher sich auf den wichtigsten Grund konzentrieren.

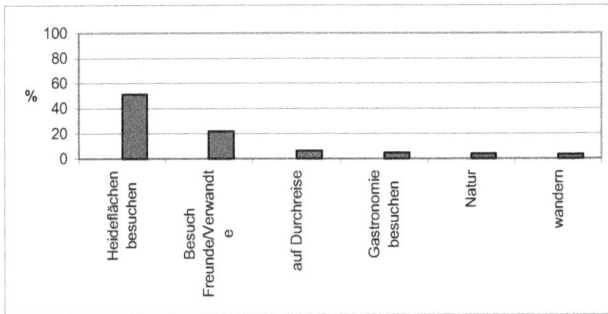

Abbildung 4-10: Hauptgrund des Besuchs in der Lüneburger Heide, meist genannte Antworten
Quelle: Eigene Darstellung

Für etwas mehr als die Hälfte der Besucher ist der Besuch auf den Heideflächen der wichtigste Grund, in die Lüneburger Heide zu kommen. Geht man davon aus, dass mit der Antwort „Natur" mindestens teilweise ebenfalls die Heideflächen gemeint sind, erhöht sich dieser Anteil noch leicht. Ein weiteres interessantes Ergebnis ist, dass die einzige Antwort, in denen der Aufenthalt im Wald als Hauptgrund genannt wird (der Besuch von Waldflächen), sehr geringe Anteile aufweist. Waldaufenthalte scheinen demnach keine große Rolle als Motivation für den Besuch in der Lüneburger Heide zu spielen.

Aktivitäten, die die Besucher auf den Heideflächen ausüben, wurden ebenfalls abgefragt. Abbildung 4-11 zeigt die meistgenannten Antworten, Mehrfachantworten waren erlaubt. Die Verteilung hat eine ähnliche Form wie die des Hauptgrundes für den Heidebesuch. Über 60% der Antworten gehören in die Kategorie spazieren gehen oder wandern. Alle anderen Kategorien sind dagegen eher unbedeutend.

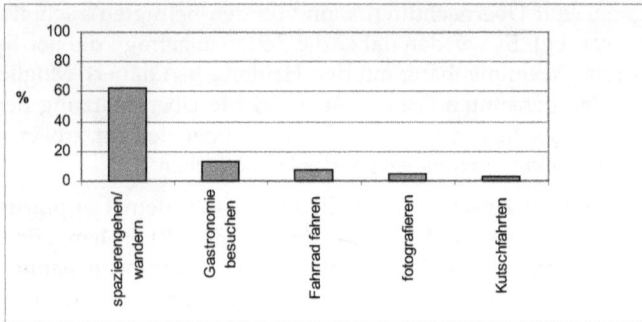

Abbildung 4-11: Meistgenannte Aktivitäten der Heidebesucher auf den Heideflächen

Quelle: Eigene Darstellung

Für das Grundverständnis der Heidepflege ist das Wissen um die Entstehung der Heideflächen wichtig. Die Flächen sind durch die Bewirtschaftung entstanden und können nur mit bewirtschaftungsähnlichen Maßnahmen erhalten werden. Damit wird also die Pflegenotwendigkeit begründet. Diese Kenntnisse über diese Zusammenhänge wurden in folgender Frage ermittelt:

*Eine Kulturlandschaft ist oder war stark durch menschlichen Einfluss geprägt, während eine Naturlandschaft sich in einem vom Menschen nicht oder wenig beeinflussten Zustand befindet.*
*Würden Sie sagen, dass die Lüneburger Heide eher als eine Natur- oder Kulturlandschaft bezeichnet werden kann?*

☐  *Naturlandschaft*
☐  *Kulturlandschaft*
☐  *weiß nicht*

Die vorgestellte Erklärung der Begriffe vor der Frage war notwendig, weil die Pretests gezeigt hatten, dass die Frage ohne diese Erklärung zu Verständnisproblemen führte und die Ergebnisse in Frage gestellt hätte.

Das Antwortergebnis dieser Frage zeigt Abbildung 4-12. Es wird deutlich, dass ein großer Teil der Besucher, 41,2 %, die Heide als Naturlandschaft bezeichnen würden, obwohl dies nach den vorangestellten Definitionen eindeutig nicht zutrifft. Es fehlen ihnen offenbar fundamentale Kenntnisse darüber, dass die Heideflächen nur durch erhebliche menschliche Eingriffe entstanden sind und erhalten werden können.

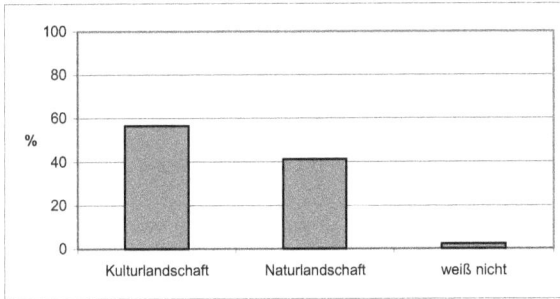

Abbildung 4-12: Ergebnis der Frage Naturlandschaft/Kulturlandschaft
Quelle: Eigene Darstellung

*Schätzung der Zahlungsbereitschaft*
Der Nutzen, der von den Heideflächen gestiftet wird, wird ausgehend von der individuellen Zahlungsbereitschaft pro Tag des Aufenthaltes geschätzt. 790 von 859 Befragten der gewichteten Stichprobe äußerten eine positive Zahlungsbereitschaft auf die entsprechende Frage. Vor der eigentlichen Frage nach der Höhe der Zahlungsbereitschaft wurde das Szenario kurz erklärt, da bei dem Kenntnisstand der Heidebesucher nicht damit gerechnet werden konnte, dass die Zusammenhänge allen Besuchern bekannt waren. Der folgende erklärende Text wurde der Frage vorangestellt:

> *Die Heideflächen erhalten sich nicht von selbst. Zur Pflege müssen die früher durchgeführten Maßnahmen der Heidebauernwirtschaft nachgeahmt werden, wie z.B. Abplaggen, Mähen, Abbrennen und auch Schafbeweidung. Das deckt derzeit nicht die anfallenden Kosten. Die Zuschüsse werden von verschiedenen Institutionen aufgebracht, i.w. aus öffentlichen Mitteln, Spenden und Vereinsbeiträgen. Es ist nicht ausgeschlossen, dass dieses Geld in Zukunft nicht mehr reicht, um die Heideflächen zu erhalten.*

Danach wurde unmittelbar die Frage nach der Zahlungsbereitschaft der Befragten für einen Tag Aufenthalt gestellt.

> *Bitte stellen Sie sich einmal vor, es muss ein Beitrag der Heidebesucher erhoben werden, um die Kosten, die **insgesamt für die verschiedenen Verfahren** zur Erhaltung der Landschaft entstehen, zu decken. Was wäre für Sie persönlich der **maximal erträgliche (Urlaubs-)tägliche** Beitrag (pro Person) dazu?*
> *Wir haben einige Vorschläge auf dieser Karte eingezeichnet, Sie können aber selbstverständlich auch einen Betrag nennen, der nicht auf der Karte steht.*

Mit der nachfolgenden Iterationsfrage erhielten die Befragten die Möglichkeit, ihre Angabe noch einmal zu revidieren.

*Sie haben jetzt die Gelegenheit, sich Ihre letzte Antwort noch einmal zu überlegen. Schauen Sie sich noch einmal die Karte an.*

*Bleiben Sie bei Ihrer Antwort oder wollen Sie den Betrag verändern?*

In der Frage war die Gruppe der Heidebesucher klar eingegrenzt, ebenso wurde noch einmal deutlich gemacht, dass die potentielle Abgabe für die Finanzierung der Verfahren zur Erhaltung der Landschaft, die im einleitenden Text kurz erklärt wurden, erhoben würde. Implizit wurde vorgegeben, dass es sich nicht um einen Eintritt handeln würde, sondern um eine Abgabe, die pro Tag des Aufenthaltes erhoben wird. Dies entspricht der gängigen Praxis, wenn in Urlaubs- oder Kurorten ein finanzieller Beitrag für Erholungseinrichtungen oder den Zugang zu bestimmten Flächen erhoben wird.

Die Auswertung der Antworten auf die Frage nach der maximalen Zahlungsbereitschaft pro Aufenthaltstag für die Heidepflege insgesamt erbrachte die in Tabelle 4-5 zusammengestellten statistischen Kennwerte.

Tabelle 4-5: Statistische Kennwerte der Zahlungsbereitschaft in der Besucherbefragung
Quelle: Eigene Darstellung

| | |
|---|---|
| Mittelwert | 2,21 |
| 5% getrimmtes Mittel | 2,11 |
| Median | 2,00 |
| Modus | 2,50 |
| Varianz | 2,183 |
| Standardabweichung | 1,477 |
| Minimum | 0 |
| Maximum | 10 |

Zunächst interessiert aus statistischer Sicht, welche Form der Verteilung das Merkmal Zahlungsbereitschaft aufweist. Die Zahlungsbereitschaft ist nicht normalverteilt, wie mit Hilfe des Kolmogorov-Smirnov-Tests für eine Stichprobe gezeigt werden kann ($p< 0{,}05$).

Die beiden Maße der mittleren Tendenz Mittelwert und Median besitzen trotzdem Aussagekraft. Der Median stellt für weitere statistische Analysen das robustere Maß dar, aber aus Entscheidungssicht ist auch der Mittelwert eine wichtige Größe. Falls der Entscheidungsträger zu der Auffassung gelangt, dass die mittleren Kosten den Mittelwert der Zahlungsbereitschaft nicht übersteigen, dann ist das Projekt zumindest kostendeckend durchführbar, sofern die Zahlungsbereitschaft abgeschöpft werden kann (vgl. Bateman et al. 2002, 191f.). Der Median kann zur weiteren statistischen Analyse benutzt werden, er liegt bei der vorliegenden rechtsschiefen Verteilung unter dem Mittelwert. Auch die Hochrechnung der Zahlungsbereitschaft wird aus Gründen der konservativen Schätzung mit dem Median von 2,00 EUR/Tag weitergeführt. Die Gruppe der Anwohner wurde wegen der geringen Größe und im Hinblick auf eine konservative Schätzung in der weiteren Analyse nicht berücksichtigt.

Mit zwei weiteren Fragen wurde versucht, detailliertere Informationen über die Zahlungsbereitschaft zu erhalten. Zunächst sollte überprüft werden, wie die Besucher auf einen Nutzenentgang nicht-monetärer Form reagieren, um die Bereitschaft zur Reduktion ihres Nutzens zu testen. Fragen zu monetären Aspekten besitzen besondere Eigenschaften, sie werden zum Beispiel leicht als bedrängend empfunden (vgl. z.B. DeLamater 1982, 14). Sie können Besucher veranlassen, andere Kriterien für ihre Antwort zu finden als zum Beispiel die Äußerung ihrer wahren Zahlungsbereitschaft (z. B. eigene Interessen, vgl. Bateman et al. 2002, 380; Carson et al. 2001, 189ff.). Die Gefahr könnte bei nicht-monetären Nutzenaspekten geringer sein (vgl. z.B. Kuriyama & Takeuchi 2001). Zum einen sollte daher den Besuchern ein realer Nutzenentgang vorgeschlagen werden, der aber keinen monetären Bezug aufweist. So wurden die Besucher vor der Frage nach ihrer Zahlungsbereitschaft danach gefragt, ob sie bereit wären, aus Naturschutzgründen die Sperrung von etwa 10 % der bestehenden Wege zu akzeptieren. Die Reduzierung der Benutzungsmöglichkeiten von Wegen stellt für die Besucher zweifellos eine Minderung des Gebrauchsnutzens dar, die sie für im Sinne der Erhaltung des Gebietes akzeptieren können oder nicht. Die Voranstellung dieser Frage erschien sinnvoll, um die grundsätzliche Bereitschaft der Besucher dazu zu testen. Die Frage lautete:

*Wenn es aus Naturschutzgründen nötig wäre, einen Teil der bisher zugänglichen Wege (ca. 10 %) für die Heidebesucher zu sperren – würden Sie das akzeptieren oder würden Sie dann irgendwelche Konsequenzen ziehen?*

Die Besucher konnten entweder akzeptieren oder ihre jeweiligen Konsequenzen äußern. Auf diese Frage antwortete eine deutliche Mehrheit von 81,5 %, dass sie Wegesperren in diesem Umfang akzeptieren würden, 15,7 % wollen dies nicht tun. Von diesen Nicht-Akzeptierern äußerten 22,7% konkrete Konsequenzen. Die meistgeäußerten Nennungen zeigt Abbildung 4-13.

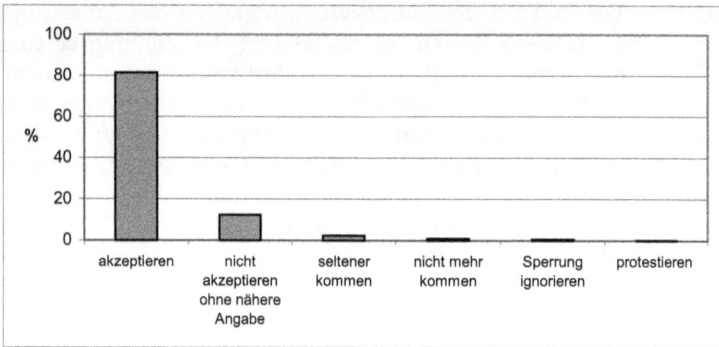

Abbildung 4-13: Antworten auf die Frage nach Akzeptanz von Wegesperren
Quelle: Eigene Darstellung

Aus der Verteilung ist eine deutliche Akzeptanz der Einschränkung des Betretungsrechtes zu erkennen. Insgesamt ist der Anteil der Nicht-Akzeptierer recht gering. Die meisten derjenigen, die so antworteten, gaben keine konkrete Konsequenz an. Sofern eine Minderung des Gebrauchnutzens durch die Wegesperrungen vorliegt, wird diese offenbar von den Besuchern weitgehend akzeptiert.

Weiterhin interessierte im Zusammenhang mit der Zahlungsbereitschaft, ob Informationen darüber ermittelt werden können, wie die genannten Werte auf einzelne Pflegeverfahren verteilt sind. Es erschien angesichts der geringen Kenntnisse der Besucher über die Heidepflege aber nicht sinnvoll, nach der Zahlungsbereitschaft für einzelne Pflegeverfahren zu fragen, da davon auszugehen war, dass die Vorstellungskraft der Befragten für eine solche Zuordnung nicht ausreichte. Um aber einen Hinweis auf die Zahlungsbereitschaft für die Verfahren zu erhalten, wurde der Frage nach der gesamten Zahlungsbereitschaft und dem erklärenden Text eine Frage vorangestellt, die die grundsätzliche Zahlungsbereitschaft für die Beweidung zum Thema hatte.

*Sind die Heidschnuckenherden und die Schafställe hier für Sie so wichtig, dass Sie gegebenenfalls einen finanziellen Beitrag zu ihrer Erhaltung leisten würden?*

Bei diesem Verfahren konnte am ehesten erwartet werden, dass es bei den Besuchern bekannt ist. Diese Frage sollte in vier Kategorien beantwortet werden:

- *Ja, auf jeden Fall*
- *Ja, vielleicht*
- *Eher nicht*
- *Bestimmt nicht*

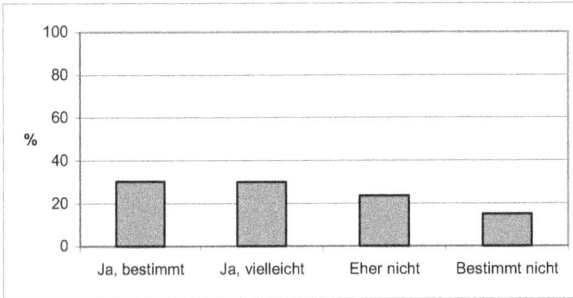

Abbildung 4-14:  Antworten auf die Frage nach grundsätzlicher Zahlungsbereitschaft für Schafe und Schafställe

Quelle: Eigene Darstellung

Die Schafe und Schafställe gelten als besondere Sehenswürdigkeit der Lüneburger Heide. Die Verteilung der Antworten in Abbildung 4-14 verdeutlicht aber, dass der Großteil der geäußerten Zahlungsbereitschaft nicht für die Schafe und Schafställe in der Heide gemeint ist. Fast 40 % der Befragten geben an, sie seien eher nicht oder bestimmt nicht zu einem finanziellen Beitrag für Schafe und Schafställe bereit. Vor der Frage nach der Höhe der Zahlungsbereitschaft wurden sie über die Pflegenotwendigkeit und die Verfahren kurz informiert. Einen wesentlichen Teil der Zahlungsbereitschaft scheinen die Befragten demnach tatsächlich für die Erhaltung der Heide ausgeben zu wollen. Weitere Hinweise auf die Ursachen der Zahlungsbereitschaft können aus den Akzeptanzäußerungen gewonnen werden (siehe Kapitel 5 „Akzeptanz der Pflegemaßnahmen"). 
Eine wichtige Information in der Auswertung der Zahlungsbereitschaft ist die Identifizierung der Protestäußerungen. Dies sind Äußerungen, deren wesentliche Begründung nicht die wahre Zahlungsbereitschaft des jeweiligen Befragten ist, sondern ein anderer Umstand im Zusammenhang der Befragung, z.B. das vorgesehene Zahlungsvehikel, gegen das die Befragten eine starke Abneigung hegen (vgl. Bateman et al. 2002, 312). Dies führt dazu, dass Befragte aus Protest gegen diesen Aspekt ihre wahre Zahlungsbereitschaft nicht äußern. Andererseits sind solche Voten, die unter einem bestimmten

Szenario abgegeben werden, Beleg dafür, dass unter den konkreten Voraussetzungen des gegebenen Szenarios der Befragte so reagiert. Eine Übertragung der Zahlungsbereitschaft auf andere Szenarien ist auch für andere Befragte nicht ohne weiteres möglich. Es kann daher Gründe geben, Protestvoten als eine Zahlungsbereitschaft von 0 zu behandeln. In jedem Fall entspricht dies der Zielsetzung, den wahren Wert des Gesamtnutzens keinesfalls zu überschätzen. Protestvoten auf Grund des Zahlungsvehikels konnten in der vorliegenden Befragung nicht auftreten, da in dem Szenario kein konkretes Zahlungsvehikel vorgegeben wurde. Die einzigen identifizierbaren Protestvoten waren Äußerungen, dass die Mittel der Heidepflege vom Staat aufgebracht werden sollten. Diese traten in so geringem Anteil auf, dass der Einfluss auf die Ergebnisse vernachlässigbar sein dürfte.

*Aggregierte jährliche Zahlungsbereitschaft*
Um den Gesamtnutzen der Heidepflege ermitteln zu können, muss die individuelle Zahlungsbereitschaft auf die gesamte Gruppe hochgerechnet werden. Dies ist aus verschiedenen Gründen nicht ganz unproblematisch. Die Vorgehensweise ist nicht mit der ordinalen Nutzentheorie vereinbar (vgl. z.B. Wiese 1999, 50f.) weil die absolute Höhe des Nutzens angegeben werden soll. Auch dürfen aus den Ergebnissen keine Folgerungen über die optimale Angebotsmenge des Gutes gezogen werden, weil der Verlauf der Nutzen- und Kostenfunktionen nicht bekannt ist (vgl. Mitchell & Carson 1989, 42f.). Das Verfahren stellt aber aus pragmatischer Sicht eine Möglichkeit dar, die Größenordnung des gestifteten Nutzens zu schätzen und ist daher bei derartigen Untersuchungen üblich (vgl. z.B. Mitchell & Carson 1989, 41ff.; Bateman et al. 2002, 343ff.).

Zur Hochrechnung ist ein geeignetes Maß als Multiplikationsfaktor für die gesamten auf den Heideflächen verbrachten Tage notwendig. Als Basisdaten zur Ermittlung eines solchen Maßes konnten aus den amtlichen Statistiken Übernachtungszahlen für einzelne Gemeinden entnommen werden (Niedersächsisches Landesamt für Statistik 2004). Um eine Überschätzung der wahren Werte auszuschließen, wurden nur die Zahlen der Übernachtungen in den Gemeinden berücksichtigt, die ganz oder teilweise in einem 7 km-Radius um einen zentralen Punkt der Heideflächen, im vorliegenden Fall die Gemeinde Undeloh, liegen. Die Äußerungen der Befragten wiesen einen Wert von etwas mehr als 7 km als mittlere Entfernung der Urlaubsgäste von ihrer Unterkunft zu den Heideflächen aus. Das tatsächliche Einzugsgebiet ist demnach wesentlich größer. In diesem Gebiet wurden die Übernachtungszahlen ermittelt. Da in der amtlichen Statistik nur die Werte für Betriebe ab 9 Betten enthalten sind, wurden die Zahlen nach Daten von Schmücker (2004) um eine Pauschale von 20 % erhöht, was ebenfalls eine sehr konservative Kalkulation darstellt. Für die Gemeinde Bispingen wurden die Übernachtungen auf den

Stand des Jahres 1994 (vor Eröffnung des dort gelegenen Freizeitparks „Center Parc") reduziert, weil dessen Besucher vermutlich die Heideflächen nicht so regelmäßig besuchen wie andere Gäste. Aus diesem Wert sowie Daten von Schmücker (2004) wurde das Verhältnis der Tagesgäste zu den Übernachtungen geschätzt. Bei dieser Art der Berechnung wird davon ausgegangen, dass jeder Tagesgast nur einmal jährlich die Heideflächen besucht. Auch dies ist eine sehr konservative Annahme, wie die Angaben der Besucher in den Interviews zeigen (s.o. Abschnitt „Geschätzte Zusammensetzung der Grundgesamtheit und allgemeine Informationen").

Das Ergebnis stellt eine Schätzung der Anzahl der Tagesgäste dar, die jährlich das Gebiet besuchen. Tabelle 4-5 zeigt die Ergebnisse dieses Verfahrens und die Kalkulation des jährlichen Gesamtnutzens auf Grundlage dieser Werte.

Tabelle 4-5: Hochrechnung der individuellen Zahlungsbereitschaft
Quelle: Niedersächsisches Landesamt für Statistik (2004), Schmücker (2004) und eigene
Berechnungen

| Untergruppe | Anzahl | Tägliche Zahlungsbereitschaft € | Jährliche Zahlungsbereitschaft € |
|---|---|---|---|
| Übernachtungen | 462.285 | 1,50 | 693.428 |
| Tagesgäste | 550.000 | 2,00 | 1.100.000 |
| Summe | | | 1.793.428 |

Mit folgender Frage wurden die, die eine positive Zahlungsbereitschaft angegeben hatten, gebeten, das von ihnen bevorzugte Zahlungsvehikel zu nennen:
*Was wäre für Sie ein geeignetes Mittel, einen Beitrag zur Heidepflege zu erheben?*

☐ *Kurtaxe*
☐ *Eintrittsgeld*
☐ *Umlage auf sonstige Angebote (z.B. Gastronomie)*
☐ *„Heidepaß" (Pauschalgebühr für eine längere Zeiteinheit, z.B. Monat)*
☐ *andere* _____

Das Ergebnis dieser Frage ist in Abbildung 4-15 gezeigt. Mehrfachantworten waren bei dieser Frage zulässig.

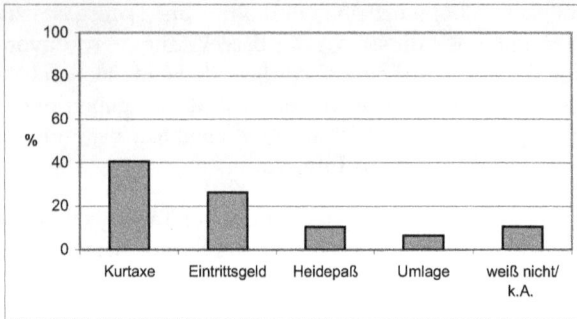

Abbildung 4-15: Antworten auf die Frage nach dem bevorzugten Zahlungsvehikel der Heidebesucher

Quelle: Eigene Darstellung

Die Abbildung zeigt eine Bevorzugung der Zahlungsvehikel Kurtaxe und Eintrittsgeld. Diese Arten von Zahlungsvehikeln sind in deutschen Erholungsgebieten und Freizeiteinrichtungen gebräuchlich (vgl. z.B. Frerichs 2002; Schneider-Bienert 1991).

4.2.4 Gegenüberstellung von Kosten und Nutzen

Folgende Größen resultieren aus der vorangegangenen Analyse:

- Jährliche gesellschaftliche Kosten der Heidepflege: 786.000 €/a
- Jährlicher monetärer Nutzen der Heidepflege (Gruppe Besucher): 1.793.428 €/a

Im letzen Schritt einer Kosten-Nutzen-Analyse werden erhobene Kosten und geschätzter Nutzen gegenübergestellt.
Aus der Differenz zwischen Kosten- und Nutzengröße ergibt sich der jährliche gesellschaftliche Nettonutzen, der durch die Heidepflege insgesamt geschaffen wird. Ausgehend davon, dass die Heideflächen dauerhaft erhalten werden, lässt sich daraus ein Gegenwartswert (net present value, NPV) der Heidepflege errechnen. Dieser Gegenwartswert beträgt im vorliegenden Fall 35.868.560 € oder 11.956 € je ha Heidefläche. Die Berechnung des NPV erfolgte als Barwert einer ewigen Rente mit einem Zinssatz von 5 %. Über die Höhe des geeigneten Zinssatzes für die Kosten-Nutzen-Analyse existieren sehr unterschiedliche Auffassungen (vgl. z.B. Layard & Glaister 1996; Sugden &

Williams 1988). Deswegen ist es sinnvoll, den Gegenwartswert bei Verwendung verschiedener Zinssätze zu berechnen. Als Ergebnis dieser Berechnung wird in Abbildung 4-16 der NPV pro ha Heidefläche in Abhängigkeit von verschiedenen Zinssätzen gezeigt. Es wird deutlich, dass bei einem Kalkulationszinssatz von 10 % der NPV oberhalb von 5.000 €/ha liegt.

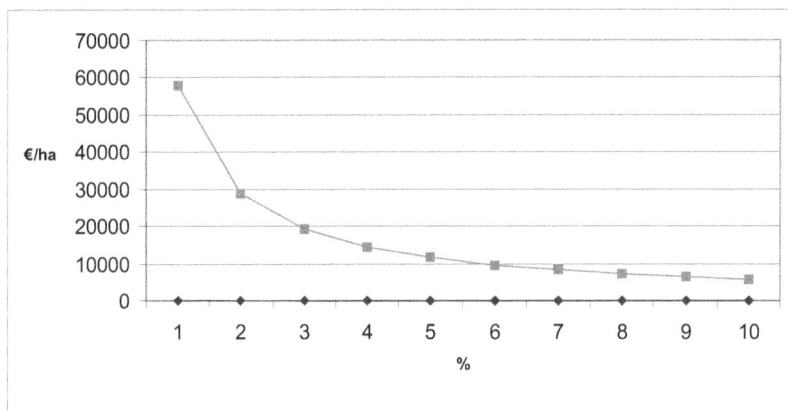

Abbildung 4-16: Höhe des Net Present Value (NPV) der Heidepflege pro ha
bei verschiedenen Zinssätzen

Quelle: Eigene Darstellung

Es kann aus diesen Zahlen mit Sicherheit geschlossen werden, dass die Heidepflege unter den getroffenen Annahmen einen positiven gesellschaftlichen Nettonutzen stiftet. Dies wird deutlich, wenn man bedenkt, dass in dieser Berechnung nur die Gruppe der Heidebesucher einbezogen wurde. Es ist damit zu rechnen, dass andere Gruppen ebenfalls positive Nettonutzen beitragen. Sogar die Gruppe der Landwirte zeigte eine positive Zahlungsbereitschaft für die Heidepflege bei über 50% der Befragten. Weitere, nicht befragte Gruppen, bei denen durch die Heideerhaltung möglicherweise ein Nutzen entsteht, sind die der Anwohner oder der Naturschutzfachleute. Darüber hinaus existiert eine größere Gruppe von naturschutzinteressierten Nicht-Nutzern, bei denen eine positive Zahlungsbereitschaft vorliegt.

4.2.5 Multivariate Statistik: Abhängigkeiten der Zahlungsbereitschaft

Im nächsten Schritt interessieren mögliche statistisch nachweisbare Zusammenhänge zwischen der Zahlungsbereitschaft und anderen Variablen. Die Aufdeckung solcher Zusammenhänge kann Hinweise auf Kausalitäten geben. Bei Kenntnis von Faktoren, die die Höhe der Zahlungsbereitschaft beeinflussen, können daraus möglicherweise auch handlungsleitende Schlüsse auf wünschenswerte oder zu vermeidende Maßnahmen gezogen werden. Im Folgenden werden einige Ergebnisse statistischer Auswertungen solcher Zusammenhänge präsentiert. Wichtig ist dabei die Unterscheidung zwischen Faktoren, die eine Verbindung zur Zahlungsbereitschaft für die Heidepflege aufweisen, wie zum Beispiel die Häufigkeit des Besuches der Heideflächen (endogene Faktoren) und solchen, bei denen dies nicht der Fall ist, etwa Einkommen (exogene Faktoren; vgl. Bateman et al. 2002, 179). Die Anzahl der Besuche ist beispielsweise ein Merkmal, das wahrscheinlich eine enge Beziehung, möglicherweise eine Korrelation mit der Zahlungsbereitschaft aufweist. Eine Auswertung der exogenen determinierenden Faktoren ist weniger problematisch, weil hier Interdependenzen weitgehend ausgeschlossen werden können.

Für die Untersuchung solcher Abhängigkeiten bietet es sich an, Hypothesen zu formulieren, die postulierte Zusammenhänge enthalten. Die folgenden Hypothesen sollen mit statistischen Methoden überprüft werden:

1. Die Zahlungsbereitschaft ist vom Einkommen der Zahler abhängig.
2. Die Zahlungsbereitschaft der Untergruppen Urlaubsgäste und Tages gäste unterscheidet sich signifikant.
3. Bestimmte Meinungen zum Zustand oder Änderungswünschen in der Heide korrelieren mit unterschiedlichen Zahlungsbereitschaften.
4. Die Zahlungsbereitschaft der Mitglieder in Naturschutzverbänden ist höher als die der Nicht-Mitglieder.
5. Höhere Kenntnisse über die Heidelandschaft korrelieren mit einer höheren Zahlungsbereitschaft.

Zunächst interessiert aus ökonomischer Sicht die Frage, ob die Zahlungsbereitschaft vom Einkommen der Besucher abhängt. Eine unterschiedliche Zahlungsbereitschaft von Tages- und Urlaubsgästen würde Hinweise darauf geben, ob möglicherweise bei längerem Aufenthalt ein abnehmender Grenznutzen vorliegt. Daneben können hier auch Informationen für die praktische Umsetzung einer Abgabeerhebung abgeleitet werden. Die Unterscheidung nach Meinungen zum aktuellen Zustand der Heide unterstreicht die Bedeutung der Heidepflege für den Nutzen der Besucher. Eine höhere Zahlungsbereitschaft der Mitglieder könnte zeigen, dass diese Gruppe nicht nur den Gebrauchsnutzen aus der Erholung in ihrer Zahlungsbereitschaft ausdrückt, sondern auch die Wertschätzung der Naturschutzfunktion. Die Abhängigkeit der Zahlungsbereitschaft vom Kenntnisstand der Befragten würde schließlich die Bedeutung einer umfassenden Information für den Nutzen der Besucher verdeutlichen.

Für diese Analyse kommen verschiedene Auswertungsmethoden in Frage. Eine einfache Korrelationsanalyse ist für intervall-/ratioskalierte Merkmale und für ordinal skalierte Merkmale angemessen. Allerdings setzen sie auch eine Normalverteilung voraus, von der die Verteilung der Zahlungsbereitschaft recht deutlich abweicht. Die Korrelationsanalyse gilt zwar als robust gegenüber der Nichteinhaltung dieser Voraussetzungen, allerdings birgt die Art der Abweichung, die bei diesem Merkmal vorliegt, die Gefahr der Verzerrung der Ergebisse (vgl. z.b. Baltagi 2002, 352). Besonderes Merkmal der Verteilung der Zahlungsbereitschaft ist der Abbruch der Verteilung beim Wert 0, denn unterhalb von 0 kann in der Regel keine Zahlungsbereitschaft geäußert werden. In diesem Fall bietet das Tobit-Modell eine Möglichkeit, Korrelationen zu ermitteln (vgl. Pruckner 1994, 160ff.). Die Verteilung der Zahlungsbereitschaftsäußerungen zeigt Abbildung 4-17. Hier wird deutlich, dass die Form der Verteilung von der Normalverteilung abweicht, mehrgipflig ist und die vergleichbare Normalverteilung an der Y-Achse gestutzt wird.

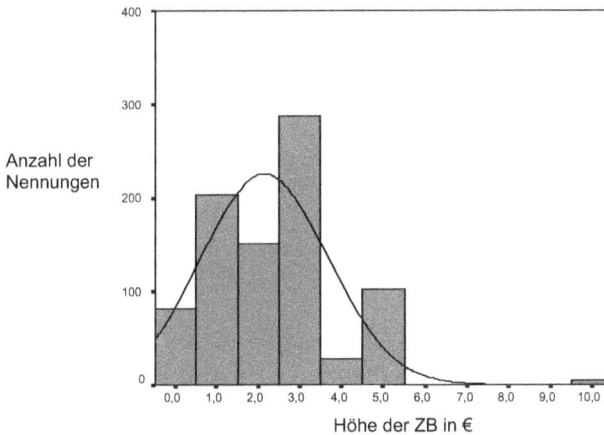

Abbildung 4-17: Verteilung der Zahlungsbereitschaft
Quelle: Eigene Darstellung

Erste Tendenzen für Unterschiede in der Verteilung von nominal bezeichneten Untergruppen können im Fall von normalverteilten Variablen mit Mittelwertvergleichen identifiziert werden. Da die Variablen im vorliegenden Datensatz fast ausnahmslos nicht normalverteilt sind, stehen robustere Maße für die mittlere Tendenz im Vordergrund. Für die Überprüfung der Ergebnisse sind daher nicht-parametrische Tests anzuwenden.
Es ist vorstellbar, dass die unterschiedlichen Kenntnisse der Heidebesucher über die Entstehung der Heide zu Unterschieden in der Zahlungsbereitschaft führen. Besucher, die z.B. die Heide für eine natürliche Landschaft halten, werden wenig Verständnis für intensive Pflege haben. In der Befragung der Besucher lassen sich hierzu einige Hinweise finden.
Die Besucher wurden im Rahmen der Befragung auch gebeten, den Zustand der Heide insgesamt in einer Skala von 1 (sehr gut) bis 5 (sehr schlecht) ein-

zuschätzen. Eine plausible Annahme ist, dass die Zahlungsbereitschaft derjenigen, die eine gute Einschätzung des Zustandes abgeben, höher ist als derer, die den Zustand als mittelmäßig bezeichnen. Dies ist nach dem Ergebnis des Mann-Whitney-Tests für die Untergruppen der Bewertungen „gut" und „mittelmäßig" auch der Fall. Die Verteilungen ihrer Zahlungsbereitschaften sind auf einem hohen Signifikanzniveau von p=0,00001 verschieden. Die Mediane (Mittelwerte) der beiden Untergruppen betragen für 2,50 € (2,44) und 1,50 € (1,89). Eine Zufriedenheit mit dem Zustand der Heide wirkt sich also offenbar auf die Höhe der Zahlungsbereitschaft für die Heidepflege aus.

Alle als signifikant ermittelten Unterschiede der Zahlungsbereitschaft verschiedener Untergruppen der Heidebesucher sind in Tabelle 4-6 zusammengefasst. Die Tobit-Analyse wird auf die oben genannten möglichen Einflussfaktoren angewendet. Das Modell für die genannten Einflussgrößen lautet:

$$Z = \beta_1 E + \beta_2 W + \beta_3 M + \beta_4 Z + \beta_5 V + \beta_6 K + t_i$$

mit     E: Kategorie Einkommensklassen
        W: Kategorie Urlaubsgäste-Tagesgäste-Wohnhaft
        M: Kategorie Änderungswünsche geäußert/nicht geäußert
        Z: Kategorie Zustandseinschätzung der Heideflächen
        V: Kategorie Mitgliedschaft Naturschutzverband
        K: Kategorie Antworten Natur-/Kulturlandschaft

Der Durchlauf der Tobit-Analyse zeigt, dass nicht alle der postulierten Korrelationen signifikante Ergebnisse aufweisen. Die vollständige Ergebnisaufstellung findet sich im Anhang 8. Die Koeffizienten stellen nicht die Änderung der Zahlungsbereitschaft zur Änderung der Einflussgröße dar. Jeweils eine Kategorie wird als Referenzkategorie aus der Analyse entfernt.

Diese Referenzwerte der Kategorien sind:
- Einkommensklasse bis 1000 €
- Urlaubsgäste
- Änderungswünsche geäußert
- Heidezustand wird als „sehr gut" betrachtet
- Nicht Mitglied im Naturschutzverband
- Antworten „Naturlandschaft"

Die Ergebnisse der Analyse zeigen die Signifikanz der Änderung der Zahlungsbereitschaft gegenüber diesen Referenzmerkmalen (vgl. Tab. 4-7).

Die verschiedenen Einkommensklassen zeigen keinen eindeutigen Zusammenhang mit der Zahlungsbereitschaft. Die Einkommensklassen besitzen positive und negative Korrelationen mit diesem Merkmal. Der einzige auswertbare und signifikante, aber nicht besonders aussagekräftige Zusammenhang ist die höhere Zahlungsbereitschaft der höchsten Einkommensklasse gegenüber der niedrigsten. Anders bei den Untergruppen „Wohnhaft", „Tages-oder Übernachtungsgast". Die Anwohner äußern eine signifikant niedrigere Zahlungsbereitschaft als die Urlaubsgäste. Die Zahlungsbereitschaft der Tagesgäste dagegen ist höher als die der Urlaubsgäste, auch hier ist Signifikanz gegeben. Die niedrigere Zahlungsbereitschaft der Urlaubsgäste liegt wohl nicht an der höheren Belastung des Budgets durch die Zahlung für mehrere Tage, denn die Dauer des Aufenthaltes und die Zahlungsbereitschaft weisen innerhalb der Gruppe der Urlaubsgäste nur eine sehr geringe Korrelation auf. Ebenfalls signifikant ist der Unterschied in der Zahlungsbereitschaft, die diejenigen Besucher äußern, die die Heideflächen für eine Naturlandschaft (in einem vom Menschen nicht oder wenig beeinflussten Zustand) halten im Vergleich zu denen, die sie für eine Kulturlandschaft halten, die stark durch menschlichen Einfluss geprägt ist. Letztere haben eine signifikant höhere Zahlungsbereitschaft, was auch zu erwarten ist, da sie eher Verständnis für eine Pflege der Flächen aufbringen können.

Ein weiterer Zusammenhang findet sich im Vergleich der Besucher, die den Zustand der Heide als „schlecht" einschätzen. Sie äußern eine signifikant niedrigere Zahlungsbereitschaft als die, die den Zustand „sehr gut" genannt haben. Zu den angegebenen Mittelwerten und Signifikanzen ist zu sagen, dass die Signifikanz sich lediglich auf die Richtung des Unterschiedes der Mittelwerte bezieht, nicht auf den Betrag, den der Unterschied im Mittelwert oder Median ausmacht.Unterschiede in der Zahlungsbereitschaft ergeben sich auch in der Auswertung der verschiedenen Standorte, an denen die Interviews geführt wurden. Zwischen den Standorten Undeloh und Niederhaverbeck besteht ein signifikanter Unterschied in der Verteilung der Zahlungsbereitschaft, die im ersten Fall einen Median (Mittelwert) von 2,50 € (2,56) aufweist, im zweiten 1,50 € (2,08).

Tabelle 4-7: Signifikante Unterschiede der Zahlungsbereitschaft nach ver
schiedenen Merkmalen

Quelle: Eigene Darstellung

| Gegenübergestellte Unter-gruppen (Merkmale) | Art des Unterschiedes | Signifikanzniveau |
|---|---|---|
| Tagesgäste gegenüber Urlaubsgästen | höher | < 0,01 |
| Anwohner gegenüber Urlaubsgästen | niedriger | 0,07 |
| Antworten „Naturland-schaft" gegenüber Antworten „Kulturland-schaft" | niedriger | 0,015 |
| Zustandsbeurteilung der Heide „schlecht" gegenüber „sehr gut" | niedriger | 0,047 |

## 4.2.6 Diskussion der Ergebnisse der Besucherbefragung

Zentrale Fragen, die sich nach der Auswertung der Daten einer Zahlungs-
bereitschaftsanalyse stellen, sind:
- Wie gut schätzen die erhobenen Werte die wahre Zahlungsbereit
schaft der Grundgesamtheit?
- Welche Komponenten des Nutzens sind in der Zahlungsbereitschaft
enthalten?

Das erste Problem wird seit der Entwicklung der Contingent Valuation Method in der Literatur diskutiert. Eine Reihe von Verzerrungen kann dazu führen, dass die erzielten Ergebnisse von der wahren Zahlungsbereitschaft abweichen (vgl. Bateman et al. 2002, 296). Es gibt unterschiedliche Meinungen,
wie die Verzerrungen, die zweifellos bei der Contingent Valuation Method
auftreten können, zu bewerten sind. Eine Reihe von Autoren hält die möglichen Ursachen der Verzerrung für eine grundlegende Problematik, die die
Anwendbarkeit der Methode in Frage stellt (z.B. Diamond & Hausman 1993;
Diamond 1996; Milgrom 1993). Andererseits existiert eine gewichtige Anzahl
von Verfechtern der Contingent Valuation Method, die die Verzerrungen für
Begleiterscheinungen halten, die bei sorgfältigem Design und Auswertung
bzw. Berücksichtigung bei den Ergebnissen nicht zur Untauglichkeit der Me-

thode führen (z.B. Carson 1997; Carson et al. 2001; Meyerhoff 2003; Wagner 1998).
Folgende wichtige Ursachen der Verzerrung werden diskutiert (für eine Übersicht vgl. Bateman et al. 2002; Degenhardt 1998, 15ff.; Mitchell & Carson 1989; Pommerehne 1987):

- Hypothetische Verzerrung (hypothetical bias)
- Embedding effect
- Sozial erwünschtes Verhalten, Warm glow effect
- Strategisches Verhalten
- Interviewer bias
- Misspecification bias
- Non-response bias
- Stichprobenverzerrung
- Starting point/anchoring bias
- Informationsverzerrung
- Zahlungsmittelverzerrung

Diese Verzerrungsursachen sollen im Folgenden mit Bezug zu der vorliegenden Untersuchung kurz diskutiert werden. Sie sind nicht immer vollkommen klar voneinander abgrenzbar. „Stichprobenverzerrung" und „non-response-bias" wurden bereits im Abschnitt „Vorbereitung der Daten" diskutiert.
Die Verzerrung durch die hypothetische Situation ist die Fehlerquelle, die im Verlauf einer Studie am häufigsten von Außenstehenden angesprochen wird. Die reale Zahlungsbereitschaft war in Experimenten z.t. geringer als die, die in einer vorhergehenden Befragung genannt wurde. Die Zahl derer, die gezahlt haben, war ähnlich (Arrow et al. 1993, 20). Aus diesem Grund wird vielfach vorgeschlagen, Kalibrierungsfaktoren zur Anpassung der geäußerten an die wahre Zahlungsbereitschaft einzusetzen (z.B. Hackl & Pruckner 2000). Eine Reihe von Untersuchungen zu theoretischen Aspekten der Contingent Valuation Method kommt zu dem Schluss, dass sich die in der Befragung ermittelte und die wahre Zahlungsbereitschaft unterscheiden. Der Faktor, der zwischen der hypothetisch geäußerten und der wahren Zahlungsbereitschaft liegt, hat sehr unterschiedliche Größen zwischen 0,8 und etwa 10, in den meisten Fällen liegt er aber zwischen 1 und 3 (List et al. 1998; List & Gallet 2001; Navrud & Pruckner 1997; Schulze et al. 1996, 100). Der Kalibrierungsfaktor wird üblicherweise an anderen Studien mit ähnlichem Bewertungsobjekt orientiert. Die Festsetzung eines Kalibrierungsfaktors erscheint aber dennoch recht willkürlich, da er neben dem Bewertungsobjekt auch von Merkmalen der Zielgruppe und anderen äußeren Faktoren, wie z.B. Befragungssituation etc. abhängt. In der vorliegenden Studie wurde demnach kein solcher Faktor verwendet. Diese Vorgehensweise wurde gewählt, weil das Bewertungsobjekt sehr klar abgegrenzt war und eine Zahlung für ein vergleichba-

res Objekt in Deutschland nicht unüblich ist (vgl. z.B. Frerichs 2002). Eine solche Zahlung stellt demnach keine hypothetische Handlung dar, wie etwa die Zahlung für saubere Luft. Die im Untersuchungsgebiet produzierten Güter besitzen, wie oben beschrieben, quasi-öffentlichen Charakter. Carson (1997) kommt zu dem Ergebnis, dass die Zahlungsbereitschaft für solche Güter in der Regel in der Contingent Valuation Method eher unterschätzt wird. Dies liege unter anderem daran, dass der Zahlungsmechanismus für solche Güter glaubhaft ist und aus strategischer Sicht daher eher eine geringere Zahlung angegeben wird. Eine Reduzierung der Werte über die Einbeziehung sehr konservativer Werte zur Hochrechnung erscheint nach diesen Erkenntnissen ein zielführendes Verfahren zu sein, um eine Überschätzung der Zahlungsbereitschaft mit hoher Sicherheit auszuschließen.

Verzerrungen durch Interviewer sind nie ganz auszuschließen. Sie muss auch nicht direkt vom Interviewer verursacht werden (Bateman et al. 2002, 103). Die Befragten können von sich aus versuchen, die Antworten zu geben, von denen sie glauben, dass der Interviewer sie gerne hören will. In der vorliegenden Studie wurden mehrere Interviewer eingesetzt, die sorgfältig instruiert wurden, die Befragten nicht zu beeinflussen. Es gab sowohl Interviewer, die lange an den Befragungen teilnahmen als auch wechselnde Mitarbeiter. Eine systematische Beeinflussung eines großen Teils der Befragten ist daher nicht zu befürchten.

Die Informationsverzerrung könnte eine Rolle in der vorliegenden Studie spielen. Generell spielt die Information, die die Befragten über das zu bewertende Objekt haben oder während der Befragung bekommen, eine zentrale Rolle für die Höhe der Zahlungsbereitschaft (z.B. Garrod & Willis 1999, 159f.; Hanley et al. 1995; Spash 2002). In den Pretests zeigten die Besucher geringe Kenntnisse über die Entstehung der Heide und der Heidepflege. Daher wurde der Zahlungsbereitschaftsfrage eine kurze Information vorangestellt. Diese Information haben die Besucher in der realen Zahlungssituation nicht. Um die Zahlungsbereitschaft bei der gesamten Gruppe unterstellen zu können, müsste die gegebene Information bei allen Gruppenmitgliedern vorhanden sein. Die Vermittlung der Information wäre angesichts ihrer knappen Form wohl möglich, setzt aber weitere Informationsaktivitäten voraus.

Strategisches Verhalten zeigen die Befragten, wenn sie mit der geäußerten Zahlungsbereitschaft die Konsequenzen der Äußerung beeinflussen wollen (vgl. z.B. Bateman et al. 2002; 302; Degenhardt & Gronemann 2001, 22ff.; Hanley & Spash 1993, 58ff.; Carson et al. 2001, 189ff.). Strategisches Verhalten und hypothetische Verzerrung sind gleichzeitig schwierig vorstellbar. Im einen Fall wird die Zahlung für nicht real gehalten, im anderen Fall werden dagegen Maßnahmen ergriffen, um die – offenbar erwartete – Zahlung zu beeinflussen (vgl. z.B. Carson et al. 2001, 189). Im Fall der Heideflächen könnte strategisches Verhalten etwa dann auftreten, wenn ein Befragter niedrigere Werte als seine wahre Zahlungsbereitschaft nennt, weil er davon ausgeht, dass seine Äußerung die Höhe einer möglichen Abgabefestsetzung beeinflusst. In diesem Fall würde die wahre Zahlungsbereitschaft unterschätzt. Genauso könnte aus verschiedenen Gründen eine höhere Zahlungsbereitschaft genannt werden als tatsächlich besteht, so dass die wahre Zahlungsbereitschaft überschätzt würde. Seine wahre Zahlungsbereitschaft wird der Befragte dann äußern, wenn der erwartete Nutzen für ihn dann am größten ist (Carson 1997, 1503). Dies kann in experimentellen Befragungen durch das Befragungsdesign erreicht werden (vgl. Mitchell & Carson 1989, 130f.). Inwieweit während der hier vorgestellten Befragungen strategisches Verhalten aufgetreten ist, lässt sich nicht ermitteln.

*Anchoring bias* beschreibt das Phänomen, dass die Befragten sich von Werten oder Wertebereichen, die ihnen vorgeschlagen werden, beeinflussen lassen (vgl. z.b. Degenhardt & Gronemann 2001, 37). Diese Form der Verzerrung ist im Fall der vorliegenden Studie durchaus zu bedenken. Die Form und der Wertebereich der vorgelegten Zahlungskarte wurden so gewählt, dass möglichst wenig Beeinflussung davon ausgehen konnte. Zudem wurden die Werte der Zahlungskarte nach den Erfahrungen aus den Interviews von vielen Befragten offenbar nicht beachtet.

Der *embedding effect* bezeichnet eine Verzerrung der individuellen Zahlungsbereitschaft dadurch, dass die Befragten die Dimension des Objektes, für das sie zahlen sollen, nicht realisieren. Sie geben für unbedeutende Zahlungsobjekte einzeln zu hohe Zahlungsbereitschaften an, weil sie nicht darüber nachdenken, dass es viele gleichartige Objekte gibt, für die eine gleiche Zahlungsbereitschaft existieren müsste (vgl. Degenhardt & Gronemann 2001). Dieses Phänomen ist besonders dann anzutreffen, wenn es viele gleichartige Objekte gibt, von denen angenommen werden kann, dass die Zahlungsbereitschaft der Befragten für sie in ähnlicher Form existieren könnte. Der „embedding effect" wird in jedem Fall durch ein – in manchen Fällen nur kurzzeitiges – Informationsdefizit verursacht. Dieses Defizit kann durch eine sorgfältige Konstruktion des Szenarios vermieden werden (Degenhardt & Gronemann 2001, 47ff.). Bei den Heideflächen des Naturschutzgebiets Lüneburger Heide dürfte die Gefahr relativ gering sein, da die Urlaubsgäste auch in anderen Regionen bereits ähnliche Beiträge bezahlen müssen und die Situation für sie daher vergleichsweise gut einschätzbar ist. Eine größere Gefahr würde bei einer Quellgebietsbefragung von Naturschutzinteressierten bestehen, die das klassische Beispiel für den „embedding effect" darstellt (vgl. Degenhardt & Gronemann 2001). Sicher hätte eine größere Gefahr dieser Verzerrung bestanden, wenn in den Interviews einzeln nach den Zahlungsbereitschaften für die verschiedenen Pflegemaßnahmen gefragt worden wäre. Eine Verzerrung der Zahlungsbereitschaft durch die Nennung eines bestimmten Zahlungsmittels (z.B. Protestvoten gegen Steuern) ist in der vorliegenden Studie nicht möglich, weil kein Zahlungsmittel explizit genannt wurde. Durch die Nicht-Nennung wäre eine Verzerrung in der Art des „hypothetical bias" denkbar. Da es sich aber um eine nachvollziehbare Zahlungssituation handelt, ist wohl auch eine solche Verzerrung nicht zu befürchten. Insgesamt kann aus den erwähnten Gründen davon ausgegangen werden, dass die Verzerrungen der Ergebnisse in der vorliegenden Studie aller Wahrscheinlichkeit nach nicht so groß sind, dass sie zu einer mangelnden Validität der Ergebnisse führen.

Die Durchführung einer CVM-Studie im Untersuchungsgebiet förderte keine unvorhergesehenen Schwierigkeiten zutage. Die Ergebnisse zeigen keine Hinweise auf wesentliche Verzerrungen, die die Validität insgesamt beeinträchtigen könnten.

Die Ergebnisse der Aggregation der Zahlungsbereitschaft zeigen einen deutlich positiven geschätzten Nettonutzen der Heidepflege. Mit Blick auf die Höhe der Ergebnisse und die als gering einzustufenden Verzerrungen kann davon ausgegangen werden, dass auch der wahre Nettonutzen positiv ist. Die absolute Höhe kann angesichts der geschilderten Einschätzungen zur Validität der Ergebnisse in der Größenordnung als zutreffend angesehen werden. Alle Variablen zur Hochrechnung des Nutzens sind konservativ angesetzt worden. Dieses Ergebnis ist auch robust gegen die Anwendung eines angemessenen Kalibrierungsfaktors und hoher Zinssätze. In allen Varianten der Sensitivitätsanalyse erreicht die Erhaltung der Heide einen positiven Nettonutzen.

Für eine Einordnung der Ergebnisse bietet sich ein Blick auf die Resultate an, die unter vergleichbaren Umständen und bei ähnlichen Bewertungsobjekten gewonnen wurden. Rommel (1998) ermittelte eine individuelle Zahlungsbereitschaft von 3,01 DM (1,54 €) pro Besuchstag und Besucher für den Besuch des Biosphärenreservates Schorfheide-Chorin. In einer Untersuchung des Erholungswertes des gesamten Naturschutzgebietes Lüneburger Heide kamen Luttmann & Schröder (1995) mit Hilfe der Contingent Valuation Method auf eine individuelle tägliche Zahlungsbereitschaft von Urlaubsgästen von 2,59 DM (1,32 €). Prolongiert man diesen Wert unter Bereinigung der Inflationseffekte auf den heutigen Zeitpunkt, dann erhält man einen Wert in ähnlicher Größenordnung wie ihn die Ergebnisse der vorliegenden Studie aussagen.

Geht man von einer durchschnittlichen Aufenthaltsdauer von drei Tagen jährlich auf den Heideflächen aus, dann ist der Besucher bereit, im Mittel 6 € im Jahr zu den Kosten der Heideflächen beizutragen. Bei einer Zielgebietsbefragung in einem touristisch genutzten Gebiet besteht eine hohe Wahrscheinlichkeit, dass die geäußerten Zahlungsbereitschaften überwiegend den Gebrauchswert widerspiegeln (Elsasser 2001, 19f.). Im vorliegenden Fall ist dies der Gebrauchswert aus der touristischen Nutzung. Bei einem überregional bekannten Naturschutzgebiet ist aber davon auszugehen, dass auch unter Nicht-Nutzern im größeren Umkreis eine positive Zahlungsbereitschaft vorhanden ist. Diese Zahlungsbereitschaft beruht auf Options- und Existenzwert der Flächen. Sie wurde bei der vorliegenden Studie nicht erfasst und ist somit in den errechneten Werten nicht enthalten.

Aus der Kosten-Nutzen-Analyse für öffentliche Güter dürfen nicht unbeschränkt Umkehrschlüsse gezogen werden. Wenn ein Nutzen für ein Gut mit den üblichen Methoden nicht bestimmbar ist, dann bedeutet das nicht, dass er nicht existiert. Daraus leitet sich auch ab, dass der Nutzen, der mit den oben beschriebenen Methoden ermittelt wird, die Untergrenze des Nutzens ist, den die untersuchten Güter stiften. Dazu kommen intangible Effekte, also Auswirkungen, die nicht bewertbar sind und solche, die bei der Analyse nicht betrachtet wurden.

Die Verteilung der Antworten auf die Frage nach der Akzeptanz weiterer Wegesperren verrät einiges über das Verhalten der Besucher der Heideflächen. Bei einer so unmittelbaren Einschränkung der Nutzbarkeit der Heideflächen zur Erholung hätte man eine hohe Ablehnungsquote mit Konsequenzen wie der Nutzung eines anderen Urlaubsortes erwarten können. Strategisches Verhalten, wenn also die Besucher mit ihren Antworten zum Beispiel eine weitere Wegesperrung hätten verhindern wollen, hätte ebenfalls zu einer hohen Quote der Ablehnung führen müssen. Man kann daher annehmen, dass die Besucher in dieser Frage ihre wahre Präferenz für den geringeren persönlichen Nutzen zu Gunsten der naturschutzbedingten Maßnahmen geäußert haben. Vor diesem Hintergrund erscheint ein hoher Anteil von Besuchern mit einer positiven Zahlungsbereitschaft als plausibles Ergebnis.

In einer vollständigen volkswirtschaftlichen Kosten-Nutzen-Analyse müssten einige weitere Nutzenkomponenten einbezogen werden, etwa die Qualität der Wasserspende der Heideflächen. Dies wäre mit weiteren Zahlungsbereitschaftsanalysen möglich, die die Anspruchsgruppen einbeziehen müssten, die mit dem Wasser, das unter den Heideflächen produziert wird, versorgt werden. Ebenso könnten hier Wiederherstellungskosten als Bewertungsverfahren angewendet werden. Diese Werte konnten in der vorliegenden Untersuchung nicht berücksichtigt werden. Es ist allerdings schwer abzugrenzen und in einer Feldbefragung nahezu nicht zu ermitteln, welche Wertkomponenten die Besucher in ihrer Zahlungsbereitschaft berücksichtigt haben.

Die Rolle der gelieferten Information für die Höhe der in der Contingent Valuation Method geäußerten Zahlungsbereitschaft oder anderer Präferenzäußerungen wird in der Literatur ausführlich diskutiert (z.B. Bateman & Langford 1997; Bateman et al. 2002, 308ff.; Diamond & Hausman 1993; Hanley et al. 1995; Spash 2002). Auch in der vorliegenden Studie ist davon auszugehen, dass die während der Befragung gelieferte Information die Zahlungsbereitschaft beeinflusst hat. Das Informationsniveau der Besucher wurde im Verlauf des Interviews durch einige Fragen eingeschätzt. Ein hoher Anteil der Besucher war offenbar nicht auf dem Informationsniveau, das durch die kurze Erklärung vor der Zahlungsbereitschaftsfrage geschaffen wurde. Ohne die Erklärung der Zusammenhänge kann davon ausgegangen werden, dass einigen Besuchern die Notwendigkeit der Pflege nicht bewusst gewesen wäre. Die Lieferung von Information über das Bewertungsobjekt ist in Contingent Valuation-Studien durchaus üblich (vgl. z.B. Degenhardt 1998, 123f.; Putri 2002). Für eine Erhebung des Betrages ohne weitere Information ist daher mit Akzeptanzproblemen zu rechnen. Eine gleichmäßige Information der Besucher auf dem Niveau der in der Umfrage gelieferten Vorgaben wäre für eine Erhebung eines finanziellen Beitrages unerlässlich.

Rivalität im Konsum der Heideflächen scheint keine wesentliche Rolle in der Nutzenstruktur der Heidebesucher zu spielen. Es gab sowohl bei den Fragen zu ökonomischen Themen als auch bei Befragungen zur Akzeptanz nur wenige Äußerungen, die auf eine Minderung des Nutzens einer Gruppe durch Überfüllung der Heideflächen schließen lassen.

Die Gruppe der Besucher äußerte eine deutliche Wertschätzung für „Ruhe/Stille" beim Besuch der Lüneburger Heide. Dies lässt darauf schließen, dass zumindest für einen Teil der Besucher aus ihrer subjektiven Sicht keine Abnahme des Nutzens oder Überfüllungskosten durch zu große Besucherzahlen entstehen. Bei den anderen Gruppen ergeben sich erwartungsgemäß keine Anzeichen der Nutzenminderung durch Überfüllung.

Ein weiterer Aspekt, der in Zusammenhang mit den Ergebnissen einer Kosten-Nutzen-Analyse betrachtet werden muss, ist das Risiko und die Unsicherheit, die die Annahme der Dauerhaftigkeit der Maßnahmen birgt (vgl. Dasgupta & Pearce 1992, 174ff.; Schmid 1989, 235ff.; Hanusch 1994, 128ff.). Unsicherheit bedeutet, dass nicht bekannt ist, ob die angenommenen Ereignisse so eintreten, wie es in der Analyse vorausgesetzt wurde und auch die Wahrscheinlichkeit des Nicht-Eintretens ungewiss ist. Bei Vorliegen eines Risikos ist diese Wahrscheinlichkeit bekannt. Weiterhin kann noch zwischen objektivem Risiko, das nachvollziehbare Wahrscheinlichkeiten besitzt, und subjektivem, bei dem der Entscheidungsträger die Wahrscheinlichkeiten annimmt, unterschieden werden. Beiden Fällen unterliegen sowohl die Eingangsdaten, die für die Kosten-Nutzen-Analyse benutzt werden, als auch die zeitliche Entwicklung, die in der Analyse unterstellt wird.

Die Situation der Heidepflege ist der Unsicherheit, bestenfalls dem subjektiven Risiko zuzuordnen. Auch wenn einleitend angenommen wurde, dass die aktuelle Höhe des Aufwands an Heidepflege ausreicht, um die Heideflächen zu erhalten, so ist dies keineswegs wissenschaftlich gesichert. Während unter den vorindustriellen Bedingungen Heideflächen offenbar dauerhaft erhalten werden konnten, liegen nur wenige Informationen darüber vor, wie die wechselnden Umwelteinflüsse der heutigen Zeit (z.B. Stickstoffeinträge, Klimaveränderung) das System der Heidegesellschaften beeinflussen können. Klimaveränderungen und Einträge von systemfremden Stoffen könnten so einwirken, dass eine Pflege im bisherigen Rahmen die Kontinuität der Heideentwicklung nicht mehr gewährleisten kann. Dann würden möglicherweise Kosten ansteigen und/oder Nutzen sich verringern, der Gegenwartswert mithin sinken. Weiterhin kann auch die wirtschaftliche Entwicklung die zur Verfügung stehenden Ressourcen so weit beschränken, dass die dann mögliche Heidepflege keine dauerhafte Heideentwicklung mehr garantieren kann. Die Entscheidungsträger werden bei zukünftigen Entscheidungen eine bestimmte Wahrscheinlichkeit für diese Ereignisse einbeziehen. Gesicherte, stochastisch ermittelbare Wahrscheinlichkeiten lassen sich für diese komplexen Entwicklungen aber nicht angeben. Gibt es eine solche Wahrscheinlichkeit, dann wird ein Nutzenerwartungswert aus der Wahrscheinlichkeit des Eintritts und dem Gegenwartswert des Nutzens errechnet (Hanusch 1994, 128ff.).

## 4.2.7 Ergänzende Ergebnisse der Befragungen

Der zusätzliche Umsatz oder Gewinn, den die lokalen Wirtschaftsbetriebe machen, sind als pekuniäre Effekte eigentlich nicht Teil der üblicherweise in der KNA berücksichtigten Größen (vgl. z.B. Hanusch 1994, 8f.). Es wird nur zusätzlich innerhalb der Volkswirtschaft auftretender Nutzen berücksichtigt. Diese Größen dürfen nur dann in die Analyse einbezogen werden, wenn der betrachtete Raum eingeschränkt wird. Werden Kosten-Nutzen-Verhältnisse für die Region untersucht, dann muss demnach ein zusätzlicher Umsatz in die Analyse einbezogen werden.
Die Zahlungsbereitschaft der Betriebe für die Heidepflege ist dagegen – analog zu der der Besucher – ein Ausdruck des Nutzens, den die Betriebe nach ihrer eigenen Einschätzung mindestens von der Heidepflege haben.

### 4.2.7.1 Befragung der Landwirte

Für die Befragung der Landwirte in der Umgebung des Naturschutzgebietes galten wesentlich andere Voraussetzungen als für die Besucherbefragung. Landwirte stehen Naturschutzmaßnahmen im Allgemeinen recht kritisch gegenüber (vgl. z.B. Bahner 1996; Zech 1999). Die Landwirte als Anspruchsgruppe der Heideflächen konnten diese Haltung möglicherweise auch den Heidepflegemaßnahmen gegenüber einnehmen.
Zudem konnten bei ihnen erheblich größere Vorkenntnisse zur Heide und Heidepflege vorausgesetzt werden, da sie sowohl Einwohner der näheren Umgebung der Heideflächen sind als auch Fachkenntnisse in der Bearbeitung von landwirtschaftlichen Flächen besitzen. Es war zu Beginn der Befragung unklar, welche Einstellung zu den Heidepflegemaßnahmen und der Heidepflege insgesamt bei den Landwirten überwiegen würde. Einerseits war eine kritische Haltung möglich, die durch die allgemeine Skepsis von Landwirten dem Naturschutz gegenüber entstanden sein könnte und auf Bewirtschaftungsbeschränkungen und anderen Konfliktursachen beruhen könnte.
Andererseits konnten auch die ökonomischen Vorteile, die auch die Landwirte durch den Naturschutz in der Lüneburger Heide und insbesondere durch die touristische Entwicklung erreicht haben, eine eher positive Einstellung

begründet haben. Denn bei der Betrachtung landwirtschaftlicher Betriebe der Region wird klar, dass es durch die Existenz der Heideflächen beträchtliche wirtschaftliche Vorteile für die landwirtschaftliche Betriebe gibt. Viele Betriebe vermarkten Produkte an die Besucher der Heideflächen, bieten Kutschfahrten oder Übernachtungsmöglichkeiten an. Das Ziel der Befragung war aus ökonomischer Sicht, die Einstellung der Landwirte und ihre aktuellen und potentiellen Beiträge zu Heidepflegemaßnahmen zu ermitteln. Im Vordergrund stand dabei die Ermittlung der Akzeptanz (vgl. Kapitel 5 „Akzeptanz der Pflegemaßnahmen"). Daneben sollte auch versucht werden, die Bereitschaft der Landwirte zu einer finanziellen Beteiligung an den Heidepflegemaßnahmen zu ermitteln.

Aus diesen Gründen musste für diese Gruppe ein neuer Fragbogen konzipiert werden (vgl. Anhang 2). In diesem Fragebogen wurde nach einigen Eingangsfragen die Beurteilung der Heidepflegemaßnahmen nach verschiedenen Aspekten wie eigenes Engagement, Kenntnisse und Meinung über die einzelnen Maßnahmen.

Danach schlossen sich zwei Fragen an, auf die die Befragten äußern sollten, ob sie bisher einen materiellen Beitrag zur Heidepflege leisten und ob sie bereit wären, gegebenenfalls darüber hinaus sich finanziell an den Kosten der Heidepflege zu beteiligen. Die Anzahl der landwirtschaftlichen Betriebe in den Gemeinden der betreffenden Landkreise Harburg und Soltau-Fallingbostel, die an die Kernheideflächen des Naturschutzgebietes angrenzen, erlaubte es, alle Betriebe um einen Interviewtermin anzufragen.

Dabei kamen 31 Interviews zustande, die ausschließlich mit selbständigen Landwirten geführt wurden. Angesichts der Vorgehensweise kann davon ausgegangen werden, dass die Befragung repräsentativ für die Gruppe „Landwirte mit Flächen in unmittelbarer Umgebung der Heideflächen" ist.

Etwa zwei Drittel der befragten Landwirte (67,7 %) bewirtschaften Flächen, die direkt an Heideflächen angrenzen oder bis zu 500m Abstand haben. Der unmittelbare Kontakt mit den Maßnahmen der Heidepflege dürfte also bei den meisten der Befragten gegeben sein. Bei der Frage nach einer eigenen Nutzung der Heideflächen (Mehrfachantworten möglich) äußern 83,9 % der Befragten, dass sie die Heideflächen selbst nutzen. Bei 64,5 % dieser Nutzer ist *spazieren gehen* eine Form der Nutzung, gefolgt von *Fahrradfahren* mit 16,1 % und der eigenen *Durchführung von Pflegemaßnahmen* mit 6,5 %. 74,2 % der Betriebe kommen in irgendeiner Form mit dem Tourismus in der Region in Berührung. Von den Betrieben, die mit Tourismus in Berührung kommen, vermieten 54,5 % *Ferienwohnungen*, 40,9 % betätigen sich in anderer Form als *Vermieter*, 27,3 % bieten *Kutschfahrten* an (vgl. Abb. 4-18).

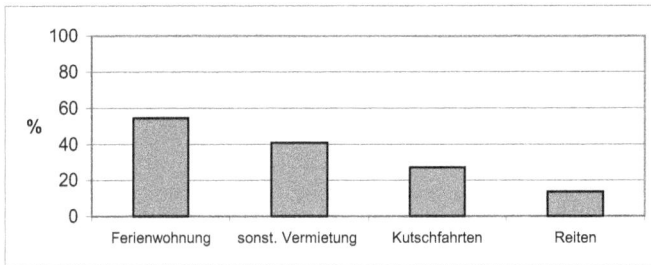

Abbildung 4-18: Aktivitäten der Gruppe Landwirte im Tourismus,
Mehrfachantworten möglich

Quelle: Eigene Darstellung

53,1 % der Betriebe geben an, sie vermarkten ihre Produkte ausschließlich an den Großhandel, 28,1 % (= 10 Betriebe) auch an Endverbraucher. Von diesen Betrieben äußern jeweils drei, dass ihre Produkte nur an Einheimische bzw. Auswärtige verkauft würden, während vier Betriebe sowohl an einheimische als auch an auswärtige Kunden verkaufen. Bei der Vermarktung der Produkte scheinen die Heidebesucher als Nachfrager somit eine ähnlich große Rolle wie Einheimische zu spielen.

Die Landwirte haben erwartungsgemäß einen höheren Kenntnisstand über die Heidepflegemaßnahmen als beispielsweise die Besucher der Heideflächen. Dies zeigt sich beispielsweise daran, dass alle der befragten Landwirte wissen, dass Pflegemaßnahmen auf den Heideflächen durchgeführt werden. Als angewendete Pflegemaßnahmen werden die in Tabelle 4-8 aufgeführten Maßnahmen genannt (Mehrfachantworten möglich).

Tabelle 4-8: Meistgenannte Pflegemaßnahmen bei der Befragung Landwirte,
Mehrfachantworten möglich

Quelle: Eigene Darstellung

| Maßnahme | Plaggen | Schoppern | Entkusseln | Mahd | Beweidung |
|----------|---------|-----------|------------|------|-----------|
| Prozent | 75 | 50 | 46,4 | 35,7 | 32,1 |

Die bodenbearbeitenden Maßnahmen Plaggen und Schoppern werden am meisten genannt, während das kontrollierte Brennen mit 21,4 % nicht zu den meistgenannten Verfahren gehört.

Über die Hälfte der Landwirte, 54,8 %, sind der Ansicht, dass ihr Betrieb von der Heidepflege Vorteile hat, 45,2 % meinen, dass diese ihren Betrieb nicht betrifft. Nachteile von der Heidepflege glaubt kein Befragter zu haben.

96

Fast zwei Drittel der Landwirte, 64,5 %, geben an einen eigenen Beitrag zu der Erhaltung der Heideflächen, beispielsweise in Form der Mitgliedschaft in Organisationen, zu leisten. Meistgenannte Organisation dabei ist mit 42,9 % der Antworten der Verein Naturschutzpark. Zusätzlich geben 51,6 % der Befragten an, bereits einen eigenen materiellen Beitrag zur Heidepflege, etwa in Form von Bereitstellung von Maschinen, zu leisten.

Die Bereitschaft, zusätzlich zu dem genannten einen weiteren Beitrag zu der von ihnen gewünschten Entwicklung der Heideflächen zu leisten, äußern 25,8 % der befragten Landwirte. Der Median der dabei genannten Beträge liegt bei 82,50 € jährlich.

Bezüglich der Entwicklung der Heideflächen sind die Landwirte zu 87,1 % der Meinung, die Heideflächen sollten in ihrer derzeitigen Größe erhalten werden, 12,9 % sagen, sie sollten vergrößert werden. Kein Befragter hält es für sinnvoll, die Heideflächen zu verkleinern.

Die Annahme, dass bei den Landwirten eine wesentlich bessere Informationsbasis an Kenntnis über die Heidepflege vorhanden ist, erweist sich als zutreffend. Die Ansicht, dass der jeweilige Betrieb Vorteile von der Pflege der Heideflächen hat, koinzidiert nicht mit der Bereitschaft zu einem materiellen Beitrag dazu. Nur 47 % der Betriebe, bei denen der Betriebsleiter die Pflegemaßnahmen für vorteilhaft hält, äußern eine Bereitschaft zu einem weiteren finanziellen Beitrag. Dies scheint aber kaum davon abzuhängen, ob von diesen Betrieben bereits ein Beitrag geleistet wird. Denn nur 18,1 % der Betriebe, die Vorteile in der Heidepflege sehen und be-reits einen Beitrag leisten, sind nicht bereit, sich noch darüber hinaus zu engagieren. Dies weist offenbar darauf hin, dass die Betriebe, die einen eigenen Beitrag für sinnvoll halten, auch weitere Aufwendungen für die Heide zu leisten bereit sind. Andere wollen dagegen grundsätzlich keine eigenen Mittel für die Heidepflege aufwenden, auch wenn sie eigene Vorteile darin sehen. Der Beitrag, den die Betriebe insgesamt leisten würden, kann von der Höhe her nicht wesentlich zu den Kosten der Heidepflege beitragen. Er zeigt jedoch die Bereitschaft zumindest eines Teils der Betriebe, ihren Nutzen zu mindern und steht damit für eine Wertschätzung für die Flächen.

4.2.7.2 Befragung anderer lokaler Wirtschaftsbetriebe

Die dritte Zielgruppe der Befragungen stellen lokale Wirtschaftsbetriebe dar. Als solche werden Betriebe angesehen, bei denen ein wesentlicher Teil ihres Geschäftsfeldes in direktem Zusammenhang mit den Heideflächen im Naturschutzgebiet steht. Dies sind insbesondere Gastronomie- und Beherbergungsbetriebe, aber auch heidetypische Handelsgeschäfte (z.B. Heidehonig, Schaffelle etc.). Auch hier gab es zwei Ziele der Befragung: Einerseits sollten allgemeine Informationen zur Einstellung der Befragten zu den Maßnahmen der Heidepflege ermittelt werden und andererseits sollte die Höhe des monetären Nutzens abgeschätzt werden, der möglicherweise bei den Befragten durch die Erhaltung der Heide generiert wird. Dazu wurde aus Gastgeberverzeichnissen und Verzeichnissen von regionalen Wirtschaftsbetrieben systematisch eine Stichprobe von 31 der genannten Betriebe gezogen. Die ausgewählten Betriebe wurden mit einem speziell für diese Gruppe erstellten Fragebogen befragt (siehe Anhang 3). Die Befragung richtete sich an Eigentümer, Betriebsleiter oder Geschäftsführer. Nur wenn diese nicht verfügbar waren, wurden auch Angestellte befragt. Es konnte davon ausgegangen werden, dass die Befragten in der Regel auch Einwohner des Nahbereiches um die Heideflächen waren und somit einen guten Einblick in die Umstände der Heidepflege haben. Daher konnten bei der Konzeption dieses Fragebogens wesentlich mehr Kenntnisse über die Heidepflegemaßnahmen vorausgesetzt werden als bei dem der Besucher. Auf besondere Erklärungen der Zusammenhänge und Unterstützung durch Bilder wurde daher verzichtet. So konnte auch der Interviewaufwand für die beruflich engagierten Befragten gering gehalten werden, um nicht Konzentrationsmängel oder Abbrüche zu provozieren.

Bei einer Kosten-Nutzen-Analyse auf Ebene der gesamten Volkswirtschaft bleiben monetäre Größen wie zusätzlicher Umsatz von Gastronomie- und Handelsbetrieben als pekuniäre Effekte außer Betracht, weil davon ausgegangen wird, dass es sich dabei um Verteilungseffekte handelt und diese Umsätze sonst an anderer Stelle anfallen würden.

Auch bei diesem Fragebogen wurden leichte, nicht bedrängende Fragen an den Anfang gestellt wie die Frage nach der Betriebsart, der Lage des Betriebs und Nutzung der Heideflächen durch den Befragten selbst. Dann wurde nach den Kenntnissen der Befragten über Heidepflege gefragt sowie nach Ansichten und Eindrücken des Befragten über die derzeit durchgeführten Maßnahmen.

Die Struktur der untersuchten Betriebe ist sehr gemischt: 35,5 % der Betriebe haben mehr als einen Geschäftszweig. 71 % sind im Bereich *Gastronomie* (ohne Ferienwohnungen) tätig, 6,5 % im regionalspezifischen *Handel*. Handelsbetriebe sind damit eher gering vertreten, dies liegt hauptsächlich an der geringen Bereitschaft dieser Betriebe, an der Befragung teilzunehmen. Die Verteilung der Entfernungen der Betriebe (Abb. 4-19) von den nächsten Heideflächen zeigt, dass es sich bei den meisten Befragten um heidetypische Unternehmen handelt, die nah an Heideflächen liegen und bei denen von einem hohen Anteil von Gästen oder Kunden mit Bezug zu den Heideflächen ausgegangen werden kann.

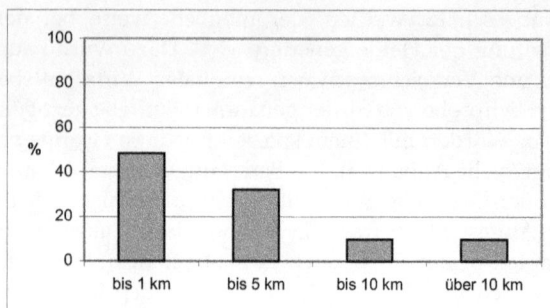

Abbildung 4-19: Entfernung der befragten Gastronomie-/Handelsbetriebe
von den nächstgelegenen Heideflächen

Quelle: Eigene Darstellung

Die Verteilung der Umsatzklassen der befragten Gastronomiebetriebe zeigt
Abbildung 4-20. Die Verteilung zeigt, dass die Stichprobe für dieses Merkmal
die Grundgesamtheit recht gut repräsentiert, wenn man den durchschnittlichen Umsatz mit den Werten der amtlichen Statistik für Beherbergungsbetriebe vergleicht (Niedersächsisches Landesamt für Statistik 2003).
Auch die Vertreter der Wirtschaftsbetriebe nutzen die Heideflächen intensiv
durch eigene Aktivitäten. 83,9 % der Befragten geben eine eigene Nutzung
an, 38,7 % üben sogar mehrere Aktivitäten auf den Heidflächen aus. Meistgenannte Aktivität ist auch bei dieser Gruppe „spazieren gehen".

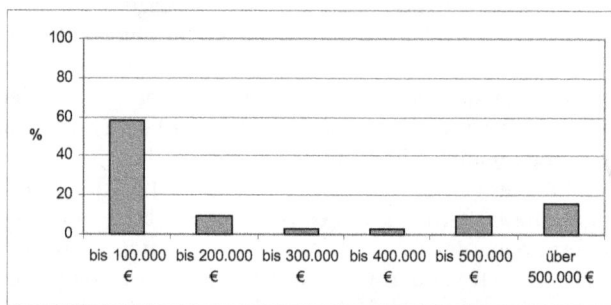

Abbildung 4-20: Umsatzverteilung der befragten Gastronomie-/Handels
betriebe

Quelle: Eigene Darstellung

Bezüglich der Heidepflege ist auch die Gruppe der Gastronomievertreter, wie
zu erwarten war, relativ gut informiert. 96,8 % der Befragten ist bekannt, dass

auf den Heideflächen Pflegeverfahren angewendet werden. Die Verteilung
der meistgenannten Verfahren zeigt Abbildung 4-21.

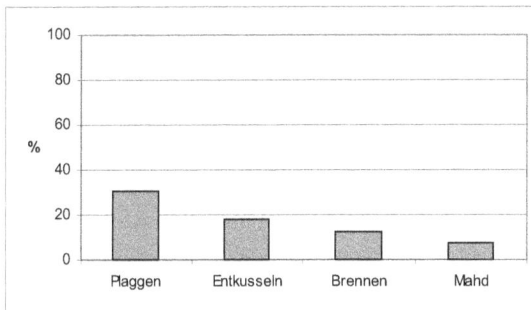

Abbildung 4-21: Meistgenannte Pflegeverfahren bei den Vertretern von
Gastronomie und Handel
Quelle: Eigene Darstellung

Auch die grundsätzliche Meinung der Befragten über ihre eigene Betroffenheit von der Heidepflege ist positiv. Ein im Vergleich zu den Ergebnissen bei
den Landwirten hoher Anteil von 77,4 % antwortet auf die Frage,

*Denken Sie, dass Sie von den Maßnahmen, die auf den Heideflächen
durchgeführt werden, eher Vor- oder Nachteile haben?*

dass eher Vorteile für sie von den Maßnahmen der Heidepflege ausgehen.
Ein weiterer Hinweis auf ökonomische Implikationen kann aus der Frage gewonnen werden:

*Was denken Sie, wie werden die Heidepflegemaßnahmen finanziert?*

16,1 % der Befragten meinen, die Pflege der Heideflächen werde nur privat
finanziert, 29,0 % denken, sie wird rein öffentlich finanziert. Ein relativ großer Anteil von 41,9 % glaubt an eine gemischte Finanzierung zwischen privaten und öffentlichen Mitteln.
Über eine finanzielle Beteiligung der Betriebe an der Heidepflege gibt es ge-
teilte Meinungen: Eine leichte Mehrheit von 51,6 % der Befragten hält sie
grundsätzlich für akzeptabel, während 48,4 % sie nicht akzeptieren würden.
Zur Begründung ihrer Ablehnung sagen 33,3 % der Nicht-Akzeptierer, es sei-
en keine zusätzlichen Belastungen tragbar, 26,7 % halten eine solche Abgabe
grundsätzlich nicht für angemessen. Die Mehrheit scheint sich bei ihrer Ablehnung also eher auf die allgemeine wirtschaftliche Situation zu berufen und

nicht grundsätzliche Vorbehalte gegen die Unterstützung der Heidepflege zu haben. Dies sagen nur 28,6 %, während 14,3 % andere Gründe angeben. 64,5 % der Befragten geben an, dass sie bereits einen eigenen Beitrag zur Heidepflege leisten. Die Verteilung der meistgenannten Beiträge zeigt Abbildung 4-22.

Die Mitgliedschaft im Verein Naturschutzpark ist unter den Gastronomievertretern klar der meistgenannte Beitrag zur Heidepflege. Mit der Heidemarkspende ist vermutlich mindestens teilweise die Aufstellung von Spendenbehältern in den jeweiligen Räumlichkeiten gemeint. Das Aufkommen dieser Spendenaktion ist aber mittlerweile unbedeutend (vgl. Kapitel 3 „Struktur des Untersuchungsgebietes").

Die wirtschaftliche Existenz der Gastronomiebetriebe in unmittelbarer Nähe der Heideflächen hängt direkt mit der Erhaltung dieser Flächen zusammen. Die grundsätzliche Notwendigkeit der Heidepflege wird dementsprechend anerkannt und ein hoher Anteil der Vertreter engagiert sich bereits, überwiegend durch die Mitgliedschaft im Verein Naturschutzpark (vgl. Abb. 4-22). Die Wirkung der Heidepflege für den Betrieb wird als sehr vorteilhaft und für die Flächen als positiv angesehen.

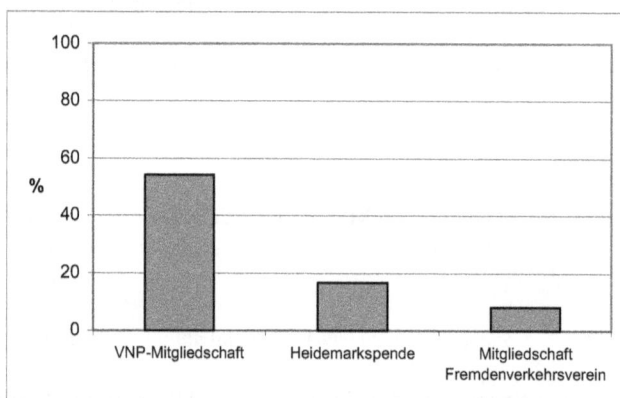

Abbildung 4-22:  Meistgenannte Beiträge der Gastronomie-/Handelsbe
triebe zur Heidepflege, insgesamt 64,5 % der Befragten
Quelle: Eigene Darstellung

Der enge wirtschaftliche Zusammenhang der Gastronomiebetriebe mit den Flächen wird auch bei den Aussagen der Befragten deutlich, immerhin ist etwa die Hälfte bereit, über das bisherige Engagement hinaus eine Abgabe zu leisten. Dieser Anteil ist deutlich höher als der der Gruppe der Landwirte. Die Tendenz bei der Frage nach dem Umfang der Heidepflege geht deutlich in Richtung „zu wenig". Zusammenfassen kann man also die Aussagen dahingehend, dass die Betriebe eine umfangreiche Heidepflege wollen, ihre wirtschaftliche Bedeutung erkennen und auch bereit sind, einen finanziellen Beitrag über den aktuellen hinaus dafür zu leisten.

# 5. Akzeptanz der Pflegemaßnahmen

Dieses Kapitel behandelt die Akzeptanz der Heidepflege insgesamt und einzelner Pflegemaßnahmen bei drei verschiedenen Anspruchsgruppen. Zuerst werden der Begriff der Akzeptanz allgemein und insbesondere sein Bezug zu Naturschutzmaßnahmen beschrieben. Danach werden die Ergebnisse der empirischen Erhebung dargestellt und diskutiert.

## 5.1 Der Akzeptanzbegriff

Akzeptanz bedeutet Annahme. Im Wörterbuch der Soziologie wird Akzeptanz als eine Eigenschaft einer Innovation definiert, bei ihrer Einführung eine positive Reaktion der Betroffenen zu bewirken (Endruweit & Trommsdorff 2002, 9; Endruweit 1986). Diese Definition bezieht sich vorrangig auf technische Innovationen, ist aber ohne weiteres auch auf andere Bereiche, z.b. Maßnahmen im Naturschutz, übertragbar. Der Akzeptanzbegriff ist an Gruppen oder Individuen gebunden und besitzt einen subjektiv-sozialen Charakter (vgl. Lucke 1998, 5). Die Eigenschaft einer Innovation, auf Grund ihres Charakters in das Sozialsystem integriert werden zu können, wird als Sozialverträglichkeit (Endruweit & Trommsdorff 2002, 9), an anderer Stelle auch als Akzeptabilität bezeichnet (Lucke 1998, 7). Die objektiv feststellbare Ausprägung einer Innovation anhand ihrer Eigenschaften ist Gegenstand der Sozialverträglichkeits- oder Akzeptabilitätsforschung (vgl. Endruweit & Trommsdorff 2002, 9). Die Akzeptanz dagegen beschreibt keine objektiven Eigenschaften von Personen, Maßnahmen oder Entscheidungen. Mit diesem Begriff wird vielmehr das Ergebnis eines vielschichtigen Prozesses beschrieben, in dem das soziale Zusammenwirken von (im vorliegenden Fall) Maßnahmen, subjektiven Komponenten und dem Gesamtkontext (Lucke 1998) zu einem bestimmten Grad an Akzeptanz führt.

Beide Ansätze fließen gemeinsam mit der formalen Komponente der Legitimation in das Konzept der gesellschaftlichen Legitimität ein. Die Ermittlung der Legitimität von Projekten und Maßnahmen ist ein zentraler Teil der sozialwissenschaftlichen Begleitforschung (vgl. z.B. Manz 1983). In der systematisch-methodischen soziologischen Literatur werden die gesellschaftliche Akzeptanz und ihre Ermittlung allerdings nur am Rande behandelt.

Seit Mitte des vorigen Jahrhunderts gab es in Mitteleuropa eine rasante Veränderung der technologischen Möglichkeiten, einen Wertewandel in der Gesellschaft und zudem eine wesentliche Verbesserung der Informationsmöglichkeiten. Von allen Entwicklungen werden gesellschaftliche Gruppen unterschiedlich stark betroffen. Die Art der Betroffenheit unterscheidet sich in den verschiedenen Lebensbereichen deutlich. So fühlen sich bestimmte gesellschaftliche Gruppen auf dem Gebiet der Energiepolitik einem Risiko körperlicher oder psychischer Schäden ausgesetzt (vgl. z.B. Herzog & Chorherr 1997).

Die betroffenen Gruppen haben in der heutigen Gesellschaft eher als in jeder früheren die Möglichkeit, formell oder informell ihre Ansicht zu dem jeweiligen Projekt vorzubringen. Dadurch gelangt die Information über Defizite an Akzeptanz heute eher an die Öffentlichkeit.

Die Forschung über Akzeptanz, Legitimation und gesellschaftliche Legitimität von Maßnahmen im Bereich des öffentlichen Lebens hat mit den zunehmenden Einfluss- und Informationsmöglichkeiten der Menschen in den letzten Jahrzehnten stark an Bedeutung gewonnen. Sowohl bei Entscheidungen in Unternehmen als auch im Bereich öffentlicher Projekte und politischer Entscheidungen müssen die Entscheidungsträger mit erheblichen Konsequenzen rechnen, wenn ihre Entscheidungen bei den Stakeholdern nicht auf ein Mindestmaß an Akzeptanz stoßen. In vielen Bereichen des öffentlichen Lebens ist die soziale Akzeptanz zu einem Kriterium für die Durchführbarkeit von Projekten oder Maßnahmen geworden, sowohl im privatwirtschaftlichen als auch im öffentlichen Bereich. So werden empirische Akzeptanzuntersuchungen im Bereich der Sozialversicherungen durchgeführt, bei der Verkehrs- und Energiepolitik und in vielen anderen Bereichen (vgl. z.B. Ullrich 2000; Rölle et al. 2002).

Akzeptanz baut offenbar insbesondere auf drei Säulen auf:

- zum einen auf die *Information*, die von außen auf die betreffenden Personen einwirkt,
- zum anderen auf die *Einstellung*, die die Personen dem Themenkreis gegenüber besitzen sowie
- auf den *Kontext*, in dem beides auf die Akzeptanzsubjekte wirkt (Lucke 1995, 75ff.).

Der Grad der sozialen Akzeptanz ist demnach abhängig von dem Akzeptanzobjekt und von Art und Umfang der Information, die die jeweilige Person darüber erhält, von der persönlichen Einstellung der Person zu dem Thema und von der Situation, in der der Träger der Akzeptanz sich befindet (vgl. Abb. 5-1). Informationen zu dem Objekt werden auf der Grundlage der subjektiven Komponenten und unter dem Einfluss des Kontextes in bestimmter Weise aufgenommen und verarbeitet. Die Informationen können wiederum die Einstellung beeinflussen, wenn sie die Personen dazu anregen, ihre Einstellungen zu überdenken. Zu den Informationen, die die Personen erhalten, gehört auch der Grad, in dem sie selbst möglicherweise von den Maßnahmen betroffen sind, z.B. durch wirtschaftliche Vor- oder Nachteile.

Akzeptanz ist keine Eigenschaft oder ein konstantes Merkmal, die dem Akzeptanzobjekt oder auch dem Akzeptanzsubjekt zugeschrieben werden kann, sondern eine zeitlich schwankende Entwicklung, die langsam oder schnell vorangehen oder zeitweise auf einem Niveau zum Stillstand kommen oder rückläufig sein kann. Lucke (1995) bezeichnet die Akzeptanz als „hochgradig differentielles, multivariables Phänomen".

Grad der sozialen Akzeptanz

Kontext: z.B. Situation
der Informations-
vermittlung

Objektive
Komponenten:
z.B. Eigenschaften,
Information

Subjektive
Komponenten:
z.B. Interesse,
Wahrnehmung

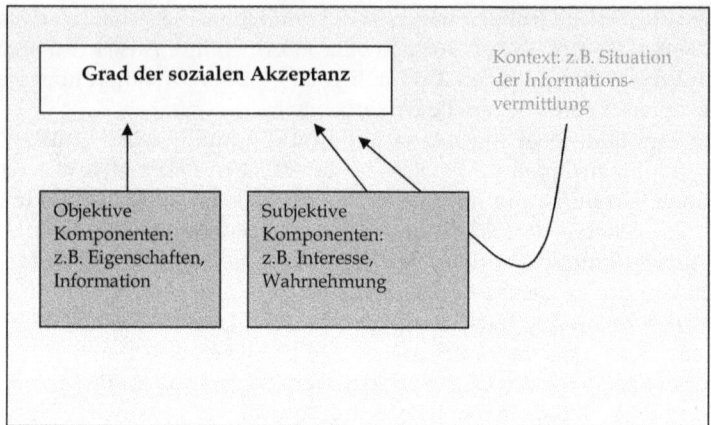

Abbildung 5-1: Einflussfaktoren der sozialen Akzeptanz
Quelle: Verändert nach Lucke (1995, 89)

Im Folgenden werden die wichtigsten Forschungsergebnisse zur Akzeptanz
im Naturschutzkontext dargestellt. Danach erfolgt die Darstellung der Ergebnisse der eigenen empirischen Untersuchungen. Im Folgenden werden die
bisherigen wissenschaftlichen Arbeiten zur Akzeptanz im Naturschutzkontext vorgestellt sowie Methodik der eigenen empirischen Erhebungen erläutert und diskutiert.

**5.2 Akzeptanz im Naturschutzkontext**

5.2.1 Grundlagen

Der Grad der Akzeptanz, den die Heidepflege – als Beispiel für Naturschutzmaßnahmen – bei verschiedenen beteiligten Gruppen auslöst, konnte im Vorfeld der vorliegenden Untersuchung nur schwer abgeschätzt werden. Direkte
verwertbare Äußerungen zu dem Thema waren nicht zu finden. Heidepflege
war in den vergangenen Jahren in den lokalen Medien zeitweise präsent, aber
detaillierte Untersuchungen existieren bisher nicht. In der Böhme-Zeitung
(Soltau) vom 21.08.1999 findet sich zum Beispiel im redaktionellen Teil der
Hinweis auf eine Reaktion der Besucher auf den Zustand der Heideflächen:

> *„Wochen- und monatelang haben sich die Heidegäste auf ihre Ferien in
> der blühenden Heide gefreut, doch ein braungraues Meer trockener Gräser
> deckt die violette Blütenpracht zu.“*

Das Thema wird demnach von den Medien aufgenommen und den Lesern in
bestimmter Weise präsentiert. Dem Artikel ist auch zu entnehmen, dass eine

unwirksame Heidepflege offenbar auf wenig Zustimmung der Besucher trifft. Aber wie ist es mit einer wirksamen? Weder bei einzelnen Verfahren noch bei der Heidepflege insgesamt konnte vor der Untersuchung davon ausgegangen werden, dass ein bestimmter Grad von Akzeptanz bei den Anspruchsgruppen besteht. Hinsichtlich des Brennens von Flächen existieren einige Hinweise auf eine eher geringe Akzeptanz. Küster (1995) merkt z.b. an:

> „...; strenggenommen müssten Heideflächen sogar von Zeit zu Zeit umgebrochen und mit Buchweizen bestellt, ja sogar abgebrannt werden, was das deutsche Naturschutzgesetz verbietet."

Die Formulierung dieser Bemerkung in einem Buch über Landschaftsgeschichte zeugt von der grundsätzlichen Ablehnung, die als Reaktion auf eine solche Maßnahme erwartet werden konnte. Noch in den 90er Jahre ist ein Abbrennen der Flächen eines Naturschutzgebietes offenbar in weiten Teilen der beteiligten Gruppen schwer vorstellbar.

Bei Naturschutzmaßnahmen kann die Sozialverträglichkeit oder Akzeptabilität oftmals als gegeben betrachtet werden. Nur wenige Bürger dürften eine grundsätzlich negative Reaktion zeigen, sofern sie sich in einer geeigneten Situation befinden und man ihnen die Maßnahme eingehend erläutert.

Die Akzeptanz bedarf dagegen genauerer Untersuchung und ist in vielen Fällen schwer voraussagbar. Ein grundsätzlicher Unterschied von Maßnahmen im Naturschutz im Vergleich zu vielen anderen Bereichen (z.B. Maßnahmen der Verkehrsinfrastruktur) besteht darin, dass von Naturschutzmaßnahmen in der Regel keine direkten negativen Auswirkungen auf betroffene Gruppen zu erwarten sind. Als Ausnahmen können hier einzelne Flächeneigentümer, die durch Bewirtschaftungseinschränkungen betroffen sind, gelten. Dennoch wird auch in anderen Gruppen nicht immer ein hoher Grad an Akzeptanz für Naturschutzmaßnahmen beobachtet (vgl. z.B. Krieger 1998).

Luz (1994, 46) weist darauf hin, dass das Verständnis von Zusammenhängen eine Grundvoraussetzung für Akzeptanz sei. Setzt man dies voraus, dann ergeben sich bei Projekten oder Maßnahmen im Bereich des Naturschutzes weitreichende Folgen. Wird das Verständnis der Zusammenhänge als Basis der Akzeptanz angesehen, so ist zu erwarten, dass das Maß der Akzeptanz, das in der Bevölkerung für viele Naturschutzprojekte aufgebracht werden kann, nicht sehr groß ist. Ähnlich wie in technologisch hoch entwickelten Bereichen ist im Bereich Naturschutz und Ökologie ein umfangreiches Detailwissen notwendig, um Zusammenhänge zu verstehen und bewerten zu können. Zudem sind Maßnahmen auch unter Fachleuten vielfach stark umstritten, so dass ein einheitliches „Verständnis" der Maßnahme nicht existiert. Insbesondere der direkte Nutzen für bestimmte Gruppen ist oftmals schwer vermittelbar. Wenn die Mitglieder der Anspruchsgruppen das grundlegende Verständnis der ökologischen und naturwissenschaftlichen Zusammenhänge

nicht besitzen, hängt ihre Akzeptanz von dem Vertrauen ab, das sie in das Management des Projektes oder des Gebietes haben.
Die Anspruchsgruppen, die nicht Fachleute sind, befinden sich also gewissermaßen in einem Dilemma zwischen Informationsmöglichkeiten, die aber vielfach ihre Kapazitäten übersteigen, und dem dann notwendigen Vertrauen in Fachleute. Hofinger (2001) klassifiziert verschiedenen Stufen der Akzeptanz (vgl. Tab. 5-1).

Tabelle 5-1: Stufen der Akzeptanz
Quelle: Verändert nach Hofinger (2001, 250)

| Akzeptanzstufe | Bewertung, Meinung | Handlungsbereitschaft |
|---|---|---|
| Gegnerschaft | stark ablehnend | hoch |
| Ablehnung | stark ablehnend | gering bis mittel |
| Duldung | Leicht ablehnend | aktuell gering |
| Gleichgültigkeit | Kein Interesse | keine |
| Zwiespalt | konflikthaft | gering bis mittel |
| Zustimmung | positiv | aktuell gering |
| Engagement | stark positiv | mittel bis hoch |

Diese Einteilung ist zweckmäßig zur Operationalisierung des Akzeptanzgrades. Sie stößt jedoch auf Schwierigkeiten, da erstens der Verlauf zwischen den einzelnen Kategorien übergangslos ist und die Akzeptanz sich zweitens aufgrund ihrer komplexen Struktur auch durch kleine Veränderungen schnell verschieben kann.
Im Naturschutzbereich kommen sicher alle der genannten Stufen der Akzeptanz vor, aber nicht immer am gleichen Objekt.
Lettmann (1995, 31ff.) entwickelt, basierend auf Langenheder (1975), einen Untersuchungsansatz zur Bestimmung der Akzeptanz von landwirtschaftlichen Extensivierungsmaßnahmen. Danach gibt es bei Extensivierungsmaßnahmen folgende akzeptanzbestimmende Faktorengruppen:

- Faktoren der objektiven Umgebung z.B. Betriebsorganisation
- Soziologische Variablen z.B. Informationsquellen
- Intervenierende Variablen z.B. umweltrelevante Einstellung

Brendle (1999, 41) analysiert Faktoren, die dazu führen können, dass ein Naturschutzprojekt als Erfolg gilt und Akzeptanz auslöst. Er identifiziert folgende Faktoren:

- Erzielung früher Erfolge
- Identifikation unmittelbarer Projekterfolge und sonstiger positiver Wirkungen

- Quantifizierung der Erfolge
- Darstellung der Erfolge in der Öffentlichkeit.

Die Einteilung von Brendle erfasst die Aktivitäten auf der Seite der Natur-
schutzakteure, die die Akzeptanz bei den Anspruchsgruppen beeinflussen
können. Die objektiven Faktoren sind die fachlich begründbaren Erfolge und
deren Identifikation und Quantifizierung. Die Darstellung in der Öffentlichkeit fällt als „Kommunikation" unter die Gruppe „soziologische Faktoren"
von Lettmann und Langenheder. Diese Faktoren treffen auf Informationsneh-
mer, die durch ihre subjektive Wahrnehmung eine bestimmte Einstellung
ausgebildet haben. Dabei kann die Akzeptanz für bestimmte Maßnahmen
verändert werden (vgl. Lettmann 1995, 38ff.).
Die Akzeptanzforschung zu Natur- und Umweltthemen hat sich, im Gegensatz zu derjenigen in vielen anderen Bereichen, erst in den letzten Jahren entwickelt. Sie besitzt daher heute noch keinen großen Stellenwert. Ihre Bedeutung für die Naturschutzpolitik wurde aber an mehreren Fällen deutlich gemacht. In jüngerer Zeit gibt es im deutschsprachigen Raum mehrere Beispiele
für naturschutzpolitische Schwierigkeiten, die durch mangelnde soziale Akzeptanz von Naturschutzmaßnahmen verursacht wurden (z.B. Krieger 1998;
Stoll 1999; Stoll-Kleemann 2001b). Die Konflikte konzentrieren sich auf Großschutzgebiete wie den Nationalpark Bayerischer Wald oder den ehemaligen
Nationalpark Elbtalaue. Diese Widerstände erzwangen, zum Teil auf dem
Rechtsweg, erhebliche Änderungen politischer Pläne (Kolodziejcok 2000).
Dieses Phänomen ist nicht auf Deutschland beschränkt, z.B. Gillingham
(2003), Hall & Blench (1998), Kala (2004) und Knott (1998) berichten ebenfalls
von Widerstand gegen die Einrichtung oder Auswirkungen von Schutzgebieten unter verschiedensten nationalen Rahmenbedingungen in den USA, afri-
kanischen Schutzgebieten oder im Himalaya.

5.2.2 Empirische Untersuchungen zur Akzeptanz im Naturschutzkontext

Eine frühe Untersuchung zur Meinungsforschung über Umweltthemen
stammt von Fietkau et al. (1982) und bezieht sich auf die gesamte deutsche
Bevölkerung. In dieser Studie werden überwiegend Fragen zur Meinung
über allgemeine Umweltthemen gestellt. Naturschutz wird nur im Zusammenhang mit der Zugänglichkeit von Naturschutzgebieten behandelt. Hier
zeigen sich unter den damaligen Bedingungen durchaus hohe Anteile der Befragten, die Zugangsbeschränkungen in Naturschutzgebieten akzeptieren
würden.
Eine sehr frühe Untersuchung der Akzeptanz der Unterschutzstellung von
Flächen führte Rentsch (1988) im Nationalpark Bayerischer Wald durch. Sie
kommt zu dem Ergebnis, dass die Akzeptanz für den Nationalpark speziell
bei der lokalen Bevölkerung Defizite aufweist. Als Ursache dafür identifiziert

sie die Tatsache, dass die Bevölkerung auf einem vergangenheitsorientierten Heimatverständnis beharrt. Zu diesem Beharren passt eine neue Flächennutzung wie der Nationalpark nicht. Die herkömmliche Flächenkontrolle durch die einheimische Bevölkerung geht verloren und der Nationalpark wirkt als Fremdkörper. Als Maßnahmen gegen die mangelnde Akzeptanz hält Rentsch (1988) folglich Maßnahmen für geeignet, die auf die traditionelle Sichtweise der Bevölkerung eingehen und nicht nur nationalparkeigene Themen vermitteln. In Veranstaltungen mit kritischen Stakeholdern sollten durchaus beide Aspekte vereint werden.

Aus jüngerer Zeit existiert jedoch mittlerweile eine Reihe von Untersuchungen zu diesem Thema, die sich insbesondere mit der Akzeptanz gegenüber Großschutzgebieten beschäftigen (z.b. Krieger 1998; Beckmann 2003). Wie auch in anderen Bereichen hat bei Maßnahmen zur Unterschutzstellung von Gebieten aus Gründen des Naturschutzes die Akzeptanz der Bevölkerung oder bestimmter Gruppen erheblichen Einfluss auf das Gelingen bzw. den Bestand der Maßnahmen.

Luz (1994) betont bereits die Notwendigkeit von Akzeptanzvoruntersuchungen bei landschaftsplanerischen Projekten. Die in jüngerer Zeit durchgeführten Untersuchungen zu diesem Thema unterscheiden sich in ihren Untersuchungsobjekten recht deutlich.

Auch große Naturschutzverbände und -verwaltungen haben erkannt, dass dieses Thema einen entscheidenden Einfluss auf das Gelingen von Naturschutzprojekten und -maßnahmen haben kann (z.b. IUCN 2003; Schulte 2001; Wiersbinski 1998).

Wiesinger (1999) untersucht die Bereitschaft von Landwirten, sich an Naturschutzprogrammen zu beteiligen. Dabei findet er, dass einige der gängigen Meinungen über die Gründe, aus denen Landwirte eine geringe Akzeptanz für Naturschutzmaßnahmen zeigen, insgesamt nicht zutreffen. Er verknüpft diese Erkenntnisse mit ökonomischen Kalkulationen und zeigt, dass die Wirtschaftlichkeit der Naturschutzprogramme für die Betriebe sehr unterschiedlich ist. Durch eine weitergehende Analyse kann er Gründe für Akzeptanzunterschiede aufzeigen.

Neuere Untersuchungen kommen eher zu positiven Ergebnissen bezüglich der Akzeptanz von Naturschutz in verschiedenen Bevölkerungsgruppen. Zwei Untersuchungen haben die Akzeptanz von Nationalparks im Nordseeraum zum Thema (Beckmann 2003; Krieger 1998). Beckmann (2003) analysiert die Akzeptanz des bestehenden Nationalparks „Niedersächsisches Wattenmeer„ ebenfalls mit Hilfe einer empirischen Studie. Diese Studie zeigt sich im Vergleich zur Stimmung im Vorfeld der Untersuchung ein überraschend positives Bild der Einstellung der befragten Gruppen zu den Naturschutzmaßnahmen im Bereich des Nationalparks (Beckmann 2003). Die Untersuchung von Krieger (1998) führt zu dem Ergebnis, dass die Akzeptanz für den Nationalpark zwischen verschiedenen Untergruppen der lokalen Bevölkerung sowie zwischen anliegenden Gemeinden stark schwankt. In der Befragung der Besucher der Region zeigt sich ein sehr geringer Informationsgrad dieser Gruppe, so dass weitergehende Akzeptanzeinschätzungen schwer fallen (Krieger 1998, 75ff.). Auch in dieser Untersuchung fällt der Wunsch von Teilen der einheimischen Bevölkerung nach Traditionen auf (Krieger 1998, 129). Wormer (1998) führte eine empirische Untersuchung zur Akzeptanz von Naturschutz im Siedlungsraum durch. Er verzeichnet insgesamt eine sehr hohe Wertschätzung der Naturschutzmaßnahmen in diesem Bereich. Es existieren zwar einige Probleme, von denen die meisten aber nicht direkt mit der Akzeptanz des Naturschutzes zu verbinden sind. Stoll-Kleemann (2001b) versucht die Gründe für die mangelnde Akzeptanz der Bevölkerung für die Ausweisung von Großschutzgebieten zu ermitteln.

Alle genannten Studien weisen einen wesentlichen Unterschied zu dem Untersuchungsgebiet der vorliegenden Arbeit auf. Sie analysieren die Akzeptanz von Naturschutzobjekten, die erst vor kurzer Zeit eingeführt bzw. eingerichtet worden sind. Die älteste der untersuchten Naturschutzflächen ist der Nationalpark Bayerischer Wald, der 1969 eingerichtet wurde. Die Fläche stand also zum Zeitpunkt der Untersuchung von Rentsch (1988) seit 19 Jahren unter Schutz. Das Naturschutzgebiet Lüneburger Heide bestand bei Beginn der vorliegenden empirischen Untersuchung bereits seit 79 Jahren. Hieraus ergibt sich eine interessante Fragestellung, zu deren Beantwortung im Folgenden beigetragen werden soll. Diese lautet:

*Ist ein typischer Unterschied festzustellen zwischen Akzeptanzäußerungen für jüngere Schutzgebiete im Vergleich zu Gebieten, die seit langem bestehen?*

### 5.2.3 Theoretische Erklärungsansätze der Akzeptanz im Naturschutzkontext

Auf theoretischer Ebene befasst sich insbesondere Stoll-Kleemann (2001a, b) mit Akzeptanzproblemen von Großschutzgebieten in Deutschland und deren Ursachen. Sie wendet insbesondere zwei sozialpsychologische Theorien von Einflussfaktoren auf die Akzeptanz an (Stoll-Kleemann 2001a). Die *Theorie der Freiheitseinengung* und psychologischen Reaktanz postuliert, dass die Menschen versuchen, sich bestehende Entscheidungs- und Handlungsfreiheiten zu bewahren. Sie zeigen Reaktanz, wenn sie Widerstand gegen Versuche leisten, diese Freiheiten zu verringern (Brehm 1966). Diese Theorie scheint insbesondere Prozesse zu erklären, die bei einer Ausweisung oder Veränderung von Schutzgebieten ausgelöst werden. Durch die Auflagen und Einschränkungen, die durch die Ausweisung eines Schutzgebietes erlassen werden, entstehen zweifellos objektive Einschränkungen der Handlungsfreiheit bei bestimmten Gruppen. Dazu kommt vermutlich eine subjektive Wahrnehmung der Maßnahmen, die auch durch die Gruppenzugehörigkeit geprägt sein kann. Damit versucht die zweite sozialpsychologische Theorie, die Stoll-Kleemann (z.B. 2001a) zur Erklärung von Akzeptanzdefiziten verwendet, die *Social Identity Theory* nach Tajfel (1978), Akzeptanzäußerungen zu erklären. Diese Theorie analysiert die Gruppenzugehörigkeit von Individuen als Erklärungsvariable für Prozesse, die zwischen sozialen Gruppen stattfinden. Sie geht davon aus, dass Reaktionen wie Akzeptanz oder Ablehnung von Maßnahmen durch Individuen wesentlich von der Zugehörigkeit zu bestimmten Gruppen bestimmt werden. Anhand von Beobachtungen kann gezeigt werden, dass der Akzeptanzgrad von Individuen durch Gruppenprozesse von Zustimmung zu Ablehnung verändern können (Stoll-Kleemann 2000, 12). Wenn also in einer Gruppe eine bestimmte Haltung zu einer Maßnahme oder einem Projekt entsteht, wird die Akzeptanz von dieser Gruppe zugehörigen Individuen durch die gruppeninterne Meinungsbildung wesentlich beeinflusst. Ohne die Gruppenzugehörigkeit oder bei schwächerer Bindung an die Gruppe würde das Individuum möglicherweise eine andere Ausprägung der Akzeptanz zeigen. Ebenfalls auf die Theorie der psychologischen Reaktanz stützt sich die Arbeit von Schenk (2000).

Die Reaktanz-Theorie setzt aktuelle Veränderungen der Handlungsfreiheit voraus, die bei Ausweisung oder Änderung von Schutzgebieten möglich sind. Die Social Identity Theory scheint eher geeignet, die Prozesse zu erklären, die in einem bereits seit längerer Zeit bestehenden Schutzgebiet ablaufen. Mit der Entwicklung des Schutzgebietes haben sich auch soziale Gruppen ausgebildet, die in bestimmter Weise soziale oder ökonomische Beziehungen mit dem Gebiet aufgebaut haben, beispielsweise die Bewirtung von Besuchern der Heideflächen oder eigene Nutzung zum spazieren gehen. Die Gruppen weisen unterschiedliche Grade an Organisation und Zusammenhalt auf. Die Zugehörigkeit zu diesen sozialen Gruppen bedingt bestimmte gemeinsame Interessen und eine Affinität zu der jeweiligen Gruppe. Letztere bestimmt nach der Social Identity Theory maßgeblich die Akzeptanz, die von Mitgliedern der Gruppe bestimmten Maßnahmen entgegengebracht wird.

Die Anwendung der Theorie setzt ein gewisses Maß an Gruppenidentität voraus. Es wird zu prüfen sein, ob die Besucher eine so homogene Gruppe sind, dass die Anwendung dieser Theorie gelingt. In jedem Fall sollte es von der Gruppenstruktur her möglich sein, diese Theorie auf die Gruppen Landwirte und Gastronomievertreter anzuwenden.

Das Bild, das sich verschiedene Bevölkerungsgruppen von Heideflächen in Mitteleuropa gemacht haben, hat sich im Verlauf ihrer Existenz offenbar erheblich gewandelt (vgl. Lüer 1994; Völksen 1984). Das liegt daran, dass Heide- und Offenlandflächen – je nach der Auswirkung, die sie auf verschiedene Gruppen haben und der Meinung, die die jeweiligen Personen vertreten – Einkommensquelle, Bedrohung, Ressourcenvergeudung, notwendige Schutzfläche, ein schönes oder tristes Landschaftsbild verkörpern können (vgl. Cordes 1997; Lüer 1994). Demzufolge finden sich auch historisch sehr unterschiedliche – dem Zeitgeist entsprechende – Ansichten zu diesen Flächen. In der Romantik fanden sich erste positive Einschätzungen der Heidelandschaft, während bis dahin die Fläche eher als öde und reizlos beschrieben wurde. Auch im weiteren Verlauf der Geschichte gab es positive und negative Assoziationen in Verbindung mit der Heidelandschaft (vgl. z.B. Lüer 1994, 27ff.). Ziel der Akzeptanzermittlung in der vorliegenden Studie ist zunächst die Einschätzung des Grades der Akzeptanz verschiedener Anspruchsgruppen für die Heidepflege insgesamt und die einzelnen Pflegeverfahren. Einerseits können bei einer umfangreichen Datensammlung aus der statistischen Auswertung Informationen über den Grad der Akzeptanz zur Ableitung von Maßnahmen gewonnen werden. Im zweiten Schritt ist die Analyse der Faktoren wichtig, die zu den Akzeptanzreaktionen der verschiedenen Gruppen führen, um aus der Akzeptanzuntersuchung auch handlungsleitende Folgerungen ziehen zu können. Weiterhin sollen mögliche ökonomische Auswirkungen des Grades sozialer Akzeptanz auf das Management der Heideflächen aufgezeigt werden.

### 5.3 Methoden der Akzeptanzforschung

Zur Methodenlehre der Akzeptanzforschung liegt nur wenig Literatur vor. Die Akzeptanzforschung versucht, subjektive Einstellungen von Menschen zu ermitteln. Insofern unterscheidet sie sich kaum von der Meinungsforschung, die ebenfalls Einsichten, Einstellungen, Stimmungen oder Wünsche der Bevölkerung aufnimmt und analysiert. Darüber hinaus soll auf die Wahrscheinlichkeit einer Reaktion auf einen bestimmten Stimulus in der Zukunft geschlossen werden. Aufgabe der Akzeptanzforschung ist es, zu untersuchen, wie die Akzeptanz der wichtigsten Anspruchsgruppen in Bezug auf das Projekt oder die Maßnahme ist und warum die Akzeptanz sich so darstellt. Dies geschieht mit dem Ziel, entscheidungsrelevante Informationen für Politikberatung auf verschiedenen Ebenen zu liefern (Endruweit & Trommsdorff 2002).Die methodischen Grundlagen der Akzeptanzforschung sind demnach dieselben wie die der sonstigen soziologisch-empirischen Sozialforschung. Methoden, die zur Erforschung der Akzeptanz in Betracht kommen, sind (vgl. Lucke 1995, 265ff.; Endruweit & Trommsdorff 2002; Wormer 1998, 69; Schnell et al. 1999, 297):

• Befragungen
• Beobachtungen
• Inhaltsanalyse und
• Experimente.

Auf Grund der Eigenschaften der Akzeptanz, insbesondere ihres hohen Anteils an subjektiven Elementen, entstehen Probleme in der Erfassung mit der Operationalisierung und Messbarkeit (Lucke 1995, 266). Überdies gibt es – ähnlich wie bei der Erfassung der Zahlungsbereitschaft (siehe Kapitel 4

„Kosten-Nutzen-Analyse der Heidepflege") – Methodenprobleme hinsichtlich der Verzerrung der Ergebnisse durch Fehler in der Fragetechnik oder Antworten, die, etwa durch sozial erwünschte Äußerungen, nicht dem wahren Akzeptanzgrad entsprechen. Eine grundsätzliche Schwierigkeit liegt z.B. darin, dass bei Vorliegen von sehr ausgeprägt negativen Akzeptanzgraden die Bereitschaft zur Teilnahme an Befragungen sehr niedrig sein kann, was zu Verzerrungen der Ergebnisse führt.

In der vorliegenden Studie wurde die Methode der Befragung gewählt. Diese Befragungen wurden als Zielgebietsbefragungen durchgeführt. Es wurden standardisierte Interviews gemeinsam mit der Datenerhebung für die Contingent Valuation Method durchgeführt. Diese Methode war einerseits aufgrund der Struktur des Untersuchungsgebietes, in dem die Zielgruppen auf relativ engem Raum anzutreffen sind, die zweckmäßige Erhebungsmethode. Andererseits konnte so das gesamte Untersuchungsdesign mit den zur Verfügung stehende Mitteln realisiert werden.

**5.4 Akzeptanzanalyse im Rahmen der Befragungen**

In diesem Kapitel werden Konzept und Ergebnisse der empirischen Untersuchungen zur Akzeptanz der Heidepflege insgesamt und der einzelnen Heidepflegemaßnahmen erläutert.

5.4.1 Konzept

Für die Einschätzung der Akzeptanz der Anspruchsgruppen für die Pflegeverfahren sind verschiedene Wege denkbar. Einerseits wurde im Rahmen der Befragungen zur Zahlungsbereitschaft eine explizite Frage nach der Meinung zu den einzelnen Verfahren gestellt. Andererseits konnten aber auch aus allgemeinen Äußerungen Informationen zur Akzeptanz gewonnen werden. Die Ergebnisse beider Vorgehensweisen werden im Folgenden dargestellt.

Zur direkten Ermittlung der Akzeptanz wurde die Methode der Befragung gewählt. Anders als in dem in Kapitel 5.3 beschriebenen Untersuchungsansatz von Lettmann (1995) stand nicht eine ökonomisch besonders betroffene Gruppe besonders im Vordergrund des Interesses. Es ging vielmehr darum, die Akzeptanzwerte für Naturschutzgebiet Lüneburger Heide insgesamt zu ermitteln. Daher wurde die Untersuchung mit Hilfe von Befragungen bei den wichtigsten gesellschaftlichen Gruppen, die von den Maßnahmen betroffen sein könnten, durchgeführt. Auf die Auswahl der Gruppen wurde bereits in Kapitel 4 eingegangen. Innerhalb der Befragung der einzelnen Gruppen wurden unterschiedliche Fragetechniken angewendet, um das Niveau der Befragung dem erwarteten Kenntnisstand der Befragten anzupassen. Tabelle 5-2 gibt eine Übersicht über die verwendeten Fragetechniken.

Tabelle 5-2: Techniken zur direkten Ermittlung der Akzeptanz für die Heidepflege und die Pflegeverfahren
Quelle: Eigene Darstellung

| Anspruchsgruppe | Besucher | Landwirte | Gastronomie/Handel |
|---|---|---|---|
| Befragungstechnik Heidepflege | Geschlossene Fragen / Offene Fragen | Geschlossene Fragen / Offene Fragen | Geschlossene Fragen / Offene Fragen |
| Befragungstechnik Pflegemaßnahmen | Bildbewertung in drei Bilderserien | Geschlossene Fragen | Geschlossene Fragen |
| Fragebogen Anhang Nr. | 1 | 2 | 3 |

Bei den Besuchern der Heideflächen waren am wenigsten Kenntnisse über die Zusammenhänge der Heidepflege und die angewendeten Verfahren zu erwarten. Viele von ihnen sind nur einen oder wenige Tage in der Heide und kommen mit den Pflegemaßnahmen nicht oder nur wenig in Berührung. Die Akzeptanz der einzelnen Pflegeverfahren konnte daher nicht ohne weitere Erläuterungen abgefragt werden. Verbale Erläuterungen hätten jedoch das Interview deutlich verlängert und möglicherweise zu Beeinflussung und Verständnisproblemen geführt. Daher wurden den Besuchern Bilder vorgelegt, auf denen verschiedene Aspekte der Heidepflege zu sehen waren (Bilderserien siehe Anhang 5). Befragungen mit ähnlichen Konzeptionen wurden im Zusammenhang mit der Akzeptanz von Maßnahmen in der freien Landschaft bereits durchgeführt (z.B. Jung 1996; Jensen 2000). Die in der vorliegenden Befragung verwendeten Bilder wurden teils vom Verein Naturschutzpark zur Verfügung gestellt und zum anderen Teil für die Befragung angefertigt. Elemente, die die Besucher beeinflussen könnten, wurden durch eine Nachbearbeitung der Bilder minimiert. Die Bilder wurden zu diesem Zweck so geschnitten, dass die Elemente Wald und Himmel ähnliche Anteile der Bilder einnahmen.

Die Bilder sollten einzeln von den Befragten in einer Notenskala von 1 (sehr hohe Attraktivität) bis 5 (sehr niedrige Attraktivität) (vollständige Skala siehe Anhang 4) bewertet werden. Zusätzlich wurden die Befragten gebeten, das nach ihrer Ansicht am besten und am schlechtesten zu bewertende Bild zu nennen. Diese Zusatzanforderung war für die Auswertung nicht zwingend erforderlich, sollte aber verhindern, dass die Befragten alle Bilder mit 3 (mittlere Attraktivität) bewerten, um eine Entscheidung zu umgehen.

Um möglichst die unbeeinflusste Meinung der Befragten zu ermitteln, waren die Interviewer angewiesen, auch auf Nachfragen keine weiteren Informationen zu geben, solange die Befragten die Bewertung für die Bilder noch nicht abgegeben hatten. Dies führte dazu, dass die Befragten aufbauend auf ihren individuellen Kenntnisstand eine Einschätzung der Attraktivität der Bilder vornehmen.

Von Landwirten konnten genauere Kenntnisse über Heidepflege erwartet werden. Die Heidepflegeverfahren sind teilweise aus landwirtschaftlicher Bewirtschaftung entstanden und wurden vereinzelt in der ersten Hälfte des 20. Jahrhunderts noch nach traditioneller Art durchgeführt. Bei älteren Landwirten oder durch Überlieferung von Vorfahren konnte daher angenommen werden, dass grundlegende Kenntnisse der Verfahren vorhanden waren. Die Akzeptanz wurde bei den Landwirten deshalb ohne Unterstützung von Bildern abgefragt.

Ebenfalls ohne Bildmaterial wurden die Vertreter der Gastronomie und des heidetypischen Handels befragt. Auch hier wurde ein ausreichendes Fachwissen vorausgesetzt. Bei dieser Gruppe wurde versucht, einen Entscheidungsbefugten zu befragen, also Inhaber oder Geschäftsführer. Nur wenn dies nicht möglich war, wurden auch andere Angestellte einbezogen.

Für die Besucherbefragung wurden aus dem verfügbaren Bildmaterial Bilder aus drei thematischen Bereichen zusammengestellt. In der Serie 1 wurden fünf Bilder gezeigt, auf denen Flächen zu sehen waren, die unmittelbar zuvor mit den Pflegeverfahren Kontrolliertes Brennen, Mähen, Beweidung, Schoppern und Plaggen behandelt worden waren. Die zweite Bilderserie zeigte drei Flächen, die zwei Jahre zuvor behandelt worden waren (Schoppern, Plaggen und Mahd) und in der dritten Serie war die Durchführung der Verfahren in drei Bildern (Plaggen, Mahd und kontrolliertes Brennen) dargestellt (vgl. Anhang 5). Um eine Beeinflussung durch die Abfolge der Bilder zu vermeiden, waren die Interviewer angewiesen, die Bilder in unterschiedlicher Reihenfolge zu zeigen. Während der Befragung wurde klar, dass die Abbildung einiger Schafe auf dem Bild „Beweidung" der Serie 1 dazu führt, dass dieses Bild der Serie 3 zugerechnet werden muss. Da die Bilder aber in unterschiedlicher Abfolge und immer alle gezeigt wurden, ist hieraus keine Verzerrung der Ergebnisse zu erwarten.

Die unterschiedliche Anzahl der Bilder zu den einzelnen Aspekten hat zwei Gründe. Zum einen werden einige Verfahren erst seit so kurzer Zeit durchgeführt, dass ältere Bearbeitungsflächen nicht existieren. So wird beispielsweise das kontrollierte Brennen erst seit kurzer Zeit auf größerer Fläche eingesetzt. Zum anderen treten Schwierigkeiten bei der Darstellung beweideter Flächen auf, da einerseits frisch beweidete Flächen keinen charakteristischen optischen Aspekt bieten. Andererseits werden die Weidegebiete dauerhaft beweidet, so dass das Kriterium „zwei Jahre alte Pflegefläche" nicht darstellbar ist. Zeitraum und Verteilung der Befragungen sowie Vorbereitung und Auswertung der Daten wurden bereits in Kapitel 4 „Kosten-Nutzen-Analyse der Heidepflege" dargestellt.

5.4.2 Ergebnisse

5.4.2.1 Besucher

Für die Einordnung der Akzeptanzäußerungen sind wiederum die allgemeinen demographischen Merkmale der Grundgesamtheit der Besucher wichtig (vgl. Kapitel 4 „Kosten-Nutzen-Analyse der Heidepflege"). Es sei an dieser Stelle nur kurz darauf hingewiesen, dass es sich bei den Besuchern um eine Gruppe handelt, die ein sehr hohes Durchschnittsalter im Vergleich zur bundesdeutschen Bevölkerung aufweist und zu einem relativ großen Anteil schon mehrmals die Heideflächen besucht hat.

Für die Ermittlung der Akzeptanz wurden wie oben beschrieben mehrere Fragen gestellt, die aufeinander aufbauend darauf zielen, zunächst die Kenntnisse der Befragten über die Heidepflege, Hinweise auf die Akzeptanz der Pflegeverfahren und die Heidepflege insgesamt zu finden. Explizite Ergebnisse zur Akzeptanz einzelner Verfahren konnten aus der Auswertung der Bildbewertung der einzelnen Maßnahmen gewonnen werden. Ein deutlicher Hinweis auf die Wahrnehmung der Heidepflege insgesamt kann aus den Antworten auf die Frage nach dem Zustand der Heide gewonnen werden:

*Wie beurteilen Sie den allgemeinen Zustand der Heideflächen?*

Die Beantwortung dieser Frage war in einer Skala von 1 (sehr gut) bis 5 (sehr schlecht) vorgesehen (vgl. Anhang 4). Das Antwortergebnis ist in Abbildung 5-2 dargestellt. Etwa 90 % der Besucher trauen sich eine solche Einschätzung zu, allein diese Zahl zeigt eine gewisse Sensibilisierung für das Thema der Heidepflege. Die meisten Besucher (39,7%) beurteilen den Zustand der Heide als „gut (2)", allerdings finden auch fast genauso viele (37,9%) den Zustand nur „mittelmäßig (3)". Die Besucher, die den Zustand als „schlecht (4)" beurteilen, sind deutlich mehr als diejenigen, die ihn für „sehr gut (1)" befinden. Dies führt dazu, dass der Mittelwert, der allerdings in dieser Auswertung nicht viel Aussagekraft hat, knapp unter 2,5 liegt, der Median bei 3,0. Insgesamt zeugt das Ergebnis von einer Zufriedenheit der Besucher mit dem Zustand der Heideflächen, die deutlich in den Bereich „mittelmäßig" weist. Defizite im Zustand der Heide werden also durchaus wahrgenommen.

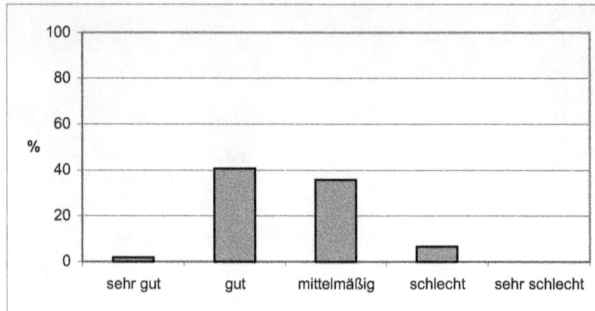

Abbildung 5-2: Einschätzung des allgemeinen Zustands der Heideflächen
durch die Besucher

Quelle: Eigene Darstellung

Eine Konkretisierung der Faktoren, die zu Meinungen über die Heide führen, lassen sich aus zwei weiteren Fragen ableiten. Es wurde gefragt, was die Besucher besonders an der Heide schätzen bzw. was sie gern anders hätten. Die Fragen hatten folgende Form:

*Was schätzen Sie besonders an der Heide?*
*Mehrfachnennungen möglich!*

bzw.

*Und was müsste in der Heide anders sein, damit der Heidebesuch hier für Sie attraktiver wäre? Was wünschten Sie sich?*
*Mehrfachnennungen möglich!*

Beide Fragen waren als offene Fragen konzipiert, die Besucher konnten eigene Vorstellungen äußern und bekamen die Antwortkategorien nicht vorgegeben. Die Interviewer hatten zur Vereinfachung der Interviewführung Kategorien, in die die Antworten eingeordnet werden konnten. Mehrfachnennungen waren möglich.

Die Ergebnisse in Form der meistgenannten Antworten auf die beiden Fragen zeigt Abbildung 5-3.

Die Abbildung 5-3 zeigt im linken Teil, dass das Landschaftsbild der Heide offenbar von vielen Besuchern sehr geschätzt wird. Daneben werden Ruhe und die Heideblüte auch von einer großen Zahl der Besucher favorisiert.

Änderungswünsche haben die meisten Besucher (33,1 %) nicht. Dies belegt eine relativ hohe Zufriedenheit der Heidebesucher. Allerdings folgen auf den nächsten Plätzen der meistgenannten Antworten einige Kategorien, die thematisch direkt mit der Heidepflege verknüpft sind. „Weniger vergraste Flächen", „mehr Schafe" „größere Heideflächen" und „besser gepflegte Heide" machen zusammen 26,9% der Antworten aus. Ein wesentlicher störender Faktor, der allerdings nicht direkt mit der Heidepflege in Verbindung steht, scheint das Preisniveau in der Lüneburger Heide zu sein. Diese Äußerungen weisen darauf hin, dass trotz des hohen Anteils der Besucher, die eine positive Zahlungsbereitschaft äußerten, fast 10% hohe Kosten für den Heidebesuch beklagen. Nicht erwähnt werden Überfüllung der Heideflächen oder Konflikte mit anderen Nutzergruppen.

Ein weiterer Hinweis auf die Akzeptanz kann aus einer Frage gewonnen werden, die bereits zur Erklärung der Bereitschaft zu Nutzeneinbußen herangezogen wurde (siehe Kapitel 4 „Kosten-Nutzen-Analyse der Heidepflege"). Die große Mehrheit der Besucher (81,5%) ist bereit, weitere Sperrungen von Wegen in einem Umfang von etwa 10% zu akzeptieren. Diese Bereitschaft bezieht sich auf die Minderung des Gebrauchswertes, der durch das Betreten der Heideflächen zur Erholung geschaffen wird. Die Besucher geben diesen Nutzen offenbar zu Gunsten des Existenz- oder Optionswertes auf, der durch die Naturschutzfunktion geschaffen wird.

Innerhalb der Bilderserien, die den Besuchern während des Interviews gezeigt wurden, konnten positive und negative Bewertungen für verschiedene Aspekte der Pflegeverfahren festgehalten werden. Nicht alle Aspekte der Pflegeverfahren konnten in Bildern festgehalten werden. Zum einen lagen für das kontrollierte Brennen Bilder bestimmter Aspekte nicht vor, weil dieses Verfahren in der Zeit vor der Untersuchung nicht regelmäßig durchgeführt wurde. Zum anderen sind für die Beweidung die Phasen „frisch bearbeitet" und „zwei Jahre nach der Durchführung" nicht bestimmbar, weil es sich dabei um ein kontinuierlich angewendetes Verfahren handelt.

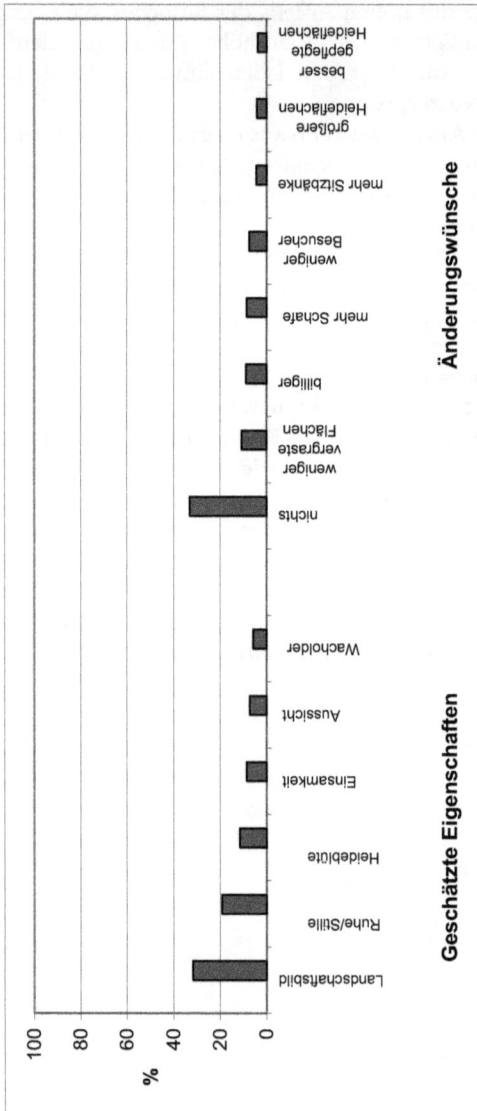

Abbildung 5-3: Meistgenannte Antworten auf die Frage nach besonders geschätzten Eigenschaften (links) und Änderungswünschen (rechts) der Heideflächen

Quelle: Eigene Darstellung

Die oben beschriebene Frage nach der Benotung der Bilder wurde von 97,3 % der Befragten beantwortet. Die Bewertung der Bilder durch die Besucher führt zu den in Abbildung 5-4 gezeigten Werten für die einzelnen Bilder.

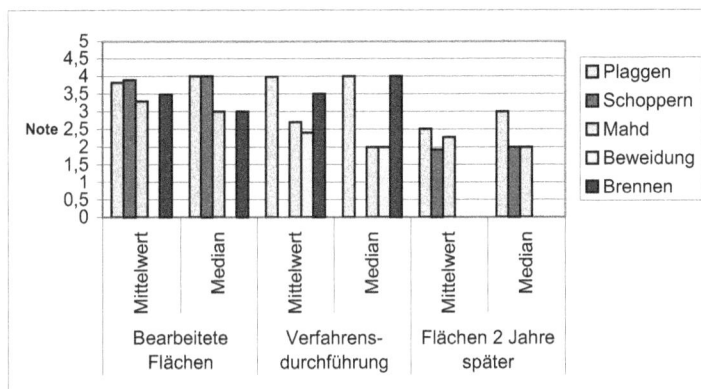

Abbildung 5-4: Mittelwerte und Mediane der Bildbewertungen

Noten von 1 (sehr gut) bis 5 (sehr schlecht)
Quelle: Eigene Darstellung

Die Abbildung 5-4 ist unterteilt in die Bilderserien der frisch bearbeiteten Flächen, der Durchführung der Verfahren und der bearbeiteten Flächen nach zwei Jahren (vgl. Kapitel 5.4.1).
Die Signifikanzwerte bezeichnen die Wahrscheinlichkeit zufälliger Unterschiede zwischen den Verteilungen. Werte unter 0,05 (5% Wahrscheinlichkeit nicht zufälliger Ergebnisse) werden im Allgemeinen als hinreichend angesehen. Die Signifikanzniveaus der Unterschiede in den Verteilungen der Bildbewertungen (vgl. Abb. 5-4) nach dem Wilcoxon-Test zeigt die Tabelle 5-3. Das in der Tabelle schattiert dargestellte Signifikanzniveau reicht nicht aus, um gesicherte Aussagen zu treffen. Alle anderen Unterschiede in der Bewertung sind signifikant. Es zeigt sich, dass in Ansicht der frisch bearbeiteten Flächen auch die Verfahren „Kontrolliertes Brennen„ und „Plaggen" signifikant unterschiedliche Bewertungen erhalten. „Plaggen" und „Schoppern" wird in dieser Phase von den Besuchern am wenigsten akzeptiert. In der Phase der Durchführung der Verfahren sind die deutlichen Unterschiede zwischen den eher beliebten Verfahren, Mahd und Beweidung, und den unbeliebten, Plaggen und Brennen, signifikant. Auch nach zwei Jahren ist die Ansicht der Mahdfläche signifikant besser beurteilt als die geplaggte und die geschopperte Fläche.

Tabelle 5-3: Signifikanzen der Verteilungsunterschiede in den Bildbewer
tungen (vgl. Abbildung 5-4)

Schattiert: Nicht ausreichendes Signifikanzniveau
Quelle: Eigene Darstellung

| | Verfahren | Signifikanzniveau |
|---|---|---|
| Serie „Bearbeitete Flächen" | Mahd - Plaggen | < 0,001 |
| | Mahd - Schoppern | 0,339 |
| | Kontr. Brennen - Plaggen | < 0,001 |
| | Kontr. Brennen - Schoppern | < 0,001 |
| Serie „Verfahrens- durch- führung" | Mahd - Plaggen | < 0,001 |
| | Mahd - Kontr. Brennen | < 0,001 |
| | Beweidung - Plaggen | < 0,001 |
| | Beweidung - Kontr. Brennen | < 0,001 |
| Serie „Zwei Jahre später" | Mahd - Plaggen | < 0,001 |
| | Schoppern- Plaggen | < 0,001 |

Der Median ist das aussagekräftigere Maß der mittleren Tendenz dieser nicht
normalverteilten Werte (vgl. z.B. Benninghaus 2001, 141). In der Serie der
frisch bearbeiteten Flächen zeigen sich bessere Bewertungen für Mahd und
Brand, während Schoppern und Plaggen weniger gut beurteilt werden. Beweidung wurde in dieser Serie nicht abgefragt, da bei dem kontinuierlich
durchgeführten Verfahren der Zeitpunkt, an dem es abgeschlossen ist, nicht
bestimmbar ist. In der Phase der Durchführung bewerten die Besucher Mahd
und Beweidung mit gut, während Brand und Plaggen schlechtere Bewertungen erhalten. Der Brand erweckte bei den Besuchern in der Darstellung der
Durchführung des Verfahrens häufig emotionale Reaktionen der Ablehnung.
Überraschend ist die Differenzierung zwischen den Verfahren Mahd und
Plaggen, die ebenfalls signifikante Testwerte ergibt. Bei beiden Verfahren ist
jeweils eine Maschine in der Heidefläche zu sehen. Offenbar wird ein landwirtschaftlicher Schlepper mit Mähwerk aber wesentlich positiver gesehen
als ein Kettenlader.

Zwei Jahre nach der Durchführung erhalten die Verfahren erwartungsgemäß
wesentlich bessere Bewertungen. Insbesondere das Schoppern kann sich
deutlich verbessern und liegt in dieser Serie gleichauf mit der Mahd. Das
Plaggen erhält noch etwas schlechtere Bewertungen, offenbar weil die Fläche
nach dieser Zeit noch nicht mit voller Vegetation bestanden ist. Brand und

Beweidung sowie Schoppern in der Durchführung des Verfahrens wurden aus den genannten Gründen nicht abgefragt.

Eine weitere Quelle für Informationen über die Akzeptanz der Heidepflege sind die Antworten, die von Besuchern als Kommentar zu anderen Fragen gegeben wurden. Nur wenige Besucher gaben Kommentare ab. Dies wurde bereits bei der Ermittlung von Protestäußerungen im Zusammenhang mit der Auswertung der Zahlungsbereitschaft festgestellt (vgl. Kapitel 4.2.2.2.4). Aus diesen Kommentaren kann lediglich entnommen werden, dass ein kleiner Teil der Besucher die Heidepflege für eine staatliche Aufgabe hält.

### 5.4.2.2 Landwirte

Für die Befragung der Landwirte wurden alle Landwirte in den Gemeinden ermittelt, die an die Kernheidegebiete des Naturschutzgebietes angrenzen. Zwischen Januar 2002 und Januar 2003 wurden Interviews mit 31 selbständigen Landwirten aus dieser Grundgesamtheit geführt. Bei der Befragung der Landwirte war von einem wesentlich höheren Kenntnisstand über die Heidepflege auszugehen als bei den Besuchern. Daher wurde mit einem anderen Fragebogen und ohne Bildunterstützung gearbeitet.

Die Frage nach der persönlichen Nutzung der Heideflächen bejaht auch bei dieser Gruppe die große Mehrheit. 83,9% nutzen die Heideflächen, die meistgenannten Nutzungsformen sind spazieren gehen, Fahrrad fahren und Kutsche fahren. 6,5% der Landwirte nennen auch die Pflege als eigene Nutzung der Flächen. Dies zeugt von einer hohen Identifikation und vielleicht auch von dem Traditionsbewusstsein hinsichtlich der Heidebauernwirtschaft.

Trotz der erwarteten Kenntnisse wurde zunächst überprüft, welche Informationen über die Heidepflege bei den Landwirten vorhanden sind. Zunächst wurde daher gefragt, ob ihnen bekannt ist, ob zur Heidepflege irgendwelche Maßnahmen durchgeführt werden und wenn ja, welche. Allen Befragten war bekannt, dass Heidepflege durchgeführt wird. Die Verteilung der von den Landwirten genannten Pflegemaßnahmen zeigt Abbildung 5-5.

Die mechanischen Pflegeverfahren werden hier am meisten genannt. Obwohl z.B. die Beweidung ein sehr auffälliges und das ganze Jahr hindurch ausgeübtes Verfahren darstellt, folgt sie erst weit dahinter. Auch das kontrollierte Brennen weist nur wenige Nennungen auf. Relativ viele Nennungen erhält auch das Entkusseln, die Entfernung von Gehölzen auf den Heideflächen (vgl. auch Kap. 3.2). Auf die Frage, wie sie persönlich von den Pflegemaßnahmen betroffen sind, antworten 54,8% der befragten Landwirte, sie haben Vorteile von den Pflegemaßnahmen, während 45,2% sich als nicht betroffen einschätzen.

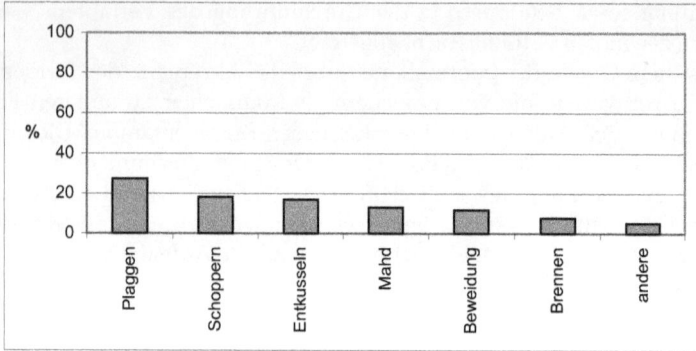

Abbildung 5-5: Meistgenannte Pflegeverfahren bei der Befragung der
Landwirte, Mehrfachantworten möglich
Quelle: Eigene Darstellung

Nachteile glaubt keiner der befragten Landwirte von den Pflegemaßnahmen
zu haben.
Noch positiver wird die Veränderung der Attraktivität der Heide durch die
Pflegemaßnahmen eingeschätzt. 96,8% der Befragten glauben, dass die Attraktivität der Heideflächen durch die Pflege erhöht wird. Die Frage nach der
Bewertung der einzelnen Verfahren wurde den Landwirten ohne weitere Unterstützung durch Bildmaterial gestellt. Die Beurteilung der einzelen Verfahren in Noten von 1 (sehr gut) bis 5 (sehr schlecht) ist in der Abbildung 5-6
wiedergegeben.

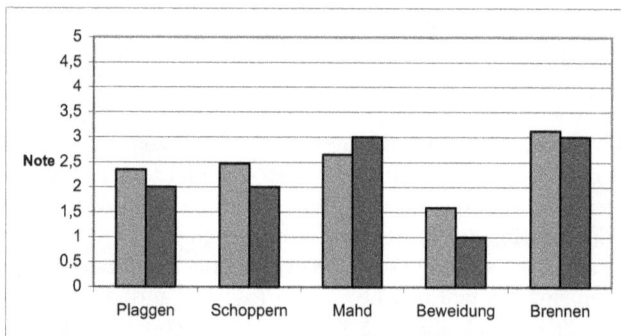

Abbildung 5-6: Noten der Landwirte für die Pflegeverfahren
Noten: 1 (Sehr gut) bis 5 (Sehr schlecht)
Quelle: Eigene Darstellung

Die Ergebnisse zeigen ein wesentlich besseres Notenniveau für die Verfahren als bei den Besuchern (vgl. 5.4.2.1). Besonders die mechanischen bodenbearbeitenden Verfahren erhalten deutlich bessere Bewertungen. Eine Bevorzugung dieser Verfahren ist auch schon in den Verfahrensnennungen zu beobachten (vgl. Abbildung 5-5). Auffällig ist die negative Beurteilung der Mahd, auch das Brennen erhält schlechte Beurteilungen. Letzteres könnte an dem Verbot liege, das Brennen zu landwirtschaftlichen Zwecken durchzuführen, Die Einschätzung könnte aber auch der allgemein schlechten Beurteilung des Verfahrens folgen, die sich in der Besucherbefragung andeutet.

### 5.4.2.3 Gastronomie-/Handelsbetriebe

In der Gruppe der Vertreter von Gastronomiebetrieben war eine Vollerhebung auf Grund der großen Anzahl nicht möglich. Für die Befragung dieser Gruppe wurden aus verschiedenen Gastronomieverzeichnissen systematisch Betriebe ausgewählt und befragt. Auch hier wurde ein eigener Fragebogen entwickelt, der aus dem Fragebogen der Gruppe der Landwirte abgeleitet werden konnte. Es wurden hier ebenfalls 31 Interviews mit Gastronomie- und Beherbergungsbetrieben der an die Heideflächen angrenzenden Gemeinden geführt. Unter den befragten Betrieben gab es Hotels, Restaurants (auch kombiniert), Pensionen und Handelsbetriebe. 64,5% der Betriebe gaben an, sich in einer Vereinigung oder einem Interessenverband zu engagieren, die sich für den Erhalt regionsspezifischer Merkmale wie Heideflächen einsetzt. Dabei steht auch bei dieser Gruppe die Mitgliedschaft im Verein Naturschutzpark deutlich im Vordergrund, 41,9% der Betriebe geben diese Form der Unterstützung an.

Die überwiegende Zahl der Befragten nutzt die Heideflächen in irgendeiner Form selbst, überwiegend zum Spazieren gehen. Nur 16,1% geben an, dass sie die Heideflächen selbst nicht nutzen.

In dieser Befragung wurde folgendermaßen nach der Kenntnis über Pflegeverfahren gefragt:

*Wissen Sie, ob die Heideflächen im Naturschutzpark irgendwie bearbeitet oder gepflegt werden?*

Die Gruppe zeigte sich gut informiert über die Heidepflege, alle Befragten wussten von Pflegemaßnahmen auf den Heideflächen.

Weiterhin wurden die Befragten gebeten, eine Einschätzung der Betroffenheit ihres Betriebes von den Pflegemaßnahmen abzugeben:

*Glauben Sie, dass Ihr Betrieb in irgendeiner Form von der Pflegequalität der Heideflächen beeinflusst wird?*

Die Einschätzung fällt auch bei dieser Gruppe positiv aus, wenn auch nicht so deutlich wie bei den Landwirten. 45,2% der Antwortenden sehen eine positive Beeinflussung ihres Betriebes durch die Qualität der Heidepflege, während 41,9% glauben, dass ihr Betrieb davon nicht beeinflusst wird. Nur Nachteile für seinen Betrieb aufgrund der Qualität der Heidepflege sieht keiner der Gastronomievertreter.

Auch die Wirkung der Pflegemaßnahmen auf die Heideflächen wird von den Vertretern der Gastronomiebetriebe positiv gesehen. 83,9% der Befragten sind der Ansicht, dass durch die Pflegemaßnahmen die Attraktivität der Heideflächen eher verbessert wird. Nur 3,2% sagen, dass sie verschlechtert wird, keine Veränderung sehen 9,7%.

Im weiteren Verlauf sollten die Befragten ihre Einschätzung darüber abgeben, ob im Moment Pflegemaßnahmen in ausreichendem Maß durchgeführt werden:

*Denken Sie, dass aktuell in ausreichendem Maß Pflegemaßnahmen durchgeführt werden, zu wenige oder zu viele?*

Die meisten der Befragten glauben, dass zu wenig gepflegt wird. 54,8% sind dieser Ansicht, während 35,5% der Meinung sind, dass ausreichend gepflegt wird. Kein Befragter gab an, dass zu viele Pflegemaßnahmen durchgeführt werden. Dies zeigt eine grundsätzlich positive Einstellung zu Pflegeaktivitäten.

Den Pflegemaßnahmen wird von 83,9% der Befragten eine verbessernde Wirkung auf die Attraktivität der Heideflächen zugebilligt, 9,7% glauben, die Attraktivität wird nicht verändert. Diese beiden Aussagen lassen zusammengenommen den Schluss zu, dass die Gastronomievertreter keine wesentlichen Bedenken gegen eine Ausweitung der Pflegemaßnahmen in der bisherigen Form hegen würden. Keine Aussage kann über die spezifische Akzeptanz einer Mehranwendung einzelner Maßnahmen getroffen werden, weil nach diesem Aspekt nicht gefragt wurde.

Die Gruppe der Gastronomievertreter wurde wie die Besuchergruppe gebeten, den aktuellen Zustand der Heideflächen in der bekannten Skala von 1 bis 5 zu beurteilen. Insgesamt wird der Pflegezustand der Heideflächen von den Gastronomiebetrieben als befriedigend beurteilt (Mittelwert 2,73; Median 3,0; vgl. Abbildung 5-7). Die Beurteilung liegt damit etwa auf dem Niveau der Besuchergruppe (vgl. Abb. 5-2, Kap. 5.4.2.1)

```
100

 80

 60
%
 40

 20

  0
      sehr gut     gut    mittelmäßig  schlecht  sehr schlecht
```

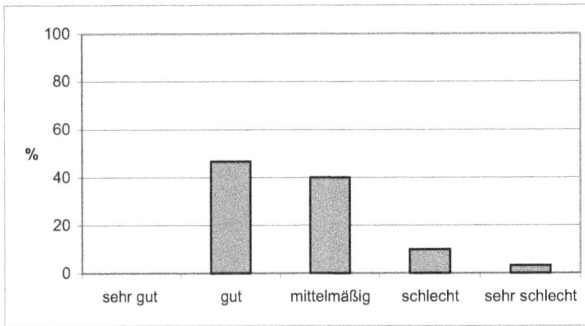

Abbildung 5-7: Beurteilung des aktuellen Zustandes der Heideflächen durch die Vertreter von Gastronomie und Handel
Quelle: Eigene Darstellung

Auch statistisch lassen sich keine Unterschiede der Lage der Verteilungen dieses Merkmales der Besuchergruppe und der Gruppe der Gastronomievertreter nachweisen (p= 0,689 bei U-Test nach Mann-Whitney).
Die Gastronomiebetriebe zeigen mäßige Zufriedenheit mit den Verhältnissen in der Lüneburger Heide: 12,8% der Befragten würden nichts ändern. Die beiden meistgenannten Änderungswünsche allerdings beziehen sich direkt auf die Heidepflege: 8,5% sagen, sie hätten gerne weniger vergraste Flächen und 6,4% wollen besser gepflegte Heide (vgl. Abbildung 5-8). Auf den weiteren Plätzen folgen Kategorien wie bessere Beschilderung und ein getrenntes Wegesystem für verschiedene Besuchergruppen. Dies könnte auf ein gewisses Maß an Nutzerkonkurrenz auf den Heideflächen schließen lassen. Die Besucher selbst haben dieses Thema allerdings nur in sehr geringem Maße angesprochen (vgl. Kap. 5.4.2.1).
Die höhere Veränderungsbereitschaft der unternehmerisch tätigen Gruppe gegenüber der Besuchergruppe überrascht nicht. Das Thema Heideflächen hat offenbar bei den Gastronomiebetrieben, denen die Kundenzufriedenheit ihrer Gäste wichtig ist, einen hohen Stellenwert und wird für verbesserungsfähig gehalten.
Dies zeigt sich an den Änderungswünschen „weniger vergraste Flächen" und „besser gepflegte Heide", die zusammen über 15%-Punkte der Antworten ausmachen. Daneben werden noch ein besseres System im öffentlichen Nahverkehr und ein nach Nutzergruppen getrenntes Wegesystem genannt.

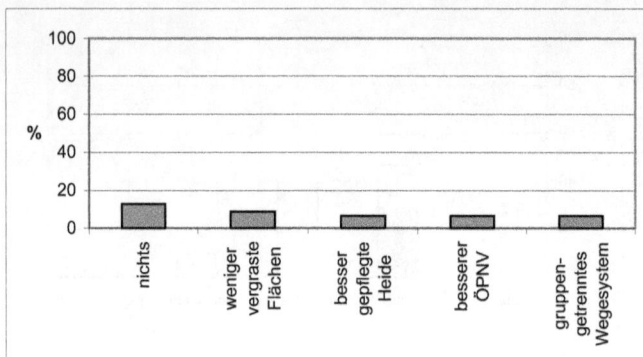

Abbildung 5-8: Änderungswünsche der Gruppe Gastronomie/Handel
Quelle: Eigene Darstellung

Durch den engen Kontakt der Gruppe Gastronomie zu den Besuchern der Heideflächen bzw. Touristen allgemein bietet sich den Mitgliedern dieser Gruppe die Möglichkeit, Reaktionen ihrer Gäste auf Aspekte der Heidepflege zu beobachten. Die Befragten sollten solche Beobachtungen auf eine offene Frage äußern. Die meistgenannten Beobachtungen gibt Abbildung 5-9 wieder. 41,9% der Befragten gaben an, dass sie grundsätzlich solche Beobachtungen gemacht haben. Die Beobachtungen wurden von den Befragten selbst formuliert und in dann die in der Abbildung verzeichneten Kategorien eingeordnet.

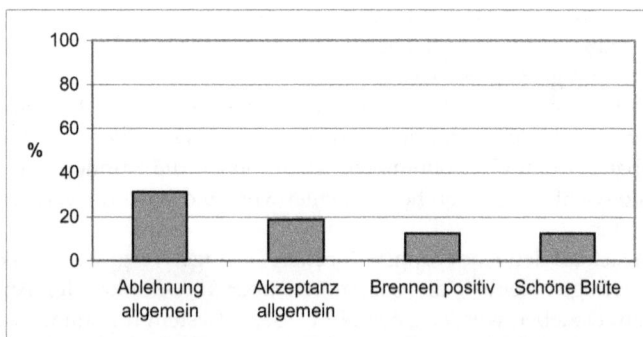

Abbildung 5-9: Meistgenannte Beobachtungen der Gastronomievertreter
in Zusammenhang mit Heidepflegeverfahren
Quelle: Eigene Darstellung

Die meisten Nennungen betreffen unspezifisch die Ablehnung oder Akzeptanz der Heidepflege insgesamt. Die Einschätzungen korrespondieren somit etwa mit den Bewertungen der Besucher für den Zustand der Heide insgesamt (vgl. Abbildung 5-2). In der Abbildung 5-9 wird deutlich, dass immerhin fast ein Drittel der genannten Beobachtungen der Gastronomievertreter mangelnde Akzeptanz durch die Besucher betreffen. Dieser hohe Wert verwundert etwas angesichts der relativ guten Akzeptanzwerte der Heidebesucher für die Verfahren. Offenbar machen sich die Verfahren mit geringeren Akzeptanzwerten in der Wahrnehmung der Gastronomievertreter über ihre Gäste doch relativ stark bemerkbar. Es könnte sich bei diesen Äußerungen auch um strategische Antworten handeln. Wenn die Befragten Anstöße zu größeren Anstrengungen in der Heidepflege geben wollen, ist diese Frage dazu besonders geeignet. Die befragten Gastronomievertreter können Kritik äußern, ohne dass sie selbst diese Kritik vertreten müssen. Dennoch sollten die Aussagen, insbesondere in Kombination mit den übrigen Befragungsergebnissen, zur Kenntnis genommen und im Pflegemanagement berücksichtigt werden.

### 5.4.3 Fazit der sozialen Akzeptanz der verschiedenen Gruppen

Die soziale Akzeptanz, die bei befragten Anspruchsgruppen für die Heidepflege und die einzelnen Pflegeverfahren ermittelt werden konnte, zeigt ein differenziertes Bild. Zur Gruppe der Heidebesucher muss angemerkt werden, dass es sich um Personen handelt, die die Heide in der bestehenden Form offenbar grundsätzlich annehmen. Sie verbringen, zum großen Teil zum wiederholten Mal, einen Teil ihrer Freizeit dort. Auffallend an der gesamten Einstellung der Heidebesucher ist ihr geringer Informationsgrad. Informationen über den Sinn von Unterschutzstellung und anderer Maßnahmen zu vermitteln, sollte somit ein zentrales Thema im Zusammenhang mit Akzeptanzsteigerung für Schutzgebiete sein. Neben der Art der Information ist dabei die Art der Vermittlung ein wichtiges Erfolgskriterium für die Erzielung hoher Akzeptanzwerte (vgl. z.B. Schenk 2000, 63ff.). Stoll (1999) identifiziert Kommunikationsbarrieren bei Informationsgebern und -empfängern als einen wichtigen Faktor, der den Grad der Akzeptanz für Schutzgebiete beeinflusst. Die Ergebnisse zum Hauptgrund des Heidebesuches zeigen deutlich die Bedeutung der Heideflächen für die Heidebesucher. Aus den weiteren Antworten kann man auf andere wichtige Eigenschaften schließen. Auffällig ist, dass Waldaufenthalte kaum als Grund genannt werden. Im Gegensatz dazu fand Hellmann (2002), dass eine Landschaft mit der Eigenschaft „mittlerer Waldanteil" im Vergleich zu einer mit der Eigenschaft „geringer Waldanteil" einen für die Besucher der Heideflächen einen größeren Nutzen stiftet.

Ein offenes Konfliktpotential, „Ablehnung" oder sogar „aktive Gegnerschaft", wie sie in anderen Studien gefunden wurden (z.B. Hofinger 1999), ist weder bei den Heidebesuchern noch bei den Landwirten oder der Gruppe Gastrono-mie/Handel ermittelt worden. Das war angesichts der gesamten Situation im Gebiet auch nicht zu erwarten. Die Besucher stellen für die Region einen erheblichen wirtschaftlichen Vorteil dar. Dieser Vorteil könnte durch einen Rückgang der Akzeptanz in dieser Gruppe vermindert werden, nämlich dann, wenn sich Besucher aufgrund einer ablehnenden Haltung gegenüber Pflegemaßnahmen entscheiden, die Heide weniger oder gar nicht mehr zu besuchen. Auch könnten sie ihre Nachfrage nach bestimmten Leistungen oder andere Formen der Unterstützung (z.B. Spenden) verringern.

Die vorliegenden Ergebnisse können Hinweise auf die Meinungen der Besucher in zwei Richtungen geben. Zum einen kann darauf geschlossen werden, wie die Besucher auf die Heidepflege insgesamt und auf das Ergebnis der Pflegemaßnahmen, den aktuellen Zustand der Heidelandschaft, reagieren. Zum anderen gibt es Anhaltspunkte für die Akzeptanz gegenüber einzelner Verfahren.

Die Heidebesucher sind einigermaßen zufrieden mit den Umständen in der Heide, ein großer Teil hat keine Änderungswünsche. Dennoch werden gewisse Defizite bei der Heidepflege bemerkt. Das seit geraumer Zeit im Umfeld des Naturschutzgebietes diskutierte Thema der Vergrasung der Heideflächen (vgl. z.B. Koopmann & Mertens 2004; Lütkepohl 1993) ist bei den Besuchern durchaus präsent. Vergrasung und Pflegezustand der Heideflächen werden von vielen derer, die Änderungswünsche haben, bemängelt.

Die Verfahren, die stark in die Landschaft eingreifen, wie zum Beispiel Plaggen und Schoppern, treffen auf geringe Akzeptanz bei den Besuchern. Ebenso ist das Brennen nicht sehr beliebt. Die schlechten Beurteilungen dürften daher rühren, dass diese Verfahren ähnlich tiefgreifende Veränderungen im Landschaftsbild verursachen. Die Noten für die Verfahren unmittelbar nach der Durchführung sind relativ schlecht. Dagegen werden zwei Jahre nach der Bearbeitung wesentlich bessere Noten vergeben. Dies gilt insbesondere für das Schoppern, dessen Bewertung zwei Jahre nach der Behandlung auf einem ähnlichen Niveau liegt wie die Beweidung zur Zeit der Durchführung, also mit einer abgebildeten Schafherde.

Die Akzeptanz der Landwirte für die Heidepflege ist überraschend hoch. Diese Gruppe war zu Beginn der Untersuchung den Pflegemaßnahmen gegenüber als eher kritisch eingeschätzt worden. Die Heidepflege insgesamt wird von ihnen ähnlich beurteilt wie von den anderen Gruppen, im Bereich „gut" bis „mittelmäßig". Die Beurteilungen der Landwirte für die Einzelverfahren zeigen ein wesentlich höheres Niveau als die der Besucher. Die Bewertungen im Vergleich der Verfahren unterscheiden sich bei Besuchern und Landwirten nicht wesentlich. Auffällig sind die hohe Bekanntheit und die gute Akzeptanz der bodenbearbeitenden Verfahren bei den Landwirten im Vergleich zu den anderen Gruppen. Dies könnte an der Vertrautheit der Landwirte mit Verfahren der Bodenbearbeitung liegen.

Eine Erklärung der grundsätzlich positiven Einstellung der Landwirte ist sicher in ihrer ökonomischen Beziehung zum Tourismus zu suchen. Diese hat sich in der langen Bestandsdauer des Naturschutzgebietes entwickelt und zudem für die Gruppe zu wirtschaftlichen Vorteilen geführt. Dies ist ein entscheidender Unterschied zu den relativ neu eingerichteten Gebieten, die bei Beckmann (2003), Krieger (1998), Hofinger (1999) und Rentsch (1988) untersucht wurden.

Insgesamt etwas kritischer, aber grundsätzlich positiv zeigt sich die Einstellung der Vertreter der Gastronomiebetriebe. Diese Gruppe weist eine noch stärkere ökonomische Beziehung zum Heidetourismus auf. Ihre Haltung ist aber dennoch insgesamt eher etwas kritischer als die der Landwirte, weil sie von den durch die gesamtwirtschaftlichen Tendenzen bedingten negativen Entwicklungen im Tourismus in besonderer Weise betroffen sind.

Wenn man diese Resultate verallgemeinert, lässt sich feststellen, dass für Schutzgebiete demnach verschiedene Grade von Akzeptanz zu erwarten sind bei:

- Unterschiedlich langer Entwicklungszeit der ökonomischen und sozialen Strukturen im Umfeld des Gebietes
- unterschiedlichen beteiligten Gruppen
- unterschiedlichen (ökonomischen) Auswirkungen auf die Region und / oder
- unterschiedlicher Art der Kommunikation.

Auch bei Schutzgebieten gibt es die „kritischen Stakeholder". Damit werden die Gruppen oder Individuen bezeichnet, die in der Lage sind, die Legitimität des Gebietes in Frage zu stellen oder auf andere Weise Einfluss auf dessen Erfolg zu nehmen (vgl. z.B. Schaltegger et al. 1996, 80f.). Wenn die Legitimität in der öffentlichen Meinung in Frage gestellt wird, kann dies auch erhebliche Auswirkungen auf die ökonomische Situation haben (vgl. Schaltegger & Sturm 1994, 13ff.).

Interessante Parallelen zur heutigen konfliktbeladenen Situation in einigen jüngeren Schutzgebieten (vgl. z.B. Krieger 1998) finden sich in der weit zurückliegenden Gründungsphase des Naturschutzgebietes Lüneburger Heide. Lüer (1994, 90ff.) berichtet von erheblichen Widerständen gegen die ersten Naturschutzbestrebungen im Heidegebiet. Auch damals scheint es ähnliche Ursachen für Konflikte gegeben zu haben wie sie heute in Schutzgebieten auftreten, nämlich Einschränkung der Handlungsfreiheit und psychologische Reaktanz (vgl. Lüer 1994, 91). Dies unterstützt in Verbindung mit den Ergebnissen der vorliegenden Arbeit die Einschätzung, die Schröder (1998) äußert, dass nämlich die zeitliche Komponente eine zentrale Größe bei der Entwicklung von Akzeptanz für ein Schutzgebiet darstellt. Das Gebiet und die Heidepflege haben sich heute etabliert. Das bedeutet aber nicht, dass keinerlei Kon-

flikte entstehen können, wie am Beispiel des Widerstandes gegen eine Abgabe zugunsten der Heidepflege deutlich wird (vgl. Kapitel 7 „Diskussion
der Gesamtergebnisse"). Die wirtschaftliche Verwertung der Nachfrage nach
den Heidebesuchen wird nicht akzeptiert. Ein wesentlicher Grund könnte
sein, dass diese Mittel bei den Kommunen nicht zu wirtschaftlichen Vorteilen
führen würden. Eine wesentliche Ursache der Überwindung der Widerstände
und der Erzeugung eines Identifikationsklimas von Naturschutzmaßnahmen
bei lokalen Stakeholdern scheinen die ökonomischen Vor- bzw. Nachteile zu
sein, die die Gruppen durch die Durchführung der Maßnahmen genießen. Sicher spielt auch eine Identifikation auf Ebene von Naturschutz und Kulturgeschichte eine Rolle. Diese führt jedoch aller Wahrscheinlichkeit nach nicht zu
Akzeptanzwerten, die zu Zustimmung oder sogar Engagement führen.

Kernaussagen für die weitere Analyse, die aus dem vorangegangenen Kapitel
gewonnen werden können, sind demnach:

- Die Akzeptanz der Besucher für die Heidepflege ist insgesamt
  relativ hoch, jedoch werden Defizite wahrgenommen.
- Die anderen Gruppen, Landwirte und Vertreter von Wirtschaftsb
  betrieben, vertreten ihre wirtschaftlichen Interessen an der
  Heidepflege.
- Die einzelnen Pflegefahren weisen innerhalb aller untersuchten
  Gruppen eine unterschiedliche Akzeptanz auf.
- In dem seit langem bestehenden Schutzgebiet gibt es offenbar
  nicht die akuten Konflikte, die bei oder nach der Ausweisung
  neuer Gebiete aufgetreten sind.
- Die gefundenen Akzeptanzäußerungen zeigen dennoch Aspekte
  auf, auf die das Pflegemanagement reagieren sollte.

## III Unterstützungsinstrumente der betrieblichen Entscheidung über den Einsatz von Pflegemaßnahmen

## 6. Kosten-Wirksamkeits-Analyse und Optimierung des Pflegeprogramms

### 6.1 Grundlagen der Analyse von Kosten und Wirksamkeitsmaßen

In diesem Kapitel werden Instrumente entwickelt, die zur Entscheidungsunterstützung beim Einsatz einzelner Pflegeverfahren dienen können. Dazu werden die Grundlagen dieser Entscheidung und ihre Einflussfaktoren analysiert. Weiterhin werden Kriterien der Wirksamkeit der Verfahren abgeleitet, eine Übersicht der spezifischen Kosten und der Wirksamkeitsmaße zusammengestellt und optimale Verfahrenskombinationen berechnet.

#### 6.1.1 Die betriebliche Entscheidung über den Einsatz von Pflegemaßnahmen

Die Pflegeaktivitäten auf den Heideflächen des Naturschutzgebietes Lüneburger Heide weist Parallelen zu einem Betrieb auf. Es werden begrenzte Ressourcen aufgewendet, um Leistungen zu erstellen und ein bestimmtes Pflegeziel zu erreichen. Die Tätigkeit erfolgt allerdings nicht, um eine Leistung direkt zu vermarkten und einen Gewinn zu erzielen. Vielmehr wird angestrebt, mit den vorhandenen Ressourcen eine maximale Wirkung zu erreichen. Diese operative Konstellation zeichnet die Struktur von Non-Profit-Organisationen aus (vgl. z.B. Eschenbach & Eschenbach 2003, 249 ff.). Der Teil der Organisation, der für die Durchführung der Heidepflege zuständig ist (Verein Naturschutzpark), soll im Folgenden als „Pflegebetrieb" bezeichnet werden. Im Rahmen der Heidepflege wird innerhalb dieses Pflegebetriebes laufend über den Einsatz der verschiedenen Pflegemaßnahmen entschieden. Eine solche Entscheidung kann hinsichtlich ihrer Kriterien und Abläufe sehr vielgestaltig sein. Sie setzt sowohl Annahmen über die heutigen Grundlagen der Entscheidung voraus als auch über die Konsequenzen der Entscheidung und die zukünftigen Präferenzen des Entscheiders.

Entscheidungen setzen Ziele voraus. Wenn eine Entscheidung getroffen werden soll, muss klar sein, was mit der resultierenden Maßnahme angestrebt wird. Eine klare Definition der jeweiligen Ziele ist also für eine stringente Handlungsweise unabdingbar.

*Ein Ziel ist die Beschreibung einer angestrebten Eigenschaft, die ein oder mehrere Elemente einer vorgegebenen Menge in einem bestimmten Zeitraum erlangen sollen* (vgl. Zschocke 1995, 289).

Ziele können nach Art und Präzision ihrer Vorgaben unterschieden werden in Fixierungsziele, Satisfizierungsziele, Extremierungsziele und Approximierungsziele (vgl. Dinkelbach & Kleine 1996). *Fixierungsziele* geben einen Zielwert vor, der genau erreicht werden muss. *Satisfizierungsziele* setzen dagegen ein Mindestniveau, das erreicht werden muss. Eine Mehrerfüllung wird in diesem Fall indifferent hingenommen. *Extremierungsziele* sind Ziele, die eine möglichst hohe oder niedrige Erfüllung des Ziels ohne genauere Vorgabe fordern. Ein *Approximierungsziel* bezeichnet ein Niveau, an das der Zustand möglichst angenähert werden soll, gleich, von welcher Seite. Approximierungsziele gehören auch zu den Extremierungszielen, nur wird bei ichnen ein Zielwert vorgegeben, der möglichst angenähert werden soll. Die Art der Ziele ist auch im Bereich von Naturschutzmaßnahmen wichtig, weil hier z.B. Übererfüllung eines Fixierungsziels auch negative Auswirkungen im Sinne der Zielerfüllung haben kann.

Zur Strukturierung und Lösung von Entscheidungsproblemen werden Modelle eingesetzt. Ein Modell kann als Ergebnis eines Informationstransfers aus der Realität verstanden werden. Mit Hilfe eines Modells wird das Untersuchungsobjekt abgebildet (Zschocke 1995, 57ff.). Oftmals werden aus Vereinfachungsgründen monofinale, deterministische Modelle konstruiert. Reale Probleme besitzen dagegen meist mehrere Ziele. Hier ist zu prüfen, ob diese sich gegenseitig komplementär, konkurrierend oder neutral verhalten (Kahle 2001, 30f.; Dinkelbach & Kleine 1996, 37). Nur bei Zielkonkurrenz ist eine Entscheidungsunterstützung notwendig, da in den anderen Fällen die Schnittmenge der individuell optimalen Ziele nicht leer ist (Dinkelbach & Kleine 1996, 37).

Entscheidungen können durch Modelle nur unvollkommen beschrieben werden. Dennoch fördern einige grundlegende theoretische Modelle über Entscheidungsabläufe das Verständnis der Entscheidungssituation und zeigen mögliche Ergebnisse auf. Tabelle 6-1 zeigt die Konzepte des Entscheidungsprozesses nach Beach (1997).

Mit dem präskriptiven Modell wird untersucht, was der Entscheider tun sollte. Es werden Regeln aufgestellt, welche Handlungsmöglichkeit in einer bestimmten Entscheidung zu wählen ist. In dieser Gruppe finden sich die ökonomisch-mathematischen Verfahren der Entscheidungsunterstützung .

Verhaltensmodelle gehen mehr auf die psychologischen Faktoren des Entscheiders ein und ermitteln, wie der Entscheider die Diagnose und die Handlungswahl leistet.

Die *naturalistischen Entscheidungsmodelle* schließlich postulieren, dass die Entscheidung stark von der Stellung des Entscheiders beeinflusst wird (vgl. Beach 1997, 5ff.). Diese Gruppe von Entscheidungsmodellen wurde wesentlich von den Begriffen der beschränkten Rationalität („bounded rationality") und des „satisficing" bestimmt (vgl. Simon 1992; Williamson 1996, 8f.).

Tabelle 6-1: Theoretische Modelle des Entscheidungsprozesses und ihr
            Ablauf

Quelle: Verändert nach Beach (1997, 3)

| Schritt / Modell | Präskriptives Modell | Verhaltensmodell | Naturalistisches Modell |
|---|---|---|---|
| Diagnose | -- | Linsenmodell | Wahrnehmung |
| Handlungswahl | Wahl nach Wahrscheinlichkeit bzw. Nutzen | Wahl nach subjektiver Wahrscheinlichkeit bzw. Nutzen | Strategie Selektion Wahl |
| Umsetzung | -- | -- | Begleitung des Handlungsfortschritts |

Danach versucht ein Entscheider, die Informationen über das Entscheidungs-
objekt auf die hervorstechendsten zu verkürzen und nur diese zu berücksichtigen. Außerdem tendiert der typische Entscheider zur Wahl der ersten
Handlungsmöglichkeit, die alle vorgeschriebenen Kriterien erfüllt, ohne andere Möglichkeiten, die möglicherweise existieren, in Betracht zu ziehen (vgl.
z.B. Simon 1992; Simon 1981; Beach 1997). Auch wenn man nach den Erkenntnissen der betrieblichen Entscheidungslehre davon ausgehen kann,
dass die psychologisch orientierten Modelle der Realität näher kommen als
die rational geprägten, kann dennoch eine exakte rationale Grundlage die
Qualität der Entscheidung verbessern (vgl. z.B. March 1990, 299). Die drei genannten Modelle schließen sich gegenseitig nicht aus, sondern bauen aufeinander auf und beeinflussen sich gegenseitig (March 1990, 300).
Deskriptiv kann eine Entscheidung durch zwei Hauptmerkmale gekennzeichnet sein (vgl. Kahle 2001, 10):

• Wahlakt zwischen zwei oder mehreren Handlungsmöglichkeiten und
• Entscheidungssituation.

Die Entscheidungssituation ist gekennzeichnet durch die Beschaffenheit und
die Dimension der Entscheidungsgrundlage. Die Beschaffenheit wird zum einen durch die Sicherheit der Informationen gebildet. Ist diese, wie in vielen
Fällen, nicht vollständig einschätzbar, so entsteht ein Risiko oder eine Unsicherheit. Mit der Dimension der Entscheidungsgrundlage ist die zeitliche und
sachliche Reichweite der Entscheidungsgrundlage gemeint. Wenn eine Entscheidung zeitlich gestaffelte Auswirkungen nach sich zieht, handelt es sich
um eine dynamische Entscheidung. Eine Mittelentscheidung ist dadurch cha-
rakterisiert, dass sie zur Festlegung der Vorgehensweise zur Verwirklichung

eines konkreten Zieles getroffen wird (Kahle 2001, 9ff.). Die Rational Choice Theory fordert zusätzlich noch, dass dem Entscheider die Konsequenzen seiner Entscheidung vollständig bekannt sind, eine konsistente Reihenfolge von Präferenzen hat und Regeln befolgt, die zur Auswahl einer Handlungsmöglichkeit führen (vgl. z.B. March 1997, 10). Diese Voraussetzungen sind zur leichteren Abbildung von Entscheidungen in Modellen hilfreich, aus nachvollziehbaren Gründen sind sie in realen Situationen jedoch nie vollständig anzutreffen. Dies gilt umso mehr bei organisationalen Entscheidungen.

Betriebliche Entscheidungen weisen in den meisten Fällen die typischen Kennzeichen einer organisationalen Entscheidung auf. Dieser Entscheidungstyp unterscheidet sich in wesentlichen Merkmalen von einer individuellen Entscheidung. Entscheidungen innerhalb von Organisationen besitzen folgende charakteristische Eigenschaften (vgl. Shapira 1997, 4):

- Unsichere Informationen
- Einbettung in Prozesse
- Vorhandensein von (positiven oder negativen) Anreizen
- Wiederholung von Entscheidungen
- Konflikte und Autoritätsstrukturen

Die Grundlagen, auf denen Entscheidungen getroffen werden, besitzen objektive und subjektive Facetten. Die *objektiven Eigenschaften*, die alle Entscheidungselemente, die im Folgenden skizziert werden, aufweisen, werden bei unterschiedlichen Entscheidungsträgern unterschiedlich wahrgenommen. Dies kann bei einer organisationalen Entscheidung verschiedene Ursachen haben, z.B. eine Vielzahl von sich gegenseitig beeinflussenden Prozessen innerhalb der Organisation oder die Stellung des Entscheiders innerhalb der Organisation.

Mühlenkamp (1994) differenziert im Zusammenhang mit Kosten-Nutzen-Betrachtungen zwischen einfachen und komplexen Entscheidungssituationen. Ohne dass jede konkrete Entscheidungssituation eindeutig einer der beiden Kategorien zuzuordnen ist, können folgende Kriterien zur Beurteilung dienen:

- Wertigkeit des Entscheidungsobjektes,
- Wirkungsvielfalt,
- Reichweite und
- Wirkungsdauer der Entscheidung.

Wendet man diese Einteilungen auf die Entscheidung über Pflegemaßnahmen im Naturschutzgebiet Lüneburger Heide an, so gelangt man einerseits zu der Einordnung der Entscheidung über Pflegemaßnahmen als *subjektiv rationaler, gruppenorientierter, komplexer Wahlakt*. Die Entscheidung ist insbesondere deswegen als komplex zu klassifizieren, weil sie eine hohe Wirkungsvielfalt und -dauer aufweist.

Alle vorgenannten Modelle differenzieren Entscheidungen nach bestimmten Kriterien und dienen der grundsätzlichen Analyse des Entscheidungsablaufes, fragen also danach, in welcher Weise der Entscheider seine Entscheidung trifft. Daneben interessiert noch, wie die Erwartungen systematisiert werden können, die an öffentlichkeitswirksame Entscheidungen gestellt werden. Die betriebliche Durchführung der Heidepflege findet nicht in einem gewinnorientierten Unternehmen, sondern in einer Non-Profit-Organisation, die als Verein organisiert ist, statt. Die Entscheidungssituation kann dennoch mit dem für betriebswirtschaftliche Entscheidungen entwickelten Konzept der sozioökonomischen Rationalität (Hill 1991; Schaltegger & Sturm 1994, 12f.) hinsichtlich ihrer Außenwirkung treffend analysiert werden. Betriebliche Entscheidungen, so auch die über den Einsatz von Pflegemaßnahmen, müssen danach vier Kriterien aus verschiedenen Handlungsfeldern genügen (vgl. Tabelle 6-2).

Tabelle 6-2: Handlungsfelder und Kriterien im Konzept der sozioökonomischen Rationalität
Quelle: Eigene Darstellung, (vgl. Hill 1991; Schaltegger & Sturm 1994, 11f.)

| Kriterium | Handlungsfeld |
| --- | --- |
| Effizienz | Wirtschaftliches |
| Effektivität | Technisches |
| Legalität | Rechtliches |
| Legitimität | Soziokulturelles |
| Handlungsspielraum | Interessenpolitisches |

Effizienz beschreibt dabei die wirtschaftlich optimale Vorgehensweise als bestmögliches Verhältnis von Ressourceneinsatz und Ergebnis. Effektivität ist ein technisch orientierter Begriff, der auf den maximalen Output der Produktion abhebt. Im Rahmen der rechtlich-politischen Rationalität wird gefordert, dass in der Entscheidung die Kriterien, die als politische und juristische Vorgaben an die Entscheider herangetragen werden, berücksichtigt werden. Eine Entscheidung, die auch soziokulturell rational getroffen wird, bezieht die relevante soziale und kulturelle Einbettung des Unternehmens mit ein (vgl. Hill 1991; Schaltegger & Sturm 1994, 12f.). Der Handlungsspielraum für jedes dieser Kriterien ist für sich genommen sinnvoll, aber nur die angemessene Berücksichtigung aller ermöglicht es, eine optimale Entscheidung zu treffen. Auch die Entscheidungen innerhalb einer nicht gewinnorientierten Organisation müssen sich an diesen Kriterien orientieren, die Gewichtung der Kriterien unterscheidet sich von der, die in Unternehmen angewendet wird (vgl. z.B. Eschenbach & Eschenbach 2003).

Die bisherige Entscheidungsfindung über die Heidepflege hat offenbar insbesondere die politische Rationalität und die Effektivität berücksichtigt. Bis vor einiger Zeit wurden die Entscheidungen über die Heidepflegemaßnahmen im Naturschutzgebiet Lüneburger Heide in einem Gremium getroffen, das besonders die Vorgaben der Naturschutzgebietsverordnung einbezog (VNP 2002). Die Kriterien dieser Entscheidung orientierten sich offenbar vornehmlich daran, die verschiedenen Mittelgeber und Aufsichtsinstitutionen, die die Arbeit der Heidepflege ermöglichen oder kontrollieren, zufrieden zu stellen. Dies war unter der gegebenen Informationslage möglicherweise nicht anders durchführbar.

Daneben waren die Entscheidungsträger sicher bemüht, eine effektive Heidepflege zu betreiben. Wenn lediglich Erfahrungswerte über die Wirkungen der Verfahren vorliegen, äußert sich die Effektivität im Streben nach einer möglichst großflächigen Anwendung von als wirkungsvoll angenommenen Pflegeverfahren. Die Beurteilung der Effektivität wurde überwiegend aus historischen Befunden und der Erfahrung aus Pflegemaßnahmen der jüngeren Zeit gewonnen. Diese Entscheidungsfindung scheint ein sehr passendes Beispiel dafür zu sein, was Pullin (2002) als *„experience-based"*, erfahrungsbasiert, bezeichnet. Aus der Erfahrung der bisherigen Ergebnisse der Entscheidungsprozesse werden die kritischen Parameter der Entscheidung identifiziert und versucht, diese möglichst gut zu berücksichtigen. Dies führt aber nur in Einzelfällen zu einer Entscheidung, in der die in einer umfassenden Bedeutung beste Variante bevorzugt wird (vgl. Pullin & Knight 2003).

Die soziokulturelle Rationalität fordert Entscheidungen, die im Einklang mit vorherrschenden oder sich entwickelnden gesellschaftlichen Normen stehen. Vordergründig scheint dieses Kriterium im Fall der Heidepflege erfüllt zu sein. Informationsdefizite existieren aber offenbar bei der Akzeptanz verschiedener Verfahren. Über die soziokulturellen Parameter bezüglich der Heidepflegemaßnahmen haben bisher keine gesicherten Informationen vorgelegen. Auch dieses Kriterium wurde bisher nur im Rahmen der erfahrungsbasierten Entscheidung aufgenommen.

Die Beachtung *aller* Kriterien der sozioökonomischen Rationalität wird aber heute für alle Institutionen, auch für das Management der Schutzgebiete, zunehmend wichtig. Die mangelnde Beachtung seiner gesellschaftlichen Legitimation kann auch für ein Schutzgebiet negative Konsequenzen haben, weil die betreffenden Gruppen dann die politische oder ökonomische Unterstützung versagen. Folgen können mangelnde Durchsetzungsfähigkeit von Anliegen im politischen Bereich oder mangelnde Ressourcen zur Erfüllung der Ziele sein. Auf die Beispiele wurde bereits im Kapitel 5 „Akzeptanz der Pflegemaßnahmen" hingewiesen (z.B. Rentsch 1988; Kolodziejcok 2000). Dort werden auch die Ergebnisse eigener empirischer Untersuchungen zur Akzeptanz der Pflegemaßnahmen vorgestellt. Diese Informationen tragen grundlegend dazu bei, dass die Basis für soziokulturell rationale Entscheidungen verbessert wird. Hauptursache mangelnder Berücksichtigung dieses Aspekts in der Entscheidungsfindung war im vorliegenden Fall sicher der Mangel an solchen Informationen.

Wenig Berücksichtigung in den bisherigen Entscheidungen fand die Effizienz, die definiert ist durch das Verhältnis von Output zu Inputressourcen (vgl. Schaltegger & Sturm 1994, 12). Im Fall der Heidepflege bedeutet dies das Verhältnis zwischen entstehenden Kosten und der tatsächlichen Pflegewirkung. Das dürfte daran liegen, dass auch hier als Entscheidungskriterium für den Output, die Effektivität der Maßnahmen lediglich Erfahrungswerte über den Erfolg von zurückliegenden Maßnahmen herangezogen werden konnten und daher Effizienzbetrachtungen kaum möglich waren. Zudem waren eindeutige Informationen über betriebswirtschaftliche Größen nur teilweise verfügbar. Als Hauptgrund für die überwiegende Heranziehung von Erfahrungswerten kann auch hier der Informationsmangel angesehen werden.

Die Entscheider, die für den Einsatz der Maßnahmen zuständig gewesen sind, standen somit bislang vor einem Entscheidungsproblem. Als solches wird eine Entscheidungsgrundlage bezeichnet, die eine mangelhafte Information enthält, so dass die Entscheidung nicht zielgerecht getroffen werden kann (Zschocke 1995, 295f.).

Es existiert eine Reihe von Instrumenten zur Unterstützung von Entscheidungen, in denen Modelle der Entscheidungssituation verwendet werden. Mit deren Hilfe werden in der Regel Informationen gesammelt, aufbereitet oder dargestellt, die die Beurteilung der Zielerfüllung erleichtern können. Derartige Informationen lassen sich den oben genannten Kriterien zuordnen und dienen dazu, diese bei der Entscheidung anwenden zu können. Im folgenden werden am Beispiel des Pflegemanagements in der Lüneburger Heide verschiedene Instrumente angewendet, mit denen Daten zur Unterstützung der Entscheidung über Pflegemaßnahmen verarbeitet werden können. Dies sind die Kosten-Wirksamkeits-Analyse und zwei Me thoden der mathematischen Optimierung. Erstes Ziel der Anwendung dieser Methoden ist die Produktion von Fakten zur Unterstützung und Verbesserung der Rationalität der Entscheidung. Die Grenzen der Rationalität werden z.B. mit der Ermittlung von Gewichtungen der Ziele nur gestreift.

6.1.2 Grundlagen der Kosten-Wirksamkeits-Analyse

Während eine Monetarisierung des Nutzens des Gesamtprojektes „Heideerhaltung" mit Hilfe monetärer Präferenzerfassungsmethoden möglich ist (vgl. 4 Kapitel „Kosten-Nutzen-Analyse der Heidepflege"), scheint dies für einzelne Maßnahmen unrealistisch zu sein. In der Kosten-Wirksamkeits-Analyse (KWA) werden die Wirkungen der untersuchten Projekte nicht monetarisiert, sondern in physischen Größen den Kosten eines Projektes oder einer Maßnahme gegenübergestellt (vgl. Hanusch 1994, 159ff.; Mühlenkamp 1994, 6ff.; Jones-Lee 1994). Es wird somit nicht direkt die Steigerung der gesellschaftlichen Wohlfahrt gemessen. Im Ergebnis der Kosten-Wirksamkeits-Analyse wird die Variante gefunden, die das günstigste Verhältnis von Wirkung (Output) und Kosten (Input) aufweist. Somit kann sie Informationen zur Erfüllung des Effizienzkriteriums liefern (vgl. Schaltegger et al. 1996, 210). Die Darstellung der Ergebnisse erfolgt in einer Kosten-Wirksamkeits-Matrix. Darüber hinaus können Kosten-Wirksamkeits-Verhältnisse für einzelne Kriterien gebildet werden, um die spezifische Wirksamkeit pro eingesetzter Mitteleinheit als Entscheidungsgrundlage einzubeziehen (vgl. Hanusch 1994, 165ff.). Die Kosten-Wirksamkeits-Analyse hat somit Vorteile, wenn bei der Entscheidung zwischen einzelnen Wirksamkeitskriterien differenziert werden soll bzw. wenn die Gewichtung der Wirksamkeitskriterien eine wichtige Rolle spielt. Die Kosten-Wirksamkeits-Analyse gehört wie die Kosten-Nutzen-Analyse zu den Wirtschaftlichkeitsanalysen, auch sie wurde insbesondere für die Beurteilung öffentlicher Projekte entwickelt. Durch die Beschränkung auf Wirksamkeitsmaße in physischen Einheiten bleibt die Kosten-Wirksamkeitsanalyse in jedem Fall auf einer operativen Entscheidungsebene im Vergleich zur Kosten-Nutzen-Analyse (Hanusch 1994, 159).

Die Kosten-Wirksamkeits-Analyse wird auf Grund der geschilderten Eigenschaften vornehmlich in Bereichen angewendet, in denen die Monetarisierung der Wirkungen von Projekten oder Maßnahmen auf Schwierigkeiten stößt, etwa Verkehrswesen, Verteidigung oder Gesundheitswesen (z.B. Wißkirchen 1993, Brecht 1990). Verknüpfungen und Gewichtungen einzelner Wirksamkeitskriterien werden dem Entscheidungsträger überlassen (Hanusch 1994, 159). Für die Beurteilung öffentlicher Projekte wird auf der Kostenseite wie bei der Kosten-Nutzen-Analyse das Opportunitätskostenprinzip angewendet (Hanusch 1994, 159). Die Kosten-Wirksamkeits-Analyse kann auf verschiedenen Ebenen angewendet werden. Bei einer Analyse auf betrieblicher Ebene, wie in der vorliegenden Arbeit, werden die finanziellen Kosten eines Projekts oder einer Maßnahme den entsprechenden Wirksamkeitsmaßen gegenüber gestellt (vgl. Sugden & Williams 1988, 190). Der grundsätzliche Ablauf der Kosten-Wirksamkeits-Analyse ist in Abbildung 6-1 dargestellt.

```
┌────────────────────────────────┐
│         Zielanalyse            │
└────────────────────────────────┘
                │
┌────────────────────────────────┐
│   Bestimmung der relevanten    │
│      Nebenbedingungen          │
└────────────────────────────────┘
                │
┌────────────────────────────────┐
│        Kostenanalyse           │
└────────────────────────────────┘
                │
┌────────────────────────────────┐
│     Wirksamkeitsanalyse        │
└────────────────────────────────┘
                │
┌────────────────────────────────┐
│   Zeitliche Homogenisierung    │
└────────────────────────────────┘
                │
┌────────────────────────────────┐
│  Berücksichtigung von Risiko und│
│          Unsicherheit          │
└────────────────────────────────┘
                ▼
┌────────────────────────────────┐
│ Beurteilung der Vorteilhaftigkeit│
│    anhand von Kosten-          │
│   Wirksamkeits-Matrizen        │
└────────────────────────────────┘
```

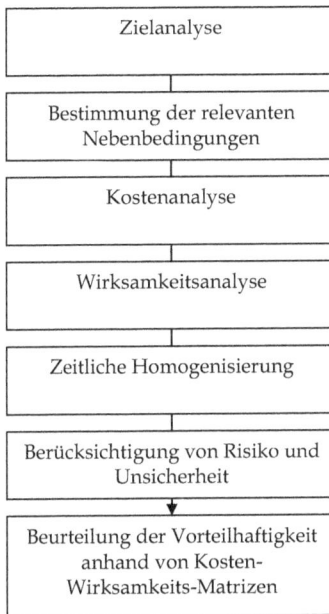

Abbildung 6-1: Ablauf der Kosten-Wirksamkeits-Analyse
Quelle: Hanusch (1994, 160)

Ziel der Kosten-Wirksamkeitsanalyse ist es, für ein Projekt oder eine Maßnahme mit konkurrierenden Zielen die Handlungsmöglichkeit zu identifizieren, die die größtmögliche bzw. erwünschte Wirksamkeit im Vergleich zu
den Kosten aufweist. Dies soll dazu führen, dass die eingesetzten Ressourcen
optimal genutzt werden. Im Bereich der Naturschutzmaßnahmen bedeutet
dies, dass die Ressourcen dort aufgewendet werden, wo sie pro Einheit die
beste Wirkung im Sinne der Naturschutzziele entfalten. Bei der Durchführung der Kosten-Wirksamkeits-Analyse muss zunächst das Zielsystem analysiert werden, innerhalb dessen das Vorhaben durchgeführt werden soll. Dies
ist notwendig, damit die Wirksamkeitskriterien aus dem Zielsystem des Vorhabens abgeleitet werden können (vgl. auch Kap. 6.1.1). Sie stellen operatio-
nalisierte Maße von Unterzielen innerhalb des Zielsystems dar. Die Qualität
der Ergebnisse einer Kosten-Wirksamkeits-Analyse wird entscheidend von
folgenden Eigenschaften der Wirksamkeitsmaße beeinflusst (vgl. Goldman
1969, 19 f.; Levin & McEwan 2001, 108ff.):

- Messbarkeit
- Wahrscheinlichkeit analysefremder Einflüsse
- Darstellung
- Relevanz
- Vollständigkeit
- Finalität

Wirksamkeitskriterien in der Kosten-Wirksamkeits-Analyse sollten ein möglichst hohes Messniveau aufweisen, weil die Qualität der Aussagen der Analyse mit dem Messniveau zunimmt (Hanusch 1994, 164). Die Aussagekraft eines nominal skalierten Kriteriums ist oftmals begrenzt, während kardinal skalierte Werte die aussagekräftigste Form der Skalierung darstellen. Dies gilt allerdings nur dann, wenn auf dem höheren Messniveau Aussagen mit zufrieden stellender Sicherheit möglich sind. Es können auch Kriterien verschiedener Messniveaus kombiniert werden. Die Darstellung der Wirksamkeitsmaße hängt mit der Messbarkeit zusammen. Hängt die Wirksamkeit stark vom Ausgangszustand des betreffenden Objektes ab, dann sollte die Darstellung der Wirksamkeit in Verhältniszahlen erfolgen (z.B. Prozent). Die Maße müssen so darstellbar sein, dass dem Entscheider eine Beurteilung ermöglicht wird. Dazu gehört auch eine angemessene Detaillierung der Daten (Goldman 1969; Levin & McEwan 2001 108ff.). Die Darstellung der Ergebnisse der Kosten-Wirksamkeits-Analyse erfolgt in einer Matrix, in der den Kosten der jeweiligen Handlungsmöglichkeit alle relevanten Wirksamkeitsmaße zugeordnet werden (Hanusch 1994, 165ff.).

Projekte oder Maßnahmen, die in der Kosten-Wirksamkeits-Analyse verglichen werden, müssen daher ein sehr ähnliches Zielsystem besitzen, da sonst die Zusammenstellung ihrer Wirksamkeitsmaße nicht vergleichbar sind (Hanusch 1994; 170). Kriterien sind als Wirksamkeitsmaße dann besonders geeignet, wenn sie eine möglichst hohe sachliche und zeitliche Effizienz in der Projektbeurteilung leisten. Sie sollten einerseits eine möglichst weitgehende sachliche Beurteilung der Projektzusammenhänge ermöglichen. Andererseits sollten sie Wirksamkeitskriterien des Vorhabens darstellen, die nicht nur intermediäre Ziele repräsentieren, sondern abschließende Ziele. Je früher im Verlauf der beobachteten Wirkungen die Kriterien angesiedelt sind, desto mehr Abläufe des zu beurteilenden Vorhabens entziehen sich der Beurteilung durch die Analyse.

Ein weiterer wichtiger Aspekt bei der Auswahl von Wirksamkeitskriterien in einer Kosten-Wirksamkeits-Analyse ist die zeitliche Homogenisierung. Wirksamkeitsmaße können den Zweck der Entscheidungsunterstützung nur leisten, wenn ihre zeitliche Dimension vergleichbar ist. Dies gilt für alle Kosten-Nutzen-Betrachtungen. Treten die Wirkungen zu unterschiedlichen Zeitpunkten ein, dann muss ein Verfahren gefunden werden, die zeitliche Vergleichbarkeit der Wirkungen zu erreichen.

Allgemein wird davon ausgegangen, dass eine Zeitpräferenz in der Form besteht, dass zukünftigen Ereignissen eine niedrigere Präferenz zukommt, je
weiter sie vom jetzigen Zeitpunkt entfernt sind (vgl. z.B. Schmid 1989, 191ff.).
Einige Maße der Analyse müssen in der Regel angepasst werden, da nicht alle Wirkungen zum selben Zeitpunkt anfallen. Dies bedeutet eine Diskontierung oder Prolongierung, zu der ein Auf- oder Abzinsungsfaktor notwendig
ist. Die Zeitpräferenzrate ergibt sich analytisch aus der gesellschaftlichen In-
differenzkurve zwischen zwei Zeitpunkten t und t+1 (vgl. Mühlenkamp 1994,
179). Der Diskontierungszinssatz weist die Höhe der Entschädigung aus, die
für die Wartezeit und die erwarteten Risiken, die bis zum Eintritt der Wirkung bestehen, gefordert wird. Die Berücksichtigung der zeitlichen Homogenisierung kann dem Entscheider überlassen werden, dies birgt aber die Gefahr von Missdeutungen und zusätzlicher subjektiver Verzerrung der Ergebnisse der Kosten-Wirksamkeits-Analyse.
Eine direkte Berücksichtigung der Diskontierung ist allerdings nur bei monetarisierten Größen möglich. Von einer Gegenwartspräferenz ist aber auch bei
nicht-monetären Größen auszugehen (z.B. Levin & McEwan 2001, 129ff.). Die
zeitliche Einordnung der Wirkungen ist also auch in der Kosten-WirksamkeitsAnalyse notwendig, allerdings kann hier nur eine nominelle Berücksichtigung in Form einer Bezeichnung der Wirksamkeitsmaße mit ihrer Wirkungsdauer bzw. ihrem Wirkungszeitpunkt erfolgen.
Der Bereich Naturschutz weist ähnliche Charakteristika auf wie die oben genannten Haupteinsatzbereiche der Kosten-Wirksamkeits-Analyse. Es existieren Elemente des Zielsystems, deren Wirkungen nur schwer monetarisierbar
sind. Dies ist etwa die Erhaltung einzelner Arten oder Biotope, deren ökonomische Bedeutung derzeit kaum quantifizierbar ist.
Naturschutz ist in den vergangenen Jahrzehnten primär als gesamtgesell-
schaftliche und damit öffentliche Aufgabe verstanden worden, ähnlich wie
etwa das Gesundheitswesen. Die Begründung zum Schutz von Natur und
Landschaft war über weite Strecken der Naturschutzgeschichte vorwiegend
moralisch-ethisch, ökonomische Aspekte werden erst seit wenigen Jahren beachtet (vgl. Hampicke 1994; Körner et al. 2003; Peter 1947). Im deutschsprachigen Raum existiert erst seit etwa 20 Jahren Literatur über die ökonomische
Bedeutung von Naturschutz (vgl. z.B. Schulz 1985; Hampicke 1991). Der
Schwerpunkt lag dabei bisher auf der Ermittlung der volkswirtschaftlichen
Bedeutung von Naturschutzobjekten.
Die Zahl der Anwendungen ökonomischer Methoden auf der betrieblichen
Ebene im Naturschutz ist bisher sehr begrenzt. Wynn (2002) vergleicht ver-
schiedene Bewirtschaftungsarten von landwirtschaftlichen Flächen hinsicht-
lich der Kostenwirksamkeit für das Management von Biodiversität. Weiterhin
existiert eine Reihe reiner Kostenerhebungen zur Budgetplanung (wie etwa
Holst-Jørgensen 1993 oder Anders 2003). Die bisherigen Anwendungen der
Kosten-Wirksamkeits-Analyse beziehen sich meist auf überbetrieblicher

Ebene. Wilhelm (1999) untersucht etwa die Kostenwirksamkeit von Agrar-umweltprogrammen. Einen Schwerpunkt auf ein systematisches Manage-ment von Naturschutzmaßnahmen und die Einbeziehung der Effektivität legt Pullin (2002, 305ff.). Sein Konzept beinhaltet einen Teil grundlegender Zusammenhänge, die auch in der vorliegenden Arbeit verwendet werden. Daher wird es im Folgenden detaillierter beschrieben. Pullin (2002, 305ff.) sieht im Management von geschützten Gebieten eine Lücke zwischen Wis-senschaft und praktischem Naturschutz. Er fordert angesichts des offensicht-lichen Informationsmangels einen operativen Naturschutz, der nicht auf Er-fahrungswerten, sondern auf der gezielten Anwendung gesicherter wissen-schaftlicher Erkenntnisse beruht. Zur systematischen Umsetzung von Infor-mationen hält er einen Managementplan für ein Naturschutzgebiet für not-wendig, dessen Grundzüge bei Pullin (2002, 313) dargestellt sind:

- Beschreibung des Gebietes mit allen Aspekten (kartografisch, historisch, ökologische Basis, soziale Einbindung, ökonomischer Rahmen etc.
- Evaluation der Naturschutzaspekte
- Managementziele
- Beschränkungen, zur Verfügung stehende Mittel
- Begleitende Studien
- Sonstiges.

Das zentrale Anliegen, das Pullin (2002) verfolgt, und das auch das Ziel der vorliegenden Studie ist, besteht in der systematischen Zusammenführung von Informationen und der Umsetzung in einem Managementplan für das betreffende Vorhaben oder Gebiet. Dabei muss der Verfasser des Manage-mentplans immer die Qualität der verwendeten Daten berücksichtigen (Pullin 2002, 312). Der Managementplan leistet insbesondere eine Systemati-sierung der Informationen, die für das Gebietsmanagement berücksichtigt werden, für die Entscheidung über operative Maßnahmen müssen. Die In-formationen, die aus wissenschaftlichen Analysen verfügbar sind, werden so anwendbar zusammengestellt. Für die Entscheidungsfindung hält Pullin ein System der Entscheidungsunterstützung für zweckmäßig, das z.B. für den Krüger Nationalpark existiert (vgl. Pullin 2002, 321; Rogers 1997). Hier wer-den alle verfügbaren relevanten Daten berücksichtigt, die die Entscheidung beeinflussen könnten.
Der Unterschied, den das Konzept von Pullin zu den folgenden Ausführun-gen aufweist, ist, dass er in seiner Konzeption ökonomische Daten nur als ei-ne separate Quelle der Information einbezieht. Er zeigt nicht die Verbindung auf, die zwischen naturwissenschaftlichen, ökologischen, ökonomischen und sozialwissenschaftlichen Daten besteht. Dies ist aber notwendig, weil ohne Messung von Kriterien, auch von ökonomischen Kriterien eine wirkliche Ma-nagementkonzeption nicht wirksam werden kann. Die Kosten-Wirksamkeits-

analyse kann dazu Daten liefern, die Grundlageninformationen für einen Managementplan eines Schutzgebiets darstellen. Ein reiner Output-Vergleich, wie er gerade im Bereich von Naturschutzmaßnahmen häufig durchgeführt wird (z.b. Blab 1994), hat zwar eine gewisse Aussagekraft. Er kann aber auch innerhalb eines strukturierten Systems leicht zu Beliebigkeit der Entscheidung führen. Für eine möglichst vollständige Entscheidungsgrundlage ist die Verknüpfung von Input- und Outputparametern, wie sie die Kosten-Wirksamkeits-Analyse leistet, auch im Non-Profit-Management unerlässlich (vgl. Eschenbach & Eschenbach 2003, 286). Die Qualität einer Outputleistung kann nur dann bewertet werden, wenn Informationen über die Menge an Ressourcen vorliegen, die für diese Leistung verbraucht wurden und für andere Maßnahmen nicht mehr zur Verfügung stehen.

Die Kosten-Wirksamkeits-Analyse ist ein wesentlicher Baustein in der Konzeption von Schaltegger et al. (1996, 207ff.) zur Modernisierung der staatlichen Umweltpolitik. Sie wird in dieser Konzeption dazu eingesetzt, die ökonomisch-ökologische Effizienz in einer Region bzw. deren Verbesserung zu ermitteln. Sie ist ebenso geeignet für die Beurteilung gewünschter Wirkungen. Maßnahmen im Bereich des Umwelt- oder Naturschutzes verursachen eine Reihe verschiedener Wirkungen, die in unterschiedlichen Einheiten gemessen werden und großenteils schwer monetarisierbar sind. Die Datenmenge, die bei der Entscheidung über die Maßnahmen zu berücksichtigen ist, kann durch die Anwendung der Kosten-Wirksamkeits-Analyse verringert werden, ohne dass wichtige Informationen verloren gehen. Das Ergebnis einer Kosten-Wirksamkeits-Analyse liefert eine komprimierte Priorisierung der zur Verfügung stehenden Maßnahmen. Sofern alle relevanten Kriterien aufgrund ihrer Eigenschaften einbezogen werden können, ist die Entscheidung aus der Kosten-Wirksamkeits-Matrix unmittelbar ableitbar.

### 6.1.3 Anwendung der Kosten-Wirksamkeits-Analyse

#### 6.1.3.1 Zielsystem der Heidepflege

Im vorliegenden Fall hat die Kosten-Wirksamkeits-Analyse das Ziel, die Kosten der verschiedenen Pflegemaßnahmen auf betrieblicher Ebene mit geeigneten Wirksamkeitsmaßen zu vergleichen. Zur Darstellung der Ziele auf der operativen Ebene ist es notwendig, diese aus dem gesamten Zielsystem abzuleiten.

Als Naturschutzgebiet unterliegen die Untersuchungsflächen einem besonderen rechtlichen Status, der sich auch in der Formulierung von speziellen Zielen der Flächennutzung in der Naturschutzgebietsverordnung niederschlägt (Bezirksregierung Lüneburg 1993). Als Leitlinie für die Definition eines Zielsystems kann daher die Naturschutzgebietsverordnung herangezogen werden. In der Verordnung wird als Schutzzweck das Oberziel angegeben (Bezirksregierung Lüneburg 1993, 294f.):

*Schutzzweck ist die Sicherung und Entwicklung eines großräumigen Landschaftsausschnittes der Zentralheide mit der historisch gewachsenen Heidelandschaft und angrenzenden Wäldern.*

Dieses Ziel kann als Oberziel für die Entwicklung der Heideflächen im Naturschutzgebiet dienen. Dieses Oberziel ist aber recht abstrakt. Aus den weiteren Ausführungen in der Naturschutzgebietsverordnung zum Schutzzweck ergeben sich sowohl reine Naturschutzziele als auch Ziele der Erhaltung von Kulturgeschichte für Besucher des Gebietes und deren Vermittlung sowie der Erholungszweck (vgl. Bezirksregierung Lüneburg 1993). Für das Management des Gebietes dürfte – der Formulierung nach – wohl das Naturschutzziel vorrangig sein vor der Erhaltung und Präsentation kulturgeschichtlicher Elemente und nachfolgend der Erholung im Gebiet. Der Tourismus stellt allerdings in der Region einen erheblichen Wirtschaftsfaktor dar, so dass aus diesem Grund das Erholungsziel im Gebietsmanagement ein erhebliches Gewicht hat.

Die Naturschutzzielsetzung hinsichtlich der Pflege und Entwicklung der Heideflächen wird in der Naturschutzgebietsverordnung nicht weiter operationalisiert. Für nähere Informationen zu operationalen Zielen dient der Pflege- und Entwicklungsplan zur Naturschutzgebietsverordnung (Planungsgruppe für Landschaftspflege und Wasserwirtschaft 1995). Hier finden sich Beschreibungen des angestrebten Flächenzustandes, unter anderem für die Heideflächen.

Daneben wird die Zielvorstellung des Verein Naturschutzpark herangezogen (VNP 2003):

*Anzustreben sind großflächige, vitale Mosaike aus verschiedenen Altersstadien der Besenheide als dominierender Pflanzenart, anderer heidetypischer Pflanzen und Offenbodenflächen.*

Mit Hilfe dieser Vorgaben kann ein operationalisiertes Zielsystem der Heidepflege konstruiert werden. Der Ausschnitt des Zielsystems, der die Heidepflege betrifft, ist in der Abbildung 6-2 dargestellt.

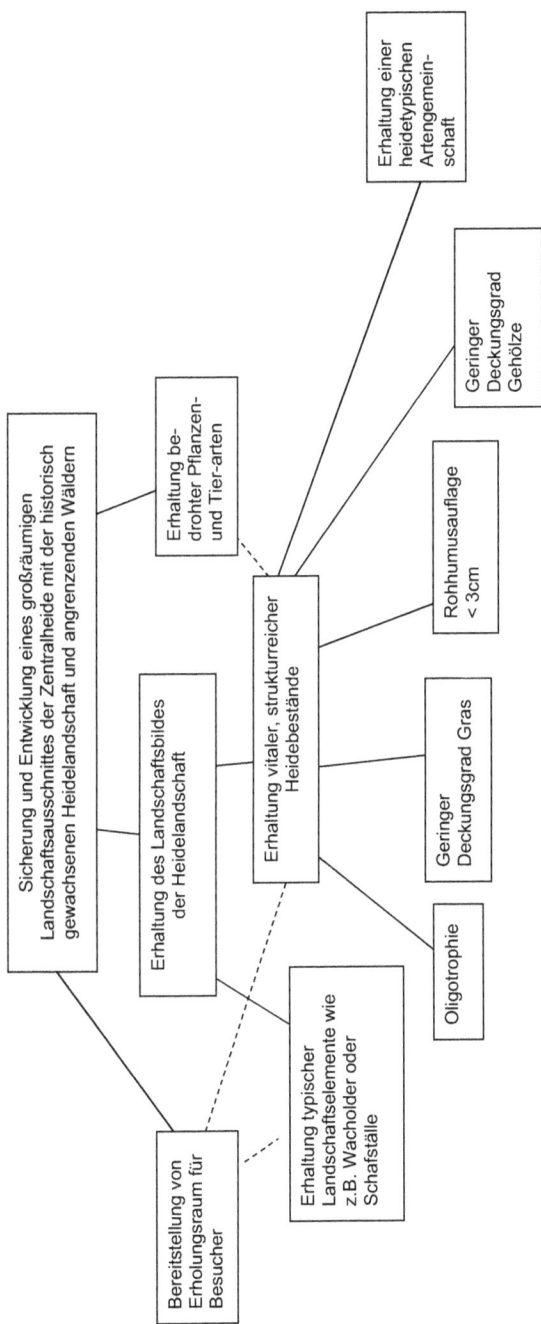

Abbildung 6-2: Ausschnitt des Zielsystems der Heidepflege
Durchgezogene Linie: Ableitung von Unterzielen
Gestrichelte Linie: Beziehung zwischen Unterzielen
Quelle: VNP 2004 und eigene Darstellung

Als Oberziel der Pflegemaßnahmen ist in der Verordnung des Naturschutz-gebietes definiert, dass die „Sicherung und Entwicklung eines großräumigen Landschaftsausschnittes der Zentralheide mit der historisch gewachsenen Heidelandschaft und angrenzenden Wäldern" erreicht werden soll (Bezirks-regierung Lüneburg 1993, 294). Dieses Oberziel besitzt verschiedene Unter-ziele, die weniger abstrakt sind und gewährleisten, dass es in seiner Gesamt-heit erreicht werden kann. Als ein zentrales Unterziel kann die Erhaltung des Landschaftsbildes der Heidelandschaft angesehen werden. Die Erhaltung der vitalen, strukturreichen Heidebestände dient wiederum zur Erfüllung dieses Unterziels, gleichzeitig aber auch zur Erfüllung anderer Unterziele, zum Bei-spiel von Naturschutzzielen. Die Unterziele können mehr oder weniger enge Beziehungen aufweisen, die in der Abbildung 6-2 durch gestrichelte Linien dargestellt sind. Mit den Pflegemaßnahmen für die Heideflächen wird das Ziel verfolgt, die Heidebestände zu erhalten. Die Unterziele des Systems sind nicht konfliktfrei. Eine Pflege mit Instandsetzungsverfahren auf touristisch stark genutzten Flächen wäre z.B. aus Sicht des Naturschutzes sinnvoll, ist aber dem wahrgenommenen Landschaftsbild möglicherweise nicht zuträg-lich. Eine Priorisierung bzw. Gewichtung der Unterziele ist daher bei der Ent-scheidungsfindung notwendig. Es existieren im Naturschutzgebiet noch wei-tere Ziele, wie etwa der Erhalt von Bau- und Bodendenkmalen (vgl. Bezirks-regierung Lüneburg 1993, 295), diese sollen hier aber nicht weiter vertieft werden.

Die Vorgaben der Verordnung des Naturschutzgebietes werden im Pflege- und Entwicklungsplan konkretisiert und mit operativen Maßnahmen ausge-füllt. Der Pflege- und Entwicklungsplan des Naturschutzgebietes Lüneburger Heide ist allerdings bereits vor neun Jahren erschienen und enthält daher ei-nige Darstellungen, die nicht den aktuellen Erkenntnissen entsprechen. Auf die Entwicklung der Pflegeverfahren etwa wurde bereits im Kapitel 3.2 „Hei-depflege" eingegangen.

### 6.1.3.2 Kostenerfassung

Der nächste Schritt der Kosten-Wirksamkeits-Analyse besteht in der Ermitt-lung der betrieblich anfallenden Kosten der einzelnen Pflegemaßnahmen. Im Bereich von Naturschutzmaßnahmen findet sich üblicherweise ein hoher An-teil an öffentlicher Finanzierung und somit auch ein hohes Maß an Struktu-ren, die am kameralistischen Einnahme-Ausgabe-Prinzip orientiert sind. Na-turschutz wurde bisher meist als öffentlich-hoheitlicher Bereich angesehen und somit ist die diese Entwicklung nachvollziehbar. In der vorliegenden Un-tersuchung soll aber der Kostenbegriff aus der kaufmännischen Buchführung zugrunde gelegt werden. In vielen Bereichen der öffentlichen Verwaltung wird heute versucht, die kaufmännische Kosten-Leistungsrechnung zu etab-lieren, da ihr Informationsgehalt den der kameralistischen Buchführung bei weitem übertrifft (vgl. z.B. Schmitz 1994; Vrenegor 1996). Um handlungsleitende Ergebnisse zu erhalten, erscheint eine Anwendung des kaufmännischen Kostenbegriffes sinnvoll.

Bei der Erfassung der Kosten im Rahmen der Kosten-Wirksamkeitsanalyse sollten alle Kosten normalisiert werden, um plausible Ergebnisse zu erreichen. Die Normalisierung führt dazu, dass die ausgewiesenen Kosten einer durchschnittlichen Durchführung der Maßnahmen entsprechen, sie bilden also einen Durchschnitt aus günstigen und ungünstigen Werten (vgl. Wöhe & Döring 2000, 1166). Steigerungen oder Senkungen der Kosten bei einzelnen Maßnahmen, die auf zufälligen Abweichungen beruhen, werden nicht berücksichtigt. Im Naturschutzbereich gibt es z.B. relativ häufig Einsätze von Freiwilligen oder Zivildienstleistenden. Diese verursachen nur geringe oder keine betrieblichen Kosten.

Andererseits können die Kosten der Maßnahmen auch durch die natürlichen Gegebenheiten schwanken. Es kann beispielsweise zu Kostensteigerungen beim Brennen durch Witterungsschwankungen oder durch Geländeeigenschaften bei mechanischen Pflegemaßnahmen kommen. Durch die Kalkulation eines Durchschnittswertes wird eine Kalkulation von Standardwerten erreicht, die auch als Vorkalkulation für zukünftige Maßnahmen verwendet werden kann.

Die Basisdaten für die Kosten, die von den Pflegeverfahren verursacht werden, konnten aus den Angaben und Unterlagen des Vereines Naturschutzpark gewonnen werden (VNP 2004). Eine weitere Bearbeitung war jedoch auf Grund der geschilderten Gründe notwendig.

### 6.1.3.3 Wirksamkeitskriterien

Als Wirksamkeitsmaße dienen die quantifizierten Ergebnisse der erwünschten oder unerwünschten Wirkungen im Sinne der Zielerfüllung, die die untersuchten Verfahren auf die biotischen und abiotischen Faktoren im System der Heidebestände ausüben. Entsprechend der Definition der vorliegenden Analyse für die betriebliche Ebene bleiben die Wirksamkeitsmaße auf diejenigen Werte beschränkt, die die betriebliche Entscheidung über die Durchführung möglicher Maßnahmen beeinflussen. Abbildung 6-3 zeigt eine Übersicht über mögliche Einflussfaktoren auf eine solche Entscheidung.

Diese Übersicht ist nicht abschließend, es sind weitere beeinflussende Faktoren denkbar, wie etwa kurzfristig zur Verfügung stehende Maschinenkapazität. Die auf betrieblicher Ebene für das Zielsystem relevanten, kurzfristig beeinflussbaren Faktoren sind nicht schattiert dargestellt, während die nur langfristig beeinflussbaren Faktoren schattiert sind. Die Kosten, die zwar entscheidungsrelevant sind, aber nicht als Wirksamkeitsmaß in die Analyse eingehen, sind in der Abbildung schraffiert.

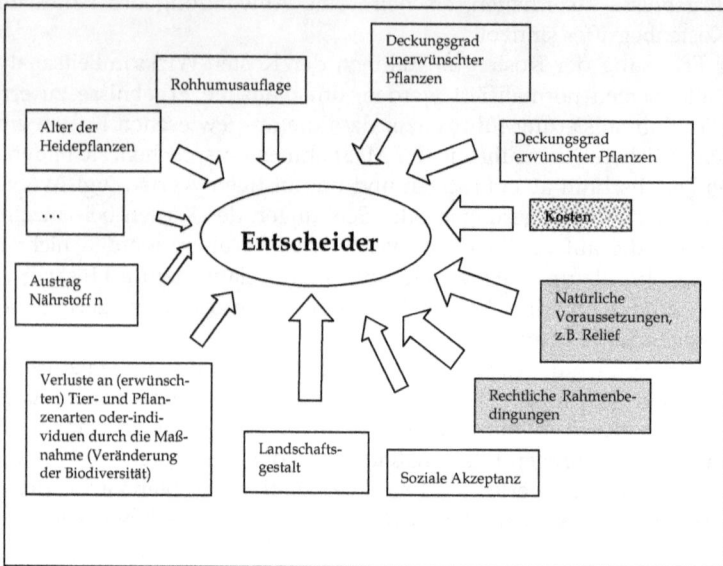

Abbildung 6-3: Einflussfaktoren der Entscheidung über die
Durchführung von Pflegemaßnahmen (I)

Schattiert: Nur langfristig oder nicht beeinflussbare Faktoren
Gepunktet: Kosten, werden separat behandelt
Die Dicke der Pfeile deutet die Verfügbarkeit der Informationen an.
Quelle: Eigene Darstellung

Die skizzierten Einflussfaktoren haben unterschiedliche erwünschte Wirkungsrichtungen, so sollen etwa die Nährstoffentzugswerte möglichst hoch sein, während möglichst geringe Verluste an (erwünschten) Tier- und Pflanzenarten angestrebt werden. Die schattiert dargestellten Faktoren gehören zu den betrieblich nicht oder nur langfristig beeinflussbaren Rahmenbedingungen.

Aus den beeinflussbaren Wirkfaktoren werden diejenigen ermittelt, deren Daten aktuell

- in geeigneter Form verfügbar sind,
- auf der Analyseebene beeinflussbar und
- möglichst frei von störenden Einflüssen, die nicht zum Untersuchungsgegenstand gehören, sind.

Diese Faktoren werden operationalisiert und als Wirksamkeitsmaße verwendet. Für die Kosten-Wirksamkeits-Analyse ist es nicht notwendig, dass alle Kriterien in gleichen Einheiten oder auch Messniveaus vorliegen. Nicht für jedes Entscheidungskriterium liegen Daten in derselben Qualität und in vergleichbarem Umfang vor. In Abbildung 6-3 ist dies durch die Dicke der Pfeile angedeutet, die die Verfügbarkeit der Information darstellt. Informationen über die rechtlichen Rahmenbedingungen sind üblicherweise vollständig verfügbar, die Kosten können ebenfalls oft relativ präzise eingeschätzt werden. Über die Einflussfaktoren, die sich auf die bodenchemischen Wirkungen der Maßnahmen beziehen, liegen in vielen Entscheidungssituationen keine gesicherten Informationen vor. Im Fall der vorliegenden Untersuchung war es möglich, diese Kriterien zu berücksichtigen, da sie im Rahmen des Verbundforschungsprojektes (vgl. Keienburg & Prüter 2004) erhoben wurden (Fottner et al. 2004; Niemeyer et al. 2004; Sieber et al. 2004).

Eine weitere Unterscheidung betrifft den zeitlichen Horizont der Wirkungen. Die Kriterien weisen eine sehr unterschiedliche Wirkungsdauer auf, die wiederum auch bei verschiedenen Pflegemaßnahmen unterschiedlich ist. Diese müssen bei der Gegenüberstellung berücksichtigt werden. So treten die Austräge der Nährstoffe aus dem System gleichzeitig und unmittelbar nach der Durchführung der Maßnahme auf. Sie wirken aber durch erhöhten Sickerwasseraustrag in geringerem Maß auch nach der Durchführung weiter (Niemeyer et al. 2004).

Der Deckungsgrad der erwünschten Pflanzen wird dagegen bei allen Verfahren erst mehrere Vegetationsperioden später erreicht. Bei letzterem zeigen sich auch deutliche Unterschiede im Zeithorizont zwischen den Verfahren, z.B. zwischen Plaggen (ca. 30 Jahre) und Mahd (ab 3 Jahre). Dies darf aber nur dann berücksichtigt werden, wenn die Dauer des Zielzustandes, die durch die Verfahren erreicht werden kann, auch weitgehend vergleichbar ist. Dies ist bei Mahd und Plaggen nicht der Fall, weil bei der Mahd nur ein Wiederaustrieb der Pflanzen erreicht wird und die Dauerhaftigkeit der Pflegewirkung bei weitem geringer ist. Eine Anwendung von Kriterien, die mit zeitlicher Verzögerung wirksam werden, erscheint daher schwierig, da Unsicherheit und Risiko eine erhebliche Rolle spielen und die Beurteilung des Erfolges erst nach Ablauf einer spezifischen Entwicklungszeit möglich ist. Eine Wirkung, die nahezu keine zeitliche Verzögerung aufweist, sind die Austräge der wichtigsten Nährstoffe Stickstoff, Phosphor, Kalium, Calcium und Magnesium (vgl. Härdtle 2004).

Für die vorliegende Studie lagen aus den eigenen empirischen Erhebungen auch Informationen zur Akzeptanz der Pflegeverfahren vor. Dieses Kriterium weist allerdings nur ein ordinales Messniveau auf. Für das Kriterium „Verluste an Carabiden (Laufkäfern)" lagen keine statistisch abgesicherten Werte vor und für die Gesamtakzeptanz der einzelnen Verfahren kann eine kardinale Messbarkeit nicht ohne weiteres angenommen werden.

Die in Abbildung 6-3 dargestellten Entscheidungskriterien erfüllen die oben genannten Anforderungen in sehr unterschiedlichem Maße. Hohe Deckungsgrade an erwünschten Pflanzen sind Kriterien, die sehr nah am Oberziel der Heidepflege orientiert sind. Deckungsgrade an erwünschten Pflanzen bestimmter Pflanzengesellschaften repräsentieren eine Teil der Biodiversität, die mit verschiednen Indizes häufig zur Quantifizierung von ökologischer Qualität herangezogen wird (vgl. z.B. Baumgärtner 2003). Diese Kriterien weisen aber einige Nachteile auf. Zum einen sind viele von ihnen bei allen Maßnahmen, insbesondere aber bei den Instandsetzungsmaßnahmen, erst mehrere Vegetationsperioden nach der Durchführung der Verfahren und auch nur durch mehrere Jahre dauernde Vegetationsaufnahmen vollständig erhebbar. Damit verursachen solche Kriterien einen hohen Aufwand der Datenaufnahme und weisen keine zeitliche Nähe zur Durchführung des Pflegeverfahrens auf. Zum anderen sind sie – auch durch die langen Zeiträume bis zur Erhebung – anfällig gegen Einflüsse, die nicht direkt mit der Pflege zusammenhängen, etwa Kalamitäten durch Trockenheit oder Heideblattkäfer. Das Kriterium wurde aus diesen Gründen in der vorliegenden Kosten-Wirksamkeits-Analyse nicht verwendet.

Die beiden Kriterien der Verluste an Tier- und Pflanzenarten spielen eine wichtige Rolle bei Naturschutzmaßnahmen und wurden in der vorliegenden Untersuchung im Rahmen der Datenverfügbarkeit berücksichtigt. Auch sie bedingen aber einen relativ hohen Aufwand der Datenerhebung, da Aufnahmen der Flächen vor und nach der Pflegemaßnahme durchgeführt werden müssen.

Als grundlegender abiotischer Faktor für die Entwicklung einer Heidebiozönose kann das Nährstoffniveau im Oberboden betrachtet werden (vgl. z.B. Härdtle & Frischmuth 1998). Im vorliegenden Fall wurden daher in erster Linie die Austräge der genannten Nährstoffe als Wirksamkeitskriterien verwendet. Die Kriterien „Verluste an Carabiden" und „Akzeptanz" wurden zusätzlich in die Kosten-Wirksamkeitsmatrix eingestellt – aus den genannten Gründen allerdings nicht mit numerischen Werten, sondern nur als positive oder negative Tendenzen.

6.1.4 Ergebnisse der Kosten-Wirksamkeits-Analyse

6.1.4.1 Kosten der Pflegeverfahren

Das Untersuchungsgebiet bietet, wie bereits in Kapitel 3 „Struktur des Untersuchungsgebietes" erwähnt, relativ einheitliche Strukturen bezüglich der Besitz- und Betreuungsverhältnisse. Die Erhebung der Kosten basiert daher auf den Unterlagen, die im Verein Naturschutzpark (VNP) vorliegen. Darauf aufbauend mussten aber eigene Kalkulationen durchgeführt werden, weil die meisten Daten nur in Form von Einnahme-Ausgabe-Rechnungen verfügbar waren.

Für die Kosten-Wirksamkeits-Analyse waren nur die operativen Kosten, die unmittelbar den jeweiligen Pflegeverfahren zugeordnet werden können, zu berücksichtigen, weil diese Analyse auf der betrieblichen Ebene durchgeführt wurde. Im Rahmen der Unterschutzstellung von Gebieten und von aktiven Naturschutzmaßnahmen können verschiedene Kostenarten an unterschiedlichen Orten entstehen. So gibt es Kosten für die Flächennutzung, Kosten für das Büro der Naturschutzorganisation, für die Durchführung Pflegemaßnahmen oder für die Aufstellung von Schildern. Teilweise können die Kosten direkt den Verfahren zugeordnet wird, teilweise müssen sie als Gemeinkosten auf diese verteilt werden.

Neben der reinen Erfassung der Kosten zur Weiterverarbeitung in der Kosten-Wirksamkeits-Analyse sollen die Kosten aber auch strukturiert und analysiert werden. Dies dient einerseits zur Beurteilung, ob bei die Ist-Kosten auch Normalkosten entsprechen, d.h. ob zufällige Schwankungen der Höhe der Kosten ausgeschlossen sind. In einem weiteren Schritt kann die Analyse aber auch dazu dienen, Kostenschwerpunkte zu identifizieren und Handlungsmöglichkeiten zur Kosteneinsparung oder auch Ertragssteigerung zu erkennen.

Innerhalb der Kostenanalyse zeigen sich strukturelle Unterschiede zwischen den einzelnen Pflegemaßnahmen. Die Ergebnisse der Kostenerfassung der Pflegeverfahren sind in Tabelle 6-3 dargestellt.

Tabelle 6-3: Kosten der Pflegeverfahren und jährlich bearbeitete Fläche
Quelle: VNP (2004) und eigene Darstellung

| Maßnahme | Beweidung | Mahd | Brennen | Schoppern | Plaggen |
|---|---|---|---|---|---|
| Nettokosten/ Arbeitsgang (€/ha) | 171 | 400 | 355 | 1700 | 3100 |
| Spannweite (€/ha) | 138-171 | 50-500 | 300-380 | 1500-2000 | 2800-3500 |
| Jährlich bearbeitete Fläche (ha) | 2800 | 100 | 20 | 30 | 12 |

Grundsätzlich unterliegen die Kosten der Verfahren, insbesondere die Verfahren, die durch den Betrieb des VNP in Eigenregie durchgeführt werden, der Größen- und Auflagendegression (vgl. Schmalenbach & Bauer 1963, 103ff.). Das bedeutet, dass die genannten flächenbezogenen Kosten sich nur auf die Größenordnung beziehen, in der die Verfahren derzeit angewendet werden. Wird die Einsatzmenge eines Verfahren erhöht oder vermindert, dann ist mit einer Änderung der Kosten pro Einheit zu rechnen. In gewissen Grenzen wirkt dabei die Kostenremanenz gegenläufig, so dass erst größere Änderungen sich deutlich auf Kostenänderungen auswirken (vgl. Kosiol 1970, 967ff.).

Die Verfahren weisen sehr unterschiedliche Verteilungen der Kostenkomponenten auf. Die mechanischen Verfahren werden in den meisten Fällen im Lohnauftrag vergeben. Der Großteil der Kosten fällt hier deswegen als Fremdleistung an und entzieht sich einer weiteren Analyse. Diese Kosten liegen somit im Bereich der variablen Kosten. Lediglich ein geringer Teil an eigenen Kosten für Vorbereitung und Verwaltungspauschale kommen bei diesen Verfahren hinzu. Die Kosten des Verfahrens „Mahd" schwanken besonders stark, weil im Fall der Verwertbarkeit des Mahdgutes erhebliche Erlöse auftreten (vgl. Kapitel 3.2.2 „Pflegeverfahren"). Die Spannweiten der anderen Verfahren schwanken im Wesentlichen in Abhängigkeit der natürlichen Voraussetzungen der Flächen und der organisatorischen Vorgaben.

Für die beiden Pflegeverfahren Beweidung und Brennen können die Kosten dagegen sehr detailliert erhoben und analysiert werden. Beide Verfahren werden in großem Umfang vom Verein Naturschutzpark mit eigenen Arbeitskräften bzw. eigener Infrastruktur durchgeführt.

Tabelle 6-4 zeigt den Kostenplan für das kontrollierte Brennen nach Personalkosten, Sachkosten und Kosten für Dienstleistungen. Die angegebenen Werte beziehen sich auf die Bearbeitung einer Fläche von einem Hektar. Die Bearbeitung größerer Flächen wird nicht für günstig gehalten, weil die Gefahr erhöhter Verluste an Tieren durch Verbrennen besteht, was nicht der Zielsetzung entspricht. Die kalkulatorischen Kosten für eine Einsatzstunde der eingesetzten Schlepper wurden wegen der langen Standzeit um etwa 30% gekürzt. Kostenreduzierungen um etwa 20 % können sich durch das Anfahren mehrerer Flächen der angegebenen Größe nacheinander ergeben. Daher kann das Brennen mit einem durchschnittlichen Kostensatz von 355 € pro Hektar kalkuliert werden. Der Anteil der Personalkosten beim kontrollierten Brennen liegt bei etwa 43%. Es ist mit vier bei der Durchführung ständig beschäftigten Arbeitskräften ein personalintensives Verfahren, wie auch schon Cobham (1990, 148) feststellt. Mit 34% sind die Sachkosten allerdings nur wenig niedriger, insbesondere verursacht durch die hohen Maschinenkosten zur Eindämmung des Brandes. Ein Schlepper wird zum Mulchen einer Schneise um die Brandfläche und ein weiterer zum Transport eines Wasserwagens gebraucht. Diese Schlepper können wegen der weiten Entfernungen zu anderen Arbeitsorten in der Regel nicht für andere Zwecke eingesetzt werden und stehen während des Brennens an der Brandfläche. Nur grob kalkulierbar ist die Umlage für die Feuerwehreinsätze, die von Zeit zu Zeit wegen außer Kontrolle geratener Feuer durchgeführt werden müssen.

Tabelle 6-4: Kostenplan des kontrollierten Brennens
Werte für eine Einzelfläche von 1 ha
Quelle: VNP (2003) und eigene Darstellung

| Personalkosten | €/ha | Sachkosten | €/ha | Kosten für Dienstleistungen | €/ha | Summe |
|---|---|---|---|---|---|---|
| An/Abfahrt, Brennen 1,5 h/4AK | 158 | Kleinmaterial | 30 | Feuerwehr Bereitschaft | 20 | |
| Vorbereitung | 32 | Abschreibung Geräte | 10 | Umlage Feuerwehreinsätze | 75 | |
| | | Forstmulcher 1,5 h | 50 | | | |
| | | Schlepper 2*1,5h | 55 | | | |
| | | Wasserwagen | 9 | | | |
| Summe € | 190 | | 154 | | 95 | 439 |
| Anteil der Kostenarten | 0,43 | | 0,35 | | 0,22 | |

Je nach Witterung, bei der das Brennen durchgeführt wird, und anderen Begleitumständen kann das Risiko unkontrollierbarer Brände und damit teurer Feuerwehreinsätze unterschiedliche Größenordnungen annehmen. In den letzten Jahren hat sich ein Erfahrungswert für die Häufigkeit solcher Einsätze gebildet, der für die Kalkulation der Größe herangezogen wurde. Allerdings wird das Verfahren erst seit etwa drei Jahren in größerem Umfang durchgeführt, so dass dieser Wert nicht als abgesichert angesehen werden kann. Eine verstärkte Anwendung dieser Verfahren oder eine Änderung der Jahreszeit des Brennens können die Frequenz solcher Ereignisse möglicherweise verändern. Die Kostenstruktur der Schafhaltung zur Beweidung wurde ebenfalls detailliert untersucht. In Tabelle 6-5 ist der Kostenartenplan für die Beweidung zusammengestellt. Diese Maßnahme wird, wie oben beschrieben, kontinuierlich ausgeführt. Dadurch können die Kosten nur zeitlich und flächenmäßig, nicht jedoch auf eine einzelne Durchführung bezogen dargestellt werden. Insgesamt ergeben sich für diese Maßnahme Kosten von 171 € pro Jahr und Hektar. Dass die Schafhaltung zur Beweidung der Heideflächen defizitär ist, verwundert vor dem Hintergrund der Gesamtsituation der Schafhaltung in Deutschland nicht (vgl. z.B. Klemm & Diener 2002). Die Schafhaltung weist einen geringeren Anteil (29%) der Personalkosten auf als das kontrollierte Brennen. Ein großer Teil der Kosten wird durch Kapitalkosten verursacht, die die Investitionen in die Infrastruktur verursachen. Hier wirkt sich insbesondere die Notwendigkeit aus, Ställe vorzuhalten, in denen die Heidschnucken nachts aufgestallt werden können. Im Bereich des Naturschutzgebietes existieren derzeit 16 Ställe, von denen etwa 12 für die Schafhaltung genutzt werden. Weiterhin sind in den Kapitalkosten die Kosten für die Verzinsung des Kapitals des Tierbestandes enthalten.

Bei der Kostenermittlung wurden Zuschüsse nur berücksichtigt, wenn davon ausgegangen werden konnte, dass diese mittelfristig kontinuierlich gewährt werden. In diesem Sinne wurde die Mutterschafprämie, die eine strukturelle landwirtschaftliche Förderung darstellt, eingerechnet, der Zuschuss aus dem Kooperationsprogramm Biotoppflege des Landes Niedersachsen aber nicht.

Zentraler kostenrelevanter Faktor bei den Kapitalkosten und damit der Gesamtkosten der Beweidung ist der Zinssatz, der für die Kalkulation herangezogen wird. Der Kalkulationszinssatz hängt von der Herkunft des Kapitals, von der Zielsetzung des Kapitalgebers und vom Risiko der Anlage ab. Da es sich bei den betreffenden Mitteln um die Zinsen aus der Verwendung von Eigenkapital handelt, nicht um die Verzinsung von Fremdkapital, wurde von einem langfristig relativ niedrigen Zinssatz von 5% ausgegangen. Eine hohe Verzinsung ist in diesem Fall offenbar nicht prioritäres Ziel des Eigenkapitalgebers. Das Risiko der Anlage kann als gering betrachtet werden (vgl. Wöhe & Döring 2000, 636). In der Abbildung 6-4 ist die Entwicklung der jährlichen Gesamtkosten bei verschiedenen Zinssätzen dargestellt.

Tabelle 6-5 Kostenplan der Schafhaltung zur Beweidung, jährliche Kosten für die Gesamte beweidete Fläche
Quelle: VNP (2002, 2003, 2004) und eigene Darstellung

| Kostenart | Personalkosten | € | Sachkosten | € | Kapitalkosten | € | Kosten für Dienstleistungen | € | Kosten für Steuern, Gebühren und Beiträge | € | Zeilensumme |
|---|---|---|---|---|---|---|---|---|---|---|---|
| | Löhne Schäfer | 138025 | Futter u. Medikamente | 62513 | Zinskosten allgemein | 6000 | Schafschur | 2811 | Grundsteuer anteilig | 3197 | |
| | Löhne Aushilfen | 25643 | Stalleinstreu | 0 | Kalkulatorische Zinsen Tiere | 9875 | Strom, Wasser | 2000 | Schaf- und Ziegengesundheitsdienst | 1218 | |
| | Anteil Betriebsleiter | 33292 | Tierzukäufe | 5000 | | | Schlachtgebühren, Absatzfonds | 1185 | LWK-Beitrag | 2157 | |
| | Anteil Geschäftsführer | 16250 | Kfz-Kosten | 3750 | | | Versicherungen sonstiges | | Wasser- und Bodenverband anteilig | 16600 | |
| | Anteil sonst. Management | 11079 | Bürokosten | 1875 | | | Buchführung | 9000 | Berufsgenossenschaft | 11546 | |
| | | | Kleinverbrauchsmaterial | 1080 | | | Zubringerlöhne | 2075 | | | |
| Stallkosten | Löhne Stallreparatur, Pferchbau etc. | 20000 | Gebäudeunterhaltung Schafställe | 14000 | kalkulatorische Zinsen Ställe | 120000 | Versicherungen Ställe | 14000 | | | 168000 |
| | | | Gebäudeabschreibungen | 96000 | | | | | | | 96000 |
| Summe | | 244289 | | 184218 | | 135875 | | 31071 | | 34718 | 630171 |
| Anteil | | 0,39 | | 0,29 | | 0,22 | | 0,05 | | 0,05 | 1,00 |

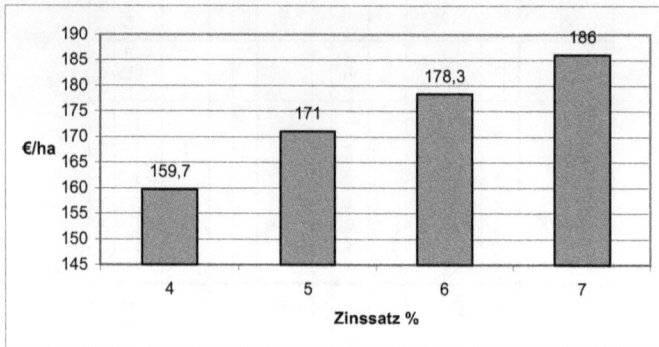

Abbildung 6-4: Gesamtkosten der Schafhaltung nach Kalkulationszinssatz, in €/ha

Quelle: Eigene Darstellung

Es wird deutlich, dass der Kalkulationszinssatz des eingesetzten Kapitals wesentlichen Einfluss auf die Gesamtkosten des Pflegeverfahrens „Beweidung" hat.

6.1.4.2 Wirksamkeitsmaße

Die Wirksamkeitskriterien innerhalb der Kosten-Wirksamkeits-Analyse werden aus dem Zielsystem abgeleitet. Sie sollen dem Entscheider deutlich machen, in welchem Maß die einzelnen untersuchten Maßnahmen zur Zielerfüllung beitragen (Hanusch 1994; 161; Levin & McEwan 2001, 108). Manche Wirksamkeitskriterien sind direkt an die Zielformulierung angelehnt, wie etwa der Deckungsgrad von Besenheide. Sofern ein hoher Deckungsgrad von Besenheide gegeben ist, besteht die Möglichkeit, das Unterziel „Erhaltung vitaler, strukturreicher Heidebestände" zu erreichen und damit zum Erreichen des Oberziels beizutragen (vgl. Abb. 6-3). Andere Kriterien stellen die abiotischen Voraussetzungen für die Entwicklung einer erwünschten Pflanzengesellschaft dar. Abbildung 6-3 zeigt eine Übersicht der Faktoren, die auf verschiedenen Ebenen die Entscheidung über die Anwendung von Pflegemaßnahmen beeinflussen.

Als Wirksamkeitskriterien kommen von diesen Wirkfaktoren für die Kosten-Wirksamkeits-Analyse grundsätzlich folgende in Frage:

- Deckungsgrad erwünschter Pflanzen, bes. Besenheide (Calluna vulgaris)
- Verluste an Tierarten/Individuen
- Verluste an Pflanzenarten/Individuen

- Nährstoffaustrag von N, P, K, Ca, Mg
- Biomasseaustrag
- Akzeptanz bei den Anspruchsgruppen

Die Nährstoffaustragswerte wurden in der vorliegenden Untersuchung als wichtigste Kriterien der Wirksamkeit der Pflegemaßnahmen angesehen. Durch die Arbeit in einem interdisziplinären Forschungsprojekt waren verlässliche Daten für den spezifischen Nährstoffaustrag der Verfahren verfügbar. Sind diese Daten nicht verfügbar, dann kann ersatzweise auch der Biomasseaustrag verwendet werden, der zumindest mit dem Stickstoffaustrag eng korreliert ist. Die Akzeptanz verschiedener Anspruchsgruppen stellt eine wichtige Nebenbedingung dar , ihre Kenntnis ist eine zentrale Voraussetzung für eine sozioökonomisch rationale Entscheidung über die Verfahren. Für die Einschätzung der Akzeptanz der Verfahren liegen einige Daten aus eigenen empirischen Untersuchungen vor (vgl. Kapitel 5 „Akzeptanz der Pflegemaßnahmen"), die ebenfalls in die Analyse einfließen. Da es sich dabei um mehrere Befragungen handelt und nicht von einer kardinalen Skala der Äußerungen ausgegangen werden kann, wurden sie als positive oder negative Tendenzen vermerkt. Ebenso verhält es sich bei den Daten zu Verlusten an Carabiden (Laufkäfern), wie die Werte zum Nährstoffaustrag aus den ökologischen Untersuchungen des Forschungsprojekts gewonnen werden konnten (Schmidt & Melber 2004). Auch hier können nur Tendenzen angegeben werden, zudem konnten aus den faunistischen Untersuchungen nicht für alle Verfahren derartige Daten ermittelt werden.

6.1.4.3 Gegenüberstellung von Kosten und Wirksamkeitsmaßen

In Tabelle 6-6 sind diese Wirksamkeitskriterien den Kosten in der Kosten-Wirksamkeits-Matrix gegenübergestellt. Sie bietet einen Überblick, der dem Entscheider weitgehende Freiheit lässt, bestimmte Kriterien in ihrer Bedeutung für die Entscheidung zu verändern. Bei der Beurteilung der Verfahren mit Hilfe dieser Matrix wird deutlich, dass z.B. beim Brennen relativ niedrige Werte bei den Nährstoffausträgen mit anderen, weniger günstigen Wirkungen beim Verlust an Carabiden kombiniert sind. Die Verhältnisse sind aber nur anhand der Übersicht für den Entscheider kaum präzise zu erfassen. Ein dominantes Verfahren, das in allen Kriterien den anderen überlegen ist, lässt sich nicht identifizieren.

Tabelle 6-6: Kosten-Wirksamkeits-Matrix

N: Stickstoff; P: Phosphor; K: Kalium; Mg: Magnesium; Ca: Calcium;
+: günstig, o: mittelmäßig; -: ungünstig; Daten für "Verluste an Carabiden" unvollständig
Quelle: Fottner et al. (2004); Niemeyer et al.(2004); Sieber et al. (2004) Schmidt & Melber
(2004) und eigene Berechnungen

| Pflegeverfahren | Netto Kosten €/ha | Wirksamkeitsmaß | | | | | | |
|---|---|---|---|---|---|---|---|---|
| | | kg/ha Austrag N | kg/ha Austrag P | kg/ha Austrag K | kg/ha Austrag Mg | kg/ha Austrag Ca | Verluste an Carabiden | Akzeptanz |
| Kontr. Brennen | 355 | 97,5 | 1,2 | 20,0 | 3,2 | 10,5 | - | - |
| Mähen | 400 | 99,3 | 8,5 | 39,3 | 11,6 | 32,1 | | o |
| Schaf-beweidung | 171 | 26,2 | 2,0 | 10,5 | 3,7 | 10,5 | + | + |
| Schoppern | 1700 | 1071,5 | 47,7 | 74,3 | 37,7 | 142,6 | | - |
| Plaggen | 3100 | 1712,4 | 80,2 | 263 | 69,8 | 224,8 | | - |

In einem weiteren Schritt können daher besonders wichtige Kenngrößen als einzelne Verhältniszahlen (Kostenwirksamkeiten) dargestellt werden. Tabelle 6-7 zeigt eine Zusammenstellung der Kostenwirksamkeiten, die die Pflegeverfahren hinsichtlich der Austräge der verschiedenen Nährstoffe leisten. Diese Werte beantworten die Frage, wie viel Nährstoffaustrag pro eingesetztem Euro durch die Verfahren bewirkt wird. Liegt der Schwerpunkt des Ziels einer Pflegemaßnahme auf dem Austrag eines bestimmten Nährstoffes, dann kann über die Kostenwirksamkeiten das Pflegeverfahren bestimmt werden, das dieses Ziel mit dem geringsten Mitteleinsatz leistet.

Tabelle 6-7: Spezifische Kostenwirksamkeiten der Verfahren für den Austrag der Nährstoffe
Quelle: Eigene Darstellung

| Verfahren | Kontrolliertes Brennen | Mahd | Beweidung | Schoppern | Plaggen |
|---|---|---|---|---|---|
| Kostenwirksamkeit Austrag N kg/€ | 0,27 | 0,25 | 0,15 | 0,63 | 0,55 |
| Kostenwirksamkeit Austrag P kg/€ | 0,003 | 0,02 | 0,011 | 0,12 | 0,026 |
| Kostenwirksamkeit Austrag K kg/€ | 0,056 | 0,098 | 0,061 | 0,043 | 0,085 |
| Kostenwirksamkeit Austrag Ca kg/€ | 0,030 | 0,080 | 0,061 | 0,084 | 0,073 |
| Kostenwirksamkeit Austrag Mg kg/€ | 0,009 | 0,029 | 0,022 | 0,022 | 0,022 |

Tabelle 6-7 zeigt auch, dass die Kostenwirksamkeiten für die Nährstoffausträge bei den einzelnen Verfahren deutliche Unterschiede aufweisen. Die Einzelwerte sind nicht entscheidungsrelevant, aber der Vergleich der Verfahren kann Aufschluss über Vorteilhaftigkeiten geben. Das Schoppern beispielsweise weist hinsichtlich des Stickstoffaustrages eine Kostenwirksamkeit auf, die die aller anderen Verfahren übertrifft und etwa das Vierfache der Beweidung ausmacht. Die Verfahren zeigen durchaus auch wechselnde Vorteile bei verschiedenen Nährstoffen, zum Beispiel Schoppern und Plaggen bei Stickstoff und Kalium. Eine klare Beurteilung der Vorteilhaftigkeit über alle Nährstoffe fällt daher schwer. Sie hängt außerdem von den Zielwerten für die Nährstoffausträge ab, die wiederum an den in das System eingetragenen Mengen orientiert werden können.
Die Kosten-Wirksamkeits-Matrix wie auch die Übersicht der Kostenwirksamkeiten liefern wertvolle Informationen zur Entscheidungsunterstützung. Sie ermöglichen dem Entscheider eine Gesamtschau der relevanten Kriterien. Sie können jedoch keine umfassende Entscheidungshilfe bieten. Insbesondere bei komplexen Entscheidungssituationen wird die Anwendung der Kosten-Wirksamkeits-Matrix erschwert und eine gleichzeitige Berücksichtigung aller Werte überfordert den Entscheider. Sie verleiten den Entscheider in solchen Fällen möglicherweise eher zur Betrachtung einzelner, diskreter Sachverhal-

te. Die Ziele, die der Entscheidung zugrunde liegen, werden in der Kosten-Wirksamkeits-Analyse nur zur Ermittlung der einzelnen Wirksamkeitskriterien verwendet, ihrer Komplexität kann die Kosten-Wirksamkeits-Analyse allein nicht gerecht werden. Dies umso mehr, als in der vorliegenden Arbeit auf Grund der Datenlage nicht alle relevanten Wirksamkeitskriterien berücksichtigt werden konnten.

## 6.2 Optimierung des Pflegeprogramms

In diesem Kapitel wird, ergänzend zu den Ergebnissen der Kosten-Wirksamkeits-Analyse, eine mathematische Optimierung der verwendeten Daten durchgeführt. Verwendet werden die lineare Programmierung (linear programming, LP) sowie die gewichtete lineare Zielprogrammierung (weighted linear goal programming, WGP). Ziel dieser Methoden ist es, auf Basis der in kardinaler Form vorliegenden Daten optimale Verfahrenskombinationen für die Heidepflege zu ermitteln. So kann der Datenumfang, der zur Entscheidungsfindung genutzt wird, reduziert werden. Dies führt zu einer Verminderung der Nachteile, die die Ergebnisse Kosten-Wirksamkeitsanalyse aufweisen.

### 6.2.1 Optimierungsmethoden

Mit der Kosten-Wirksamkeits-Matrix steht eine Entscheidungsgrundlage zur Verfügung, die zwar einen weitgehenden Überblick über die Ausprägungen der Entscheidungskriterien liefert, die Findung einer optimalen Entscheidung aber dem weiteren Entscheidungsprozeß bzw. einer subjektiven Einschätzung des Entscheidungsträgers überlässt. Angesichts der Komplexität der Entscheidung kann es aber vorteilhaft sein, wenn dem Entscheider auch Werkzeuge zur Verfügung stehen, mit dem er rechnerisch optimale Lösungen unter bestimmten Voraussetzungen ermitteln kann.

Das Gebiet des Operations Research besteht aus quantitativen Methoden, die zur Vorbereitung optimaler Entscheidungen dienen (Zimmermann & Stache 2001, 2). Voraussetzung für die Anwendung vieler dieser Methoden sind kardinal messbare Entscheidungskriterien. Eine Programmierung ist zwar auch bei unscharfen Entscheidungskriterien möglich (fuzzy programming, vgl. z.B. Ott 2001), verlässliche Daten eines hohen Messniveaus verbessern die Klarheit der Ergebnisse erheblich. Die vorliegenden Methoden wurden meist für Optimierungsprobleme in der industriellen Produktion entwickelt. Sie werden aber seit langem auf den verschiedensten Gebieten angewendet, etwa in der Land- und Forstwirtschaft (vgl. z.B. Kent 1988; Krodel 1997; Romero & Rehman 1984). Im Bereich von Landschaftspflege und Naturschutz gibt es allerdings bisher nur einige Anwendungen aus jüngerer Zeit (z.B. Hof & Bevers 2000; Seppelt 2002; Tucker et al. 1998). Diese haben aber die grundsätzliche Anwendbarkeit der Methoden und den Erkenntnisgewinn hierdurch gezeigt.

161

Zentrale Voraussetzung der Anwendung von Optimierungsmethoden ist die Kenntnis der Entscheidungssituation. Im Bereich öffentlicher Haushalte ist diese oftmals so gestaltet, dass unter einer festen Budgetrestriktion die maximale Wirkung erreicht werden soll. Die Mittel sind hier zweckgebunden geplant und stehen nur für die vorgesehene Verwendung zur Verfügung. Bei privatwirtschaftlichen Unternehmen dagegen wird die Minimierung der Kosten bei Erfüllung gesetzter Ziele angestrebt. Mittel können hier meist auch in andere Verwendungen übertragen werden, eine Minimierung der Kosten bedeutet daher Verfügbarkeit der Mittel für andere Zwecke (vgl. z.b. Vrenegor 1996).

Im Fall der Heidepflege existieren verschiedene Entscheidungssituationen, weil sowohl zweckgebundene Mittel der Variante „öffentlicher Haushalt" vorhanden sind als auch frei verfügbare Mittel, die der privatwirtschaftlichen Entscheidungssituation gleichkommen. Daher sollen in folgenden die möglichen Situationen im Rahmen verschiedener Optimierungsmodelle abgebildet werden. Voraussetzung für die Behandlung eines Entscheidungsproblems mit Hilfe mathematischer Optimierung ist die Konstruktion eines Modells, in dem die Ziele und Restriktionen der Entscheidung abgebildet werden. Räumliche Modelle können einzelflächenweise konstruiert werden, d.h. die Daten jeder Fläche werden optimiert und zu einem Gesamtmodell zusammengefügt. Diese Modellierung liefert sehr präzise Informationen, ist aber nur dann möglich, wenn Daten auf dieser Ebene verfügbar sind. Die Daten über Kriterien der Wirksamkeit und Restriktionen liegen im vorliegenden Fall nicht für Einzelflächen, sondern als Durchschnitts- bzw. Gesamtwerte für die Heideflächen vor. Bei den folgenden Modellen handelt es sich daher nicht um detaillierte, flächenscharfe Modelle, sondern um Abbildungen des Gesamtsystems. Es wird dabei angenommen, dass über die ganze Fläche die durchschnittlichen Kosten für jedes Verfahren anfallen.

Grundlegende Form eines Entscheidungsmodells ist eine Zielfunktion, die minimiert oder maximiert werden soll. Weiterhin gibt es eine oder mehrere Nebenbedingungen, die den Lösungsraum beschränken:

$$Z = f(x_i) \qquad \text{MIN! bzw. MAX!}$$
$$x_i \, \varepsilon \, C$$

Variablen  Z: Zielfunktion
$x_i$: Lösungsvariablen
C: beschränkter Lösungsraum

Die mit Abstand am meisten verbreitete Optimierungsmethode ist die lineare Programmierung. Mit ihrer Grundform, einer Zielfunktion mit einem System von Restriktionen in Form von Ungleichungen können lineare Probleme behandelt werden. Die Lösung erfolgt meist mit der Simplex-Methode (vgl. z.B. Bloech 1974; Ignizio & Cavalier 1994; Jungnickel 1999).

Für die Formulierung des Problems wird zunächst das Zielsystem geprüft und eine für den tatsächlichen Entscheidungsprozeß angepasste Kombination von Zielfunktion und Restriktionen zusammengestellt. Die lineare Programmierung ist zum Beispiel geeignet, um eine Optimierung der Pflegemaßnahmen für Heideflächen hinsichtlich ihrer Gesamtkosten zu leisten.

Nebenbedingungen sind in diesem System die Erfüllung von Mindest- oder Höchstwerten der aus dem Zielsystem abgeleiteten Wirksamkeitskriterien. Als Zielfunktion zur Minimierung kann z.B. die Gesamtkostenfunktion formuliert werden. Die Restriktionen bestehen dann in den Erfüllung von Zielkriterien, z.B. Mindestgrenzen für Austräge von Nährstoffen aus dem System. Ein Ansatz zur linearen Programmierung mit der Gesamtkostenfunktion als Zielfunktion und Mindestausträgen von m Nährstoffen als Restriktionen hat dann folgende Form:

$$Z = \Sigma\, X_j K_j \quad \text{MIN!}$$

$$R_i \leq \underset{j}{\Sigma}\, X_j a_{ij} \quad \text{für i=1...m}$$

$$X_j \geq 0$$

Variablen     $X_j$: Einsatzmengen der n Maßnahmen j = 1...n

               $K_j$: spezifische Kosten der n Maßnahmen j = 1...n

               $R_i$: Gesamte geforderte Nährstoffreduzierung für Nährstoff i, i = 1...m

               $a_{ij}$: Spezifischer Nährstoffaustrag Nährstoff i/Maßnahme j

Nach demselben Prinzip könnte eine Optimierung (Maximierung) eines einzelnen Nährtoffaustrages ermittelt werden. Diese Formulierung bildet aber die gesamte Zielsetzung für das Management der Heideflächen nicht korrekt ab.

Die lineare Programmierung setzt somit ein Extremierungsziel. Im vorliegenden Fall ist dies die Minimierung der Kosten für die Heidepflege. Diese Sicht ist betriebswirtschaftlich geprägt und gibt damit einen der vorgenannten relevanten Aspekte des Heidemanagements wider.

Die Grundform der linearen Programmierung kann nur mit einer Zielfunktion ausgeführt werden. Da das Zielsystem der Heidepflege auf der operativen Ebene aus mehreren Zielen besteht (vgl. Abbildung 6-3), kann dieses innerhalb eines Modells der linearen Programmierung nicht vollständig abgebildet werden. Für das vorliegende Problem hat die lineare Programmierung außerdem den Nachteil, dass die Restriktionen durch die starre Formulierung in jedem Fall erfüllt werden müssen. Dies kann dazu führen, dass zur Erfüllung eines Zieles ein anderes weit übererfüllt werden muss. Dies muss nicht positiv im Sinne der Zielsetzung sein.

Die geschilderten Eigenschaften der linearen Programmierung führen bei der Lösung praktischer Probleme dazu, dass ein Mehrzielproblem in einzelne Ziele zerlegt werden muss, um es mit Hilfe der linearen Programmierung zu lösen oder dass Zielfunktionen unter Verlust von Informationen in Restriktionen umformuliert werden müssen. Die Resultate dieser Optimierungen müssen dann wiederum untereinander abgestimmt werden. Da diese Schwierigkeiten in fast allen Bereichen auftreten, in denen Optimierungsverfahren angewendet werden, wurden Verfahren entwickelt, die eine gleichzeitige Optimierung mehrerer Funktionen ermöglichen. Entscheidungsprobleme mit mehreren Zielen werden in vektoriellen Entscheidungsmodellen abgebildet (Dinkelbach & Kleine 1996, 34). Sie lassen sich nur dann mit einer Optimierungsmethode lösen, wenn Informationen darüber vorliegen, wie das Verhältnis der Zielwerte untereinander mathematisch zu bewerten ist. Die Verfahren zu Unterstützung solcher Entscheidungen bilden den Bereich der Methoden des Multi-Objective Decision Making (MODM). Hier finden sich verschiedene Algorithmen zur Lösung von Problemen mit mehreren Zielfunktionen, z.B. Multi-Objective Linear Programming oder Goal Programming (für eine Übersicht vgl. Tamiz 1996; Caballero et al. 1997).

Das am meisten verbreitete Verfahren ist das *Linear Goal Programming* (Lineare Zielprogrammierung), das seit den 50er Jahren entwickelt wurde (Charnes & Cooper 1961). Dieses Verfahren besitzt drei Formulierungsmöglichkeiten, die als *Lexicographic (Preemptive) Goal Programming, Weighted Goal Programming* und *Chebyshev Minimax Programming* bezeichnet werden. Grundlegendes Prinzip des Goal Programming ist die Minimierung der unerwünschten, aber im Gegensatz zur linearen Programmierung grundsätzlich geduldeten Abweichungen von vorgegebenen Zielgrößen (goals) (vgl. z.B. Schniederjans 1995, 21ff.; Ignizio 1976). Aus den Abweichungen wird eine neue Zielfunktion (Achievement Function) erstellt, die zu minimieren ist. Entscheidend ist dann die Gewichtung der Abweichungen der einzelnen Zielfunktionen. Die drei genannten Lösungwege besitzen diesbezüglich Eigenschaften, die sie für die Lösung bestimmter Probleme qualifiziert. Beim *Lexicographic oder Preemptive Goal Programming* werden die Elemente der Achievement Function nacheinander optimiert, so dass Lösungen nachfolgende Funktionen nur noch innerhalb des Lösungsraumes der vorhergehenden Funktion liegen können. Die Optimierung der ersten Funktion der lexikographischen Folge hat somit klar die wichtigste Stellung in diesem Lösungsweg, da sie den Lösungsraum für die nachfolgenden Funktionen vorgibt. Diese Eigenschaft machte die Formulierungsart für den vorliegenden Fall ungeeignet.

Dies ist beim *Weighted Goal Programming (WGP)* nicht der Fall. Hier wird eine Funktion minimiert, die aus den Abweichungen der verschiedenen Ziele gebildet wird. Die Methode hat folgende Grundform (vgl. Romero 1991, 3):

| Zielfunktion | $\Sigma\,(\alpha p_i + \beta n_i)$ | MIN! |
|---|---|---|
| | für i = 1...m | |
| Sachziele | $f_i\,(x_i) - p_i + n_i = b_i$ | |
| | für i = 1...m | |
| Restriktionen | $x_i \in C$ | |

Variablen:  $\alpha,\,\beta$: Gewichtungsfaktoren

$p_i,\,n_i$: Positive und negative Abweichungen vom Zielwert

$b_i$: Zielvorgaben für die Sachziele

Die positiven und negativen Abweichungen ($p_i$ und $n_i$) bilden die Zielfunktion des Systems, die in diesem Fall immer zu minimieren ist. Beide Abweichungen müssen bei demselben Ziel immer nur dann minimiert werden, wenn angestrebt wird, den Zielwert genau zu erreichen (two-sided goals, vgl. Romero 1991, 34). Wenn eine Übererfüllung von Zielen nicht gewünscht wird, muss die positive Abweichung minimiert werden, ist Untererfüllung nicht vorteilhaft, die negative Abweichung.

Als Restriktionen werden die Zielwerte der verschiedenen Sachziele gesetzt sowie weitere Einschränkungen des Lösungsraumes. Diese Formulierung ist für die Lösung der vorliegenden Entscheidungsprobleme die geeignetste. Die Zielprogrammierung besitzt zwei Eigenschaften, die sich in der Anwendung als problematisch erweisen können (vgl. Romero 1991, 35ff.):

- Unvergleichbarkeit von Zielen (incommensurability) und
- Zielgewichtung.

Die erste Eigenschaft hebt ab auf Ziele, die in verschiedenen Einheiten gemessen werden. Werden diese in einem System optimiert, dann sind zwei Fälle denkbar:

    o Die Einheiten der Ziele sind vergleichbar und können
       gegeneinander gewichtet werden oder
    o die Einheiten der Ziele sind unvergleichbar.

Im zweiten Fall können die Ziele nicht im selben System betrachtet werden. Sind die Einheiten der Ziele vergleichbar (sie müssen nicht zwangsläufig gleich sein), dann leitet dies über zum Problem der Gewichtung der Ziele.

Die Gewichtung hat bei der gewichteten Zielprogrammierung mehrere Dimensionen. Unterschiedlich große absolute Werte, die bei den Sachzielen vorgegeben werden ($b_i$, s.o.), verzerren das Ergebnis der gewichteten Zielprogrammierung erheblich (Romero 1991, 37), weil ihre Abweichungen in der Zielfunktion unterschiedlich stark wirken. Werte mit hohen absoluten Zielwerten werden automatisch höher gewichtet, weil ihre Abweichungen größer sein können. Um zu validen Ergebnissen zu kommen, müssen daher die Sachziele mit dem Kehrwert der Zielwerte gewichtet werden (Romero 1991, 38). Alternativ können auch die Abweichungen in der Zielfunktion mit dem Verhältnis des größten Zielwertes zu dem jeweiligen Zielwert höher gewichtet werden.

Die zweite Dimension der Gewichtung betrifft die durch den Entscheider beabsichtigte Gewichtung. Wenn im Voraus beabsichtigte Gewichtungen in die Zielprogrammierung eingefügt werden sollen, dann muss der Entscheider angeben, in welchem rechnerischen Verhältnis der Wichtigkeit die Ziele für ihn stehen. Der Gebrauch von Gewichtungen kann erheblichen Einfluss auf das Ergebnis des Modells haben (vgl. z.B. de Oliveira et al. 2003). Auch wenn der Entscheider diese Zielgewichte bei jeder Entscheidung implizit berücksichtigt, wird es ihm oftmals schwer fallen, diese explizit in Zahlen auszudrücken. Dies war auch bei der vorliegenden Studie der Fall, die sich zudem auf einen Bereich bezieht, in dem Methoden der Entscheidungsunterstützung sehr wenig angewendet worden sind. Für die Ermittlung von Zielgewichten existieren Methoden, die dem Entscheider eine Vorgehensweise aufzeigen, mit deren Hilfe Zielgewichtungen gebildet werden können. Saaty entwickelte für diesen Zweck den *Analytic Hierarchy Process (AHP)* (Saaty & Vargas 1982; Saaty 1990; Haedrich et al. 1986). Prinzip dieser Methode ist die Reduzierung der Komplexität bei der Ermittlung der Zielgewichte. Dazu werden dem Entscheider lediglich Zielpaare vorgelegt, um bei diesen über die gegenseitige Gewichtung zu entscheiden. Für die vorliegende Untersuchung wurde durch die Entscheider über den Einsatz von Pflegemaßnahmen eine paarweise Einschätzung der Zielgewichte für die Austräge der Nährstoffe abgegeben (Saaty & Vargas 1982). Die Vergleiche der Kriterien erfolgt in einer Skala von 1 bis 9 (vgl. Tab. 6-8). Als Zwischenwerte können 2,4,6,8 auch verwendet werden, wenn der Entscheider dies für zutreffend hält. Diese Abstufung wurde bei Saaty vorgeschlagen und hat sich in der Praxis bewährt, andere plausible Skalen könnten aber ebenfalls verwendet werden. Für das vorliegende Entscheidungsproblem war lediglich ein einstufiges Verfahren notwendig.

Mit Hilfe dieser Daten können eine Matrix der paarweisen Zielgewichte (Evaluationsmatrix) und deren Eigenvektor, der die Gewichte der Attribute, im vorliegenden Fall der fünf relevanten Nährstoffausträge, enthält, ermittelt werden. Der Eigenvektor wird auf 1 oder 100% normiert.

Wenn keine plausiblen Zielgewichte ermittelt werden können, ist auch die Vorgehensweise möglich, die kritischen Gewichtungen der Zielvariablen zu ermitteln, bei denen die Ergebnisse des Modells sich verändern. Durch den Entscheider können diese dann darauf geprüft werden, welche Zielgewichtung für ihn plausibel erscheint (vgl. Weber 1993, 108).

Tabelle 6-8: Skala der relativen Wichtigkeit von Kriterien
Quelle: Verändert nach Saaty & Vargas (1982, 23); Weber (1993, 86)

| Relative Wichtigkeit | Definition |
|---|---|
| 1 | Gleiche Wichtigkeit |
| 3 | Etwas wichtigeres Kriterium |
| 5 | Deutlich wichtigeres Kriterium |
| 7 | Erheblich wichtigeres Kriterium |
| 9 | Absolut wichtiges Kriterium |

Die Zielprogrammierung führt immer zu Ergebnissen, die mehr oder weniger stark von den Zielwerten abweichen. Nur das Verhältnis der Ergebnisse repräsentiert einen optimalen Kompromiss. Das Ergebnis muss daher daraufhin analysiert werden, welche Restriktionen erfüllt wurden und wie groß die Abweichungen von den anderen Vorgaben sind. Bei einer nicht zufriedenstellenden Lösung kann iterativ durch eine höhere Gewichtung von Zielen dafür gesorgt werden, dass bestimmte Ziele eine bessere Erfüllungsgrade erreichen. Die Zielprogrammierung setzt demnach keine echten Extremierungsziele, sondern Approximierungsziele. Die Zielprogrammierung stellt somit, mindestens in einigen Formulierungen, eine andere Entscheidungssituation dar als die einfache lineare Programmierung. Es ist zwar auch denkbar, ein System aufzustellen, das kostenminimierend wirkt. Die Methode bietet aber insbesondere die Möglichkeit, die beste Kompromisslösung von Sachzielen unter einer Budgetbeschränkung zu ermitteln.

Aus der jüngeren Zeit existieren einige Anwendungen der Zielprogrammierung für das Management von Naturschutzflächen und natürlichen Ressourcen. Viele dieser Studien untersuchen die Optimierung von Waldbewirtschaftung, da in diesem Bereich besonders häufig Bewirtschaftungs- und Naturschutzziele gemeinsam betrachtet werden müssen. Bertomeu & Romero (2002) optimieren mit Hilfe der gewichteten Zielprogrammierung und der Chebyshev Minimax Programmierung die Habitatstruktur und die Netto-Gegenwartswert eines Waldgebiets. Díaz-Balteiro (2003) stellt einen Ansatz vor, mit dem mit Hilfe der Zielprogrammierung beim Management von Waldflächen neben anderen Funktionen die $CO_2$-Festlegung berücksichtigt werden kann. In der Untersuchung von de Oliveira et al. 2003) wird eine effiziente Kombination von verschiedenen Managementziele für ein Waldgebiet, unter anderem die Erhaltung von Biodiversität, mit Hilfe der gewichteten Zielprogrammierung gefunden. Pascoe et al. (1997) geben eine Übersicht über Anwendungen von Mehrzieloptimierungen in der Fischerei.

Im Folgenden werden lineare Programmierung und Zielprogrammierung zur Optimierung der Kombinationen von Heidepflegeverfahren angewendet. Dies erfolgt mit dem Ziel, den Umfang der Daten, die zur Entscheidung herangezogen werden müssen, zu vermindern.

Die mathematischen Operationen der folgenden Programme wurden mit der Software „LINGO" Version 8.0 durchgeführt. Die Ermittlung der Zielgewichte im Rahmen des AHP-Ansatzes erfolgte mit der Software „Expert Choice".

## 6.2.2 Ergebnisse der linearen Programmierung

Ziel der Modellformulierung ist ein Planungsmodell für eine zehnjährige Periode, die den besten Kompromiss zwischen der langfristigen Wirkung einiger Verfahren und einem überschaubaren Planungszeitraum gewährleistet. In der geeignetsten Formulierung dieser Methode für das vorliegende Problem stellt die Gesamtkostenfunktion die zu minimierende Zielfunktion dar. Im nächsten Schritt muss das System von Restriktionen aufgestellt werden. Hierzu sind zunächst alle Wirksamkeitskriterien (vgl. Kapitel 6.1.3.2) geeignet, die ein kardinales Messniveau aufweisen oder mindestens vollständig in ordinaler Form vorliegen. Dies sind die spezifischen Nährstoffaustragswerte der Pflegeverfahren für Stickstoff, Phosphor, Kalium, Magnesium und Calcium, die in der Arbeitsgruppe Ökologie des Forschungsprojekts, in dem auch die Grundlagen der vorliegende Arbeit entstanden, ermittelt wurden (Fottner 2004; Niemeyer 2004; Sieber 2004). Hinzu kommt die Nichtnegativitätsbedingung.

Eine Restriktion, die die gesamte zu bearbeitende Fläche beschränkt, ist nicht notwendig. Es handelt sich in der Flächenleistung um sehr verschiedene Verfahren, für die eine Gesamtfläche nicht sinnvoll vorgegeben werden kann. Zudem ist innerhalb der zehnjährigen Planungsperiode zumindest bei den Verfahren Beweidung, Kontrolliertes Brennen und Mahd auch mehrfache Behandlung von Flächen denkbar. Die zulässige Gesamtfläche der Pflege ist daher nur schwer bestimmbar. Für den Fall, dass die Modelle unrealistische Flächengrößen für Verfahren oder Kombinationen ergeben, können weitere Restriktionen zur Beschränkung der Einzelflächen oder der gesamten Pflegefläche hinzugefügt werden. Die Gesamtkostenfunktion besteht aus den spezifischen Kostenwerten der Verfahren (vgl. Tabelle 6-3) und den unbekannten optimalen Einsatzmengen der Verfahren $x_i$. Das lineare Programm zur Minimierung der Gesamtkostenfunktion unter Beachtung der Restriktionen der Mindestausträge der Nährstoffe hat folgende Form:

Zielfunktion

$Z = 355x_1 + 400x_2 + 171x_3 + 1700x_4 + 3100 x_5 \rightarrow$ Min!

Restriktionen

$97,5x_1 + 99,3x_2 + 26,2x_3 + 1071,5x_4 + 1712,4x_5 \geq 684000$
$1,2x_1 + 8,5x_2 + 2,0x_3 + 47,4 x_4 + 80,2x_5 \geq 14000$
$20x_1 + 39,3x_2 + 10,5 x_3 + 74,3x_4 + 263x_5 \geq 108000$
$10,5x_1 + 32,1x_2 + 10,5x_3 + 142,6 x_4 + 224,8x_5 \geq 153000$
$3,2 x_1 + 11,6x_2 + 3,7x_3 + 37,7 x_4 + 69,8 x_5 \geq 84000$

Nichtnegativitätsbedingung
$x_i \geq 0$

Variablen:
$x_1$ Fläche Kontrolliertes Brennen in ha
$x_2$ Fläche Mahd in ha
$x_3$ Fläche Beweidung in ha
$x_4$ Fläche Schoppern in ha
$x_5$ Fläche Plaggen in ha

Grundlage für die Zielwerte der Nährstoffausträge waren die jährlichen Depositionswerte des jeweiligen Nährstoffs (Härdtle & Frischmuth 1998; Fottner et al. 2004; Niemeyer et al. 2004; Sieber et al. 2004, vgl Anhang 9). Diese Werte werden mit dem Faktor 10 multipliziert, so dass das Resultat ein kostenminimales Pflegeprogramm für einen Planungszeitraum von *zehn Jahren* darstellt, durch das die Deposition der betreffenden Nährstoffe kompensiert wird. Weiterhin wurden die Werte auf eine Fläche von 3000 Hektar hochgerechnet, es werden also Flächenanteile für ein Pflegeprogramm auf zehn Jahre für das gesamte Gebiet ausgegeben. Dieses Modell stellt die Basis für die lineare Programmierung dar. Das Ergebnis für die Flächengrößen, mit denen die Verfahren angewendet werden sollen, lautet in diesem Basismodell:

| | |
|---|---|
| Brennen | 0 ha |
| Mahd | 7241 ha |
| Beweidung | 0 ha |
| Schoppern | 0 ha |
| Plaggen | 0 ha |

Kostenoptimal zur Erfüllung der Restriktionen, alle relevanten Nährstoffeinträge auszugleichen, ist die Mahd von rund 724 ha Heidefläche pro Jahr. Alle anderen Verfahren werden nicht angewendet. Die Durchführung dieses Programms kostet durchschnittlich 289.600 € pro Jahr (Kostensätze siehe Tabelle 6-3). Dieses ist die minimale Summe, die für die Kompensation des aktuellen

Nährstoffeintrages ohne weitere Restriktionen ausgegeben werden muss. Limitierender Faktor des Systems in dieser Formulierung ist der Magnesium-Austrag. Alle anderen Nährstoffeinträge werden deutlich überkompensiert. Bei dem Nährstoff Phosphor wird mehr als das Vierfache des Eintrages durch die Durchführung der genannten Lösung ausgetragen.

Zur möglichst weitgehenden Abbildung der realen Entscheidungssituation werden noch weitere Restriktionen in das Modell einbezogen. Aus allgemeinen Zielen des Pflegemanagements sowie aus der Heidestrukturkartierung (Planungsgruppe für Landschaftspflege und Wasserwirtschaft 1995) konnten Flächengrößen geschätzt werden, die für bestimmte Verfahren vorbehalten werden müssen. Dies ist nötig, weil die bisherigen Kriterien des Nährstoffaustrags nicht das gesamte Zielsystem der Heideerhaltung repräsentieren. Die weiteren Kriterien werden aus der operativen Zielsetzung des Pflegemanagements (VNP 2003), aus den eigenen empirischen Untersuchungen und aus der Heidestrukturkartierung zum Pflege- und Entwicklungsplan (Planungsgruppe für Landschaftspflege und Wasserwirtschaft 1995) abgeleitet. Die Kriterien und deren Datenquellen zeigt Tabelle 6-9.

Tabelle 6-9: Erweiterte Restriktionen für die Optimierung

Quelle: Eigene Darstellung, Daten aus VNP (2003) und Planungsgruppe für Landschaftspflege und Wasserwirtschaft (1995)

| Kriterium | Notwendige Maßnahme | Datenquelle |
|---|---|---|
| Rohhumusauflage | Instandsetzung | Heidestrukturkartierung |
| Vergrasung | Instandsetzung/ Kontr. Brennen | Heidestrukturkartierung/ empirische Untersuchung |
| Landschaftsästhetik | Beweidung/Unterhaltung, nicht Instandsetzung | Allgemeines Pflegemanagement/ empirische Untersuchung |
| Hangneigung | Ausschluss mechanischer Verfahren | Heidestrukturkartierung |

Die Rohhumusauflage und die Vergrasung sind Merkmale, die die Vitalität und die Verjüngungsfähigkeit der Heide beeinträchtigen. Die optische Attraktivität wird zudem von der Vergrasung negativ, durch die Beweidung aber positiv beeinflusst (vgl. Kapitel 3.2 und 5.4, Abbildungen 5-3, 5-4). Hier zeigt sich die praktische Auswirkung eines Zielkonfliktes der Heidepflege, denn durch die Instandsetzungsverfahren wird die Vergrasung wirksam vermindert, die Landschaftsästhetik dagegen, zumindest zeitweise, verschlechtert. Größere Hangneigung steht als objektives Ausschlusskriterium für mechanische Verfahren.

Die Daten stammen aus einer Erfassung, die bereits mehr als zehn Jahre zurückliegt. In der Zwischenzeit wurde die Pflegeaktivität verstärkt. Daher ist davon auszugehen, dass der aktuelle Zustand der Flächen sich etwas günstiger darstellt als die Daten dies aussagen. Für die Schätzung der Flächengrößen aus der Heidestrukturkartierung wurde die Größe der Flächen, die unter die in Tabelle 6-9 genannten Kriterien fallen, daher nach Gesprächen mit Experten um 20% reduziert.

Danach ergeben sich 332 Hektar Heideflächen, auf denen über 50% der Heidepflanzen abgestorben sind. Auf 303 Hektar hat die Grasart Drahtschmiele einen Deckungsgrad von über 50% und ihre Vitalität wird als hoch eingeschätzt. Die Fläche, auf der beide dieser Kriterien erfüllt sind, beträgt 97 Hektar. Diese Fläche wird für das Plaggen vorbehalten. Für die restliche Gesamtfläche der abgestorbenen und vergrasten Flächen von 538 Hektar wurde ein Instandsetzungsverfahren (Schoppern oder Plaggen) vorgeschrieben. Auf geschätzten 400 Hektar Fläche findet sich eine Rohhumusauflage, die eine Mächtigkeit von 3 cm oder mehr aufweist. Für den Zeitraum von zehn Jahren sollte die Hälfte dieser Fläche, also 200 ha, mit Instandsetzungsverfahren und die andere Hälfte mit Unterhaltungsverfahren gepflegt werden, um zumindest eine Verbesserung der Humusumsetzung zu erreichen. Ein Unterhaltungsverfahren sollte auch auf den Flächen durchgeführt werden, auf denen eine Rohhumusauflage von >1 cm Mächtigkeit auf 25-75% der Fläche vorhanden ist. Dies sind insgesamt 1018 Hektar.

Das allgemeine Pflegemanagement erfordert, dass für die Beweidung eine bestimmte Mindestfläche vorgesehen wird. Dies ist aus zwei Gründen notwendig. Zum einen verursacht eine Beweidung mit einer kleinen Anzahl von Schafen überdurchschnittlich hohe Kosten, weil die Infrastruktur nicht ausreichend genutzt wird (Gründe sind u.a. Auflagendegression, vgl. z.B. Schmalenbach & Bauer 1963, 118ff.; Speidel 1984, 94 und Größendegression Schmalenbach & Bauer 1963, 103ff.). Für ein Modell ohne Beschränkung, aus dem möglicherweise sehr kleine Beweidungsflächen resultieren könnten, müssten daher für diesen Fall höhere Kosten für dieses Verfahren kalkuliert werden. Dies könnte dann wieder zum Ausschluss der Beweidung führen. Der zweite Grund liegt in der Öffentlichkeitswirksamkeit der Schafherden, die bei den Heidebesuchern als Sehenswürdigkeit gelten (vgl. Kapitel 5, Abbildung 5-4). Um diese wirksam zu gewährleisten, muss eine Mindestfläche der Beweidung gewährleistet werden. Weiterhin erfordert die Landschaftsästhetik, die ja ebenfalls in der Zielsetzung niedergelegt ist (vgl. Kapitel 6.1.3.1 „Zielsystem der Heidepflege"), dass nicht mehr als 150 Hektar jährlich mit den stark landschaftsverändernden Maßnahmen Schoppern, Plaggen und Brennen gepflegt werden darf.

Aus diesen Daten können für ein zehnjähriges Pflegeprogramm folgende weitere Restriktionen abgeleitet werden:

$$x_3 \geq 15000$$
$$x_4 + x_5 \geq 770$$
$$x_1 + x_4 + x_5 \leq 1500$$
$$x_5 \geq 97$$
$$x_1 + x_2 + x_3 \geq 1018$$

Restriktion 1:    Mindestens 15000 ha (1500 ha jährlich) Beweidung aus land-
                  schaftsästhetischen Gründen
Restriktion 2:    Mindestens 770 ha Schoppern oder Plaggen (77 ha jähr
                  lich) zum Vergrasungsabbau bzw. in abgestorbenen Flächen
Restriktion 3:    Höchstens 1500 ha (150 ha jährlich) Brennen, Schoppern
                  und Plaggen aus landschaftsästhetischen Gründen
Restriktion 4:    Mindestens 97 ha (9,7 ha jährlich) müssen wegen großer
                  Rohhumusauflagen mit dem Instandsetzungsverfahren Plag-
                  gen bearbeitet werden
Restriktion 5:    Mindestens 1018 ha (101,8 ha jährlich) der Unterhaltungsver-
                  fahren zur Bearbeitung der Flächen mit geringeren Roh-
                  humusauflagen

In der linearen Programmierung sind die Zielwerte der Restriktionen fest
vorgegeben, werden also, sofern eine plausible Lösung möglich ist, erfüllt.
Bei Berechnung des vollständigen Modells wird daher als optimale Verfahrenskombination folgende ausgewählt:

| Brennen | 0 ha |
|---|---|
| Mahd | 0 ha |
| Beweidung | 15000 ha |
| Schoppern | 673 ha |
| Plaggen | 97 ha |

Neben den vorgeschriebenen 9,7 ha Plaggen jährlich wird eine Fläche von
rund 67 ha mit Schoppern gepflegt, so dass die Mindestfläche der gesamten
Instandsetzungsverfahren von 770 ha genau erfüllt wird. Darüber hinaus
wird die Mindestgröße der Beweidungsfläche angesetzt, während die beiden
anderen Unterhaltungsverfahren nicht angewendet werden. Die Fläche der
Beweidung verdrängt die in der letzten Lösung vorhandene Mahdfläche.
Wird die Beweidungsrestriktion weggelassen, dann wird neben den Instandsetzungsverfahren eine größere Mahdfläche berücksichtigt. Die Durchführung dieses Programms kostet etwa 371.000 € pro Jahr.
Die im Modell vorgegebenen Werte sind zum Teil dynamischen Prozessen
unterworfen. So können sich etwa Änderungen der Kosten durch Einführung
neuer Verfahrensschritte ergeben. Um die Ergebnisse der linearen Programmierung auch unter diesen Vorzeichen nutzen zu können, sind Informatio-

nen darüber erforderlich, wie die Ergebnisse sich bei einer Änderung der Eingangsgrößen des Modells verhalten. Im nächsten Analyseschritt wird daher die Sensitivität der Ergebnisse getestet. Folgende Änderungen der Variablen können für die Sensitivitätsanalyse sinnvoll sein (vgl. z.B. Kistner 1993, 50ff.; Schniederjans 1984, 59):

- Änderungen der Zielfunktionskoeffizienten
- Änderungen der Koeffizienten der Restriktionen
- Änderungen der Restriktionskonstanten $b_i$

Die *Sensitivität der Ergebnisse* wird innerhalb dieser Verfahrenskombination zunächst über eine Variierung der Zielfunktionskonstanten Kostenwerte getestet. Diese weisen ohnehin eine Spannweite auf (vgl. Tabelle 6-3) und sind in gewissen Grenzen beeinflussbar.

Die Pflegeverfahren können zur Präzisierung der Analyse nach den Gruppen „Instandsetzungsverfahren" und „Unterhaltungsverfahren" differenziert werden (vgl. Kapitel 3.2). Bei der Frage nach dem geeigneten *Instandsetzungsverfahren* (Plaggen oder Schoppern) fällt die Entscheidung für Plaggen deutlich aus. Der Kostenwert, bei dem das Schoppern bevorzugt würde, liegt ceteris paribus zwischen 900 und 1000 €/ha. Dies liegt so deutlich unter den tatsächlichen Kosten, dass eine Realisierung einer solchen Kostenreduzierung derzeit nicht möglich erscheint.

Andere Verhältnisse findet man bei den *Unterhaltungsverfahren*. Die Beweidung, die nur durch die Restriktion der Mindestflächengröße in das Pflegeprogramm aufgenommen wurde, wird bereits bei einem Kostensatz von 150 bis 160 €/ha mit höheren Flächenanteilen berücksichtigt. Dies würde eine Kostenreduzierung von etwa 11% bedeuten, was angesichts der aktuellen Planungen (vgl. Kapitel 3.2.2) nicht ausgeschlossen erscheint. Auch das Brennen wird bereits bei einer Kostenreduzierung um ebenfalls ca. 11% mit über 500 ha zu Lasten der Mahd in das Programm integriert. Die Durchführung dieses Pflegeverfahrens verursacht also keine starke Abweichung von der kostenoptimalen Kombination. Auch bei der Mahd gibt es ein Potential zur Kostenreduzierung, wenn dieses Verfahren nämlich verstärkt auf vitaleren Flächen angewendet wird, sinkt der Preis durch höhere Erlöse für das anfallende Material (vgl. Kapitel 3.2.2). Unterstellt man durchschnittliche Kosten von 200 €/ha, dann werden also für etwas mehr als der Hälfte des gesamten Anwendungen vitale Flächen gemäht. In diesem Fall ergibt sich aber keine Änderung der optimalen Kombination, die Mahd wird nicht in die optimale Kombination aufgenommen.

Änderungen der Koeffizienten der Restriktionen scheinen in der vorliegenden Analyse nicht sinnvoll zu sein. Es liegen keine Anhaltspunkte dafür vor, dass die spezifischen Nährstoffausträge der Verfahren Spannweiten aufwiesen bzw. unter welchen Bedingungen solche Spannweiten auftreten könnten. Eine Veränderung dieser Koeffizienten wird zudem in vielen Fällen nur mit einer gleichzeitigen Veränderung der Zielfunktionskoeffizienten möglich sein (vgl. Kistner 1993, 56).

## 6.2.3 Ergebnisse der Zielprogrammierung

Für das Zielprogramm werden die Restriktionen des linearen Programms als Ziele definiert, von denen die Abweichungen minimiert werden sollen. Als Restriktion dient die Gesamtkostenfunktion, so dass ein bestimmtes Budget für die Pflege zu verwenden ist. Dieses wird etwas unterhalb der Höhe der tatsächlichen aktuellen Kosten bei jährlich 600.000 € festgesetzt. Es wird eine genaue Erfüllung der Nährstoffaustragswerte angestrebt, d.h. die positiven und negativen Abweichungen von den Zielen werden minimiert. Die Zielfunktion besteht daher aus den positiven ($p_i$) und negativen ($n_i$) Abweichungen, die entsprechend den Ergebnissen des „Analytic Hierarchy Process" mit den Faktoren $w_i$ gewichtet sind. Die Sachziele geben wie die Restriktionen aus der linearen Programmierung die Sollwerte für die Nährstoffausträge vor. Allerdings sind auch hier die Abweichungen $n_i$ und $p_i$ ergänzt, da die Werte ja in dieser Form der Programmierung nicht exakt erreicht werden müssen. Das Programm hat dann folgende Form:

Zielfunktion

$Z = (w_1p_1 + w_1n_1 + w_2p_2 + w_2n_2 + w_3p_3 + w_3n_3 + w_4p_4 + w_4n_4 + w_5p_5 + w_5n_5)$ MIN!

Sachziele ($S_i$)

$S_1 = (97,5x_1 + 99,3x_2 + 26,2x_3 + 1071,5x_4 + 1712,4x_5) + p_1 - n_1 = 684.000$

$S_2 = (1,2x_1 + 8,5x_2 + 2,0x_3 + 47,7x_4 + 80,2x_5) + p_2 - n_2 = 14.000$

$S_3 = (20,0x_1 + 39,3x_2 + 10,5x_3 + 74,3x_4 + 263,0x_5) + p_3 - n_3 = 108.000$

$S_4 = (3,2x_1 + 11,6x_2 + 3,7x_3 + 37,7x_4 + 69,8x_5) + p_4 - n_4 = 84.000$

$S_5 = (10,5x_1 + 32,1x_2 + 10,5x_3 + 142,6x_4 + 224,8x_5) + p_5 - n_5 = 153.000$

Budgetrestriktion:

$355x_1 + 400x_2 + 171x_3 + 1700x_4 + 3100x_5 = 6.000.000$

Nichtnegativitätsbedingung

$x_i \geq 0$

Variablen:

| | |
|---|---|
| $p_i$ | Positive Abweichungen von den Zielwerten |
| $n_i$ | Negative Abweichungen von den Zielwerten |
| $w_i$ | Gewichtungsfaktoren der Kriterien |
| $S_i$ | Sachziele |
| $x_1$ | Fläche Kontrolliertes Brennen in ha |
| $x_2$ | Fläche Mahd in ha |
| $x_3$ | Fläche Beweidung in ha |
| $x_4$ | Fläche Schoppern in ha |
| $x_5$ | Fläche Plaggen in ha |

174

Die Abweichungen $p_1$-$p_5$ sowie $n_1$-$n_5$ von den Zielwerten müssen entsprechend der zahlenmäßigen Größen der Einzelziele ($S_1$-$S_5$) gewichtet werden (Gewichtungsfaktoren $w_1$-$w_5$), sonst sind sie in der Zielfunktion automatisch überrepräsentiert. Damit sind rechnerisch alle Ziele gleichgewichtet. Diese Gleichgewichtung der verschiedenen Ziele bedeutet, dass ein kg/ha Nährstoffaustrag für alle Nährstoffe das gleiche Gewicht hat, genauso wie ein Hektar Abweichung von den Mindest- oder Höchstwerten der Verfahren. Das Programm wird zunächst mit gleicher Gewichtung für alle Ziele unter Beachtung der Budgetrestriktion ausgeführt, die die Kosten für die Pflege auf das aktuelle Niveau festlegt. Dies führt zu folgender Lösung:

| | |
|---|---|
| Brennen | 16901 ha |
| Mahd | 0 ha |
| Beweidung | 0 ha |
| Schoppern | 0 ha |
| Plaggen | 0 ha |

Mit diesen Vorgaben ergibt eine Anwendung von ca. 1690 Hektar kontrolliertes Brennen pro Jahr die relativ geringsten Abweichungen von den Zielwerten. Dabei werden allerdings hohe absolute Abweichungen von den Zielwerten in Kauf genommen. So werden die geforderten Austräge von Stickstoff, Phosphor, Kalium und Calcium deutlich übererfüllt. Der Magnesiumaustrag wird dagegen nicht erreicht. Zudem erscheint das Brennen von etwa der Hälfte der Heideflächen aus landschaftsästhetischen Gründen nicht realistisch. Das Ergebnis berücksichtigt noch nicht die Restriktionen, die aus der Heidestrukturkartierung und den allgemeinen Zielen des Pflegemanagements abgeleitet wurden. Die weiteren Restriktionen werden folgendermaßen formuliert (vgl. Kap. 6.2.2):

$$x_3 \geq 15000$$
$$x_4 + x_5 \geq 770$$
$$x_1 + x_4 + x_5 \leq 1500$$
$$x_5 \geq 97$$
$$x_1 + x_2 + x_3 \geq 1018$$

Es wäre grundsätzlich auch denkbar, diese Restriktionen als zusätzliche Ziele zu formulieren. Dies hätte den Vorteil, dass auch die Flächenvorgaben in einer Kompromisslösung verändert werden könnten. Es würde aber das oben beschriebene Problem der Unvergleichbarkeit (incommensurability) das System dann unplausibel werden lassen. Dann nämlich würde ein Hektar Beweidung, der weniger in der Lösung berücksichtigt wird, genauso viel zählen wie ein Kilogramm Nährstoffaustrag. Dieses Verhältnis kann nicht ohne wei-

teres als sinnvoll angesehen werden und ein Entscheidungsträger wird kaum
eine Gewichtung für zwei so unterschiedliche Ziele finden.
Nach Einfügung dieser Restriktionen ergibt das Modell folgende Lösung:

| | |
|---|---|
| Brennen | 762 ha |
| Mahd | 0 ha |
| Beweidung | 25374 ha |
| Schoppern | 641 ha |
| Plaggen | 97 ha |

Mit diesem Zielsystem ergibt die Lösung eine Kombination der Verfahren
Brennen (durchschnittlich ca. 76 ha jährlich) und Beweidung (durchschnittlich ca. 2537 ha jährlich). Beide Instandsetzungsverfahren werden berücksichtigt, das Plaggen in seiner vorgeschriebenen Mindestgröße auf 97 ha, d.h.
durchschnittlich 9,7 ha jährlich. Mit der Verfahrenskombination werden alle
Nährstoffaustragswerte übererfüllt. Dies ist auch zu erwarten, denn nach den
Ergebnissen der linearen Programmierung ist eine Kompensation der ange-
setzten Nährstoffeinträge ja bereits mit einem wesentlich geringeren Budget
möglich.
Alle bisher gezeigten Varianten der Zielprogrammierung beruhten auf einer
Gleichgewichtung der Ziele, ein Kilogramm Austrag jedes Nährstoffes besaß
für die Lösung das gleiche Gewicht. Plausibler erscheint aber, dass die Austräge der Nährstoffe unterschiedliche Gewichte im Zielsystem der Entscheidungsträger besitzen. Zu prüfen ist, ob diese Gewichtung Einfluss auf die optimale Kombination der Verfahren hat. Der Analytic Hierarchy Process wurde angewendet, um die von den Entscheidern bevorzugten Gewichtungen
der Austräge der Nährstoffe zu ermitteln. Durch eine Expertenbefragung bei
den Projektbeteiligten und den Entscheidern über Pflegemaßnahmen wurden
die Gewichtungen aller Zielpaare ermittelt. In der Evaluationsmatrix werden
die Gewichtungen zusammengestellt, die die Experten den Kriterien zugewiesen haben (vgl. Tabelle 6-8). Abbildung 6-10 zeigt die Evaluationsmatrix
der angegebenen Gewichte. Die Diagonale $a_{ii}$ ist immer 1, während alle $a_{ij}$
größer 0 sein müssen. Oberhalb und unterhalb der Diagonale finden sich jeweils Kehrwerte.

Tabelle 6-10: Evaluationsmatrix der Gewichte der Kriterien
Quelle: Eigene Darstellung

|  |  | N-Austrag | P-Austrag | K-Austrag | Ca-Austrag | Mg-Austrag |
|---|---|---|---|---|---|---|
| A = | N-Austrag | 1 | 5 | 9 | 9 | 9 |
|  | P-Austrag | 1/5 | 1 | 7 | 5 | 9 |
|  | K-Austrag | 1/9 | 1/7 | 1 | 1 | 1 |
|  | Ca-Austrag | 1/9 | 1/5 | 1 | 1 | 1 |
|  | Mg-Austrag | 1/9 | 1/9 | 1 | 1 | 1 |

Aus den Werten der Evaluationsmatrix A können mit Hilfe des Eigenvektors von A die Gewichte der Zielattribute berechnet werden. Tabelle 6-11 zeigt das Schema der Berechnung.

Tabelle 6-11: Berechnung des Eigenvektors von A, Differenzen durch Run dungsungenauigkeiten
Quelle: Verändert nach Weber (1993, 94)

| | Evaluationsmatrix<br>A1 A2 A3 A4 A5 | Normierte Spaltenwerte<br>A1 A2 A3 A4 A5 | Zeilen-summe | Normierter Eigenvek-tor/Gewichte |
|---|---|---|---|---|
| A1 | 1    5    9    9    9 | 0,65 0,78 0,47 0,53 0,43 | 2,86 | 0,601 |
| A2 | 1/5  1    7    5    9 | 0,13 0,16 0,37 0,24 0,43 | 1,33 | 0,258 |
| A3 | 1/9  1/7  1    1    1 | 0,07 0,02 0,05 0,06 0,05 | 0,25 | 0,047 |
| A4 | 1/9  1/5  1    1    1 | 0,07 0,03 0,05 0,06 0,05 | 0,26 | 0,049 |
| A5 | 1/9  1/9  1    1    1 | 0,07 0,02 0,05 0,06 0,05 | 0,25 | 0,045 |
| Spaltensumme | | 1    1    1    1    1 | 4,95 | 1 |

Die resultierenden Gewichte werden auf 1 (oder 100%) normiert. Der auf 1 normierte Eigenvektor der Matrix enthält die Gewichte der einzelnen Ziele, hier der Nährstoffausträge. Diese Gewichtungen sind in Tabelle 6-12 darge-stellt.

Der Inkonsistenzindex dieses Systems beträgt 0,06 und liegt damit im tolera-blen Bereich (Saaty & Vargas 1982, 25).

Tabelle 6-12: Gewichtungen der Ziele nach dem AHP-Ansatz
Quelle: Eigene Darstellung

| Austrag N | 0,601 |
|-----------|-------|
| Austrag P | 0,258 |
| Austrag K | 0,047 |
| Austrag Ca | 0,049 |
| Austrag Mg | 0,045 |

Die Austräge besonders von Stickstoff und auch von Phosphor werden von den Experten offenbar für deutlich wichtiger gehalten als die Austräge der übrigen Nährstoffe, die etwa gleich wichtig bewertet werden. Diese Zielgewichte können dann in das abschließende Modell der Zielprogrammierung eingesetzt werden. Dadurch bekommt die gewichtete Zielfunktion folgende Form:

$$Z = (0{,}601p_1 + 0{,}601n_1 + 12{,}61p_2 + 12{,}61n_2 + 0{,}30p_3 + 0{,}30n_3 + 0{,}22p_4 + 0{,}22n_4 + 0{,}37p_5 + 0{,}37n_5) \qquad MIN!$$

Variablen    $p_i$ Positive Abweichungen von den Zielwerten
             $n_i$ Negative Abweichungen von den Zielwerten

Unter Beachtung der oben aufgeführten Restriktionen und der Budgetrestriktion ergeben sich aus diesem System dieselben Lösungen wie im gleich gewichteten System (vgl. oben). Die relativ höhere Gewichtung des N- und P-Austrages führt also in diesem Fall nicht zu einer Veränderung der resultierenden optimalen Verfahrenskombination.

Trotzdem interessiert die Frage, wo die kritischen Gewichtungen liegen, bei denen das Modell neue Verfahrenskombinationen zum Ergebnis hat (vgl. grundsätzlich hierzu Weber 1993, 108). Da Gewichtungen der Ziele durch die Entscheider nie vollkommen exakt zu bestimmen sind, kann ein Hinweis z.B. auf eine Änderung der Kombination bei anderer Gewichtung auch eine Anregung zum Überdenken der Zielgewichtungen sein.

*Variierung der Zielgewichte ausgehend vom gleichgewichteten System*
Gewichtet man die Abweichungen von dem Zielwert des *Magnesiumaustrages* höher, so ergibt sich bei einer Gewichtung von etwa 4 eine andere Verfahrenskombination, bei der neben dem Brennen noch die Beweidung berücksichtigt wird. In dieser Verfahrenskombination werden nur noch die Verfahren „Kontrolliertes Brennen" und „Beweidung" berücksichtigt. Für diesen Fall wird folgende Kombination für ein zehnjähriges Programm ermittelt:

| | |
|---|---|
| Brennen | 9066 ha |
| Mahd | 0 ha |
| Beweidung | 14861 ha |
| Schoppern | 0 ha |
| Plaggen | 0 ha |

Auch bei diesem Ergebnis ist das kontrollierte Brennen noch in einem Umfang enthalten (906,6 Hektar jährlich), der praktisch kaum realisierbar sein
dürfte. Die Beweidung von rund 1500 Hektar jährlich ist dagegen durchführbar und wird derzeit bereits übertroffen.

Wird der Austrag an *Stickstoff* im Zielsystem höher gewichtet, so ergibt sich
ab einem Gewichtungsfaktor von etwa 6 im Vergleich zu den anderen, gleich-
bleibenden Gewichten eine andere Kombination der Pflegeverfahren:

| | |
|---|---|
| Brennen | 0 ha |
| Mahd | 0 ha |
| Beweidung | 25553 ha |
| Schoppern | 641 ha |
| Plaggen | 97 ha |

Bei diesen Vorgaben ist das Ziel des Stickstoffaustrages für den Entscheider
etwa sechsmal so wichtig wie die anderen Ziele. Das kontrollierte Brennen
fällt dabei aus der Kombination heraus, während die Beweidungsfläche vergrößert wird. Die Instandsetzungsverfahren bleiben mit gleicher Fläche in der
Kombination.

Ein wichtiges Ziel bei dem Austrag von Nährstoffen liegt auch darin, dem
System Phosphor zu entziehen. Im vorliegenden System der Zielprogrammierung reagiert der Phosphoraustrag nicht sehr sensitiv. Eine neue Verfahrenskombination ergibt sich erst bei sehr hohen Gewichtungen des Phosphor-
austrages, so dass in dieser Konstellation durch eine höhere Gewichtung dieses Kriteriums keine Änderung des Ergebnisses bewirkt werden könnte.

Die kritischen Gewichtungen der Einzelziele sind in Tabelle 6-13 zusammengefasst.

Tabelle 6-13: Kritische Gewichte zur Änderung der Verfahrenskombi
nationen, ausgehend vom gleich gewichteten Modell

Quelle: Eigene Darstellung

| Kriterium | Kritische Gewichtung |
|---|---|
| N-Austrag | 6 |
| P-Austrag | > 1000 |
| K-Austrag | > 1000 |
| Ca-Austrag | > 1000 |
| Mg-Austrag | > 1000 |

*Variierung der Zielgewichte ausgehend vom expertengewichteten Modell*
Werden in dem Modell, das die Zielgewichte der Experten enthält (vgl. Tabelle 6-12), ceteris paribus die Gewichtungen variiert, dann ergeben sich die
in Tabelle 6-14 angegebenen kritischen Gewichtungen 8Gewichtungen, bei
denen die Kombination der Verfahren sich ändert). Bei den Gewichtungen,
die normiert sind, werden dabei alle anderen Gewichte gleichmässig reduziert, während das Gewicht eines Kriteriums erhöht wird.

Tabelle 6-14: Kritische Gewichtungen zur Änderung der Verfahrenskombi
nationen ausgehend    vom expertengewichteten Modell

Quelle: Eigene Darstellung

| Kriterium | Kritische Gewichtung |
|---|---|
| Austrag N | 1,2 |
| Austrag P | > 1000 |
| Austrag K | 140 |
| Austrag Ca | 840 |
| Austrag Mg | 710 |

Bei dem Kriterium „N-Austrag" bedarf es nur einer leicht höheren Gewichtung, um eine Änderung der Verfahrenskombination zu bewirken. Die Verfahrenskombination, die sich bei der höheren Gewichtung des N-Austrags ergibt, ist dieselbe wie bei der Gleichgewichtung (vgl. oben):

| | |
|---|---|
| Brennen | 0 ha |
| Mahd | 0 ha |
| Beweidung | 25553 ha |
| Schoppern | 641 ha |
| Plaggen | 97 ha |

*Variierung der Kosten im gleich gewichteten Modell*
Untersucht man die Sensitivität der Kosten, so zeigt sich ein interessantes Phänomen der Budgetbetrachtung. Bestimmte Verfahren werden aus der Kombination genommen, wenn man die Kosten reduziert. So wird das kontrollierte Brennen nicht mehr berücksichtigt, wenn die Kosten unter 250 € sinken. Offenbar kann durch die geringeren Kosten das Budget bei weniger Abweichungen im Nährstoffaustrag besser mit einem anderen Verfahren ausgenutzt werden. Das wird klar, wenn man bedenkt, dass die Nährstoffausträge nach den Vorgaben genau erfüllt werden sollen. Hier wird also vermutlich eine Übererfüllung eines Nährstoffaustrages durch Mehreinsatz finanzieller Mittel abgebaut.

Anders bei der Beweidung: Werden die Kosten gesenkt, so steigt zunächst die Fläche, mit der die Beweidung in der Kombination vertreten ist, bis auf über 2800 Hektar jährlich, dies geschieht bei Kostenwerten über 145 €/ha. Das Potential für eine Kostensenkung in diesem Rahmen scheint bei der derzeitigen Entwicklung der Kosten der Schafhaltung gegeben zu sein. Werden die Kosten weiter gesenkt, dann tritt der gleiche Effekt ein wie oben beim kontrollierten Brennen beschrieben. Die Mahd wird dann zusätzlich in die Verfahrenskombination aufgenommen, während die Beweidung nicht mehr berücksichtigt wird.

Die beiden Instandsetzungsverfahren werden bei einer Senkung der Kosten nicht mit größerer Fläche berücksichtigt. Die im Budget zusätzlich freiwerdenden Mittel werden zur Vergrößerung der Beweidungsfläche genutzt.

## 6.3 Diskussion der Entscheidungsunterstützung durch die Kosten-Wirksamkeits-Analyse und die Optimierungsverfahren

Die Kosten-Wirksamkeits-Analyse liefert dem Entscheidungsträger eine übersichtliche Zusammenstellung der Kostenwerte und der relevanten Werte der Wirksamkeitskriterien. Es ist mit ihrer Hilfe aber in der Regel nicht möglich, eine eindeutige Rangfolge der Auswahlmöglichkeiten zu ermitteln (vgl. Hanusch 1994, 170). Zudem wird es bei größeren Datenmengen für den Entscheider schwierig, anhand der Matrix eine Entscheidung zu favorisieren.

Die Optimierungsmodelle liefern diesbezüglich eindeutige Resultate. Sie haben aber den Nachteil, nicht alle Kriterien, die tatsächlich in die Entscheidung einbezogen werden müssen, abbilden zu können. Dies liegt zum einen an fehlenden Daten, zum anderen auch am Messniveau einiger Daten. Die Akzeptanz etwa ist nicht als kardinal messbare Variable verfügbar und erschwert dadurch die Modellierung in der Optimierung.

Wie bereits einleitend dargestellt, können mit den Ergebnissen der linearen Programmierung eher effiziente Lösungen erreicht werden, weil hier ohne Berücksichtigung eines Budgets optimale Input-Output-Relationen mindestens für ein Kriterium kalkuliert werden. Es wird allerdings bei der Realisierung der kosteneffizientesten Pflege wesentlich mehr Menge der einzelnen Nährstoffe entzogen als notwendig. Ob dies mit der Zielsetzung vereinbar ist, ist zumindest bei einigen Nährstoffen fraglich.

Alle Verfahren liefern dennoch eine wichtige Grundlage zur Unterstützung der Entscheidung über den Einsatz von Pflegemaßnahmen. Bisher lagen keine Daten über Kostenwirksamkeiten einzelner Verfahren oder kostenoptimale Verfahrenskombinationen vor. Diese Informationen können zusammen mit den übrigen, in den Modellen nicht berücksichtigten Kriterien als Grundlage der Entscheidung genutzt werden (vgl. Abbildung 6-6). Sie verbessern die Informationslage des Entscheiders deutlich. Auch wenn sie aufeinander aufbauen, sind sie *nicht* als Alternativen zu verstehen die sich gegenseitig ausschließen, sondern sollten kombiniert verwendet werden.

Die Modelle zeigen, dass eine Kompensation der Nährstoffdeposition, zumindest theoretisch, mit einem geringeren Mitteleinsatz möglich ist als es in der aktuellen Pflege geschieht. Würde diese Mitteleinsparung realisiert, dann könnten aber Anforderungen, die unter den Bedingungen des touristisch genutzten Gebietes zusätzlich an die Heidepflege gestellt werden, weniger oder gar nicht berücksichtigt werden. Dies könnte Konflikte nach sich ziehen, etwa in der Akzeptanz der Besucher, die mit den Zielen des Gebietsmanagements nicht vereinbar sind.

Analog der zur Verdeutlichung des Entscheidungsprozesses konstruierten Abbildung 6-3 (Kap. 6.1.3.1) können die Einflussfaktoren nach der Anwendung der Optimierungsverfahren neu dargestellt werden (vgl. Abb. 6-6).

Für eine optimale Effizienz der Nährstoffausträge, eine der gewünschte Austrag zu geringsten Kosten, sollte sich der Entscheidungsträger an den Ergebnissen der linearen Programmierung orientieren. Dabei sollte der Austrag anderer Nährstoffe als Stickstoff im Auge behalten werden, um nicht ungewollte Mangelsituationen zu erzeugen. Für den besten Ausgleich der Nährstoffausträge zu einem gegebenen Budget steht die Zielprogrammierung. Hier erscheint das expertengewichtete Modell mit der hohen Gewichtung des Stickstoffaustrags und einer ebenfalls recht hohen für den Phosphoraustrag gut geeignet, um eine Orientierung für die optimale Kombination der Verfahren zu geben.

Abbildung 6-5 zeigt, dass durch die angewendeten Verfahren die Anzahl der Faktoren, die die Entscheidung beeinflussen, im Vergleich zu Abbildung 6-3 geringer geworden ist. Verschiedene Größen konnten zu Kennzahlen zusammengefasst werden. Die Vorgabe einer optimalen Verfahrenskombination unter bestimmten Restriktionen führt zum Wegfall bzw. der Einbindung einiger entscheidungsrelevanter Faktoren in diese Kennzahlen.

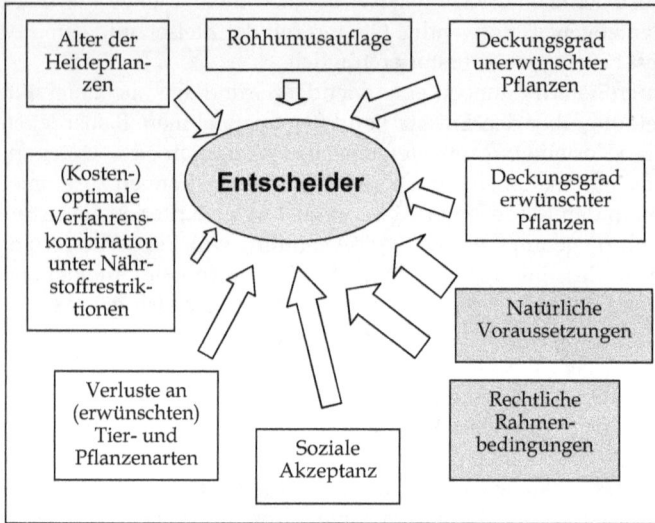

```
┌─────────────────────────────────────────────────────────────┐
│  ┌──────────┐   ┌─────────────────┐   ┌──────────────┐       │
│  │ Alter der│   │ Rohhumusauflage │   │ Deckungsgrad │       │
│  │Heidepflan│   │                 │   │ unerwünschter│       │
│  │   zen    │   │                 │   │   Pflanzen   │       │
│  └──────────┘   └─────────────────┘   └──────────────┘       │
│  ┌──────────┐      ╔═══════════╗    ┌──────────────┐          │
│  │(Kosten-) │      ║Entscheider║    │ Deckungsgrad │          │
│  │ optimale │      ╚═══════════╝    │  erwünschter │          │
│  │Verfahrens│                       │   Pflanzen   │          │
│  ...                                                          │
└─────────────────────────────────────────────────────────────┘
```

Alter der Heidepflanzen

Rohhumusauflage

Deckungsgrad unerwünschter Pflanzen

(Kosten-) optimale Verfahrenskombination unter Nährstoffrestriktionen

**Entscheider**

Deckungsgrad erwünschter Pflanzen

Natürliche Voraussetzungen

Verluste an (erwünschten) Tier- und Pflanzenarten

Soziale Akzeptanz

Rechtliche Rahmenbedingungen

Abbildung 6-5: Einflussfaktoren der Entscheidung über die Durchfüh
rung von Pflegemaßnahmen (II)

Schattiert: Nur langfristig oder nicht beeinflussbare Faktoren

Die Dicke der Pfeile deutet die Verfügbarkeit der Informationen an.

Quelle: Eigene Darstellung

Die schattierten Felder zeigen Faktoren, die wegen fehlender Daten noch nicht vollständig oder zufriedenstellend in die Optimierung integriert werden konnten. Ein weiterer Schritt zur Verbesserung der Informationslage bei dem Management er Heidepflege ist die Anlage einer aktuellen Flächendatenbank. Hier werden physikalische, ökologische und ökonomische Informationen verknüpft, so dass flächenscharf eine umfassende Entscheidungsgrundlage geschaffen wird.

Die im Modell der Zielprogrammierung erreichten Ergebnisse zeigen den unter den gegebenen Ausgangsdaten besten Kompromiss zwischen den Zielen, die berücksichtigt werden konnten. Hier zeigt sich, dass der N-Austrag offenbar eine zentrale Rolle bei der Findung der optimalen Verfahrenskombination spielt. Ursache dieser Konstellation sind die Vorgaben der Nährstoffausträge, die durch die Einträge in das System (über Niederschläge und die Luft) bestimmt werden.

*Besonders wichtig für eine wirksame Heidepflege scheint speziell der Austrag von Stickstoff zu sein (Härdtle 2004, 62).* Dem Stickstoffaustrag wurde demnach auch in der Zielgewichtung im Rahmen dieser Arbeit die größte Bedeutung zugemessen. Bei anderen Vorgaben für Nährstoffausträge oder Gewichtungen würden sich möglicherweise auch Änderungen in den optimalen Verfahrenskombinationen ergeben. Allerdings erwiesen sich viele Ergebnisse als relativ robust gegen Änderungen der Gewichtungen und der anderen Koeffizienten.

Aus der Kostenwirksamkeit der Verfahren und den Ergebnissen der Optimierung können Hinweise für die Auswahl der Pflegeverfahren gewonnen werden. Die Kostenwerte der Pflegeverfahren weichen von bislang ermittelten (vgl. z.b. Anders et al. 2003) zum Teil deutlich ab. Das kontrollierte Brennen wurde bisher als Verfahren betrachtet, das geringe absolute Kosten verursacht (vgl. Anders 2003; Goldammer et al. 1997, 11). Dies ist unter den Bedingungen der Lüneburger Heide nicht der Fall. Der ermittelte Aufwand für dieses Verfahren ist von der Lage des Gebietes, Dichte der Besiedlung und Frequentierung durch Erholungssuchende abhängig. Unter Bedingungen, wie sie beispielsweise ein Truppenübungsplatz bietet, ist mit einer anderen Höhe der Kosten zu rechnen, da hier Sicherungsmaßnahmen weniger Bedeutung haben.

Das kontrollierte Brennen leistet einen relativ hohen Austrag an Stickstoff, gemessen an seinen Kosten. Die Kostenwirksamkeit bezüglich Phosphoraustrag ist allerdings niedriger als die der Mahd und der Beweidung.

Die Steuerung von einzelnen Abläufen mit Hilfe von Instrumenten der Entscheidungsunterstützung ist ein Schritt bei der Entwicklung innovativen Managements öffentlicher Aufgaben. Anzustreben ist die Einführung eines ähnlichen Konzeptes wie das des New Public Environmental Management, eine wirkungsorientierte Umweltpolitik (vgl. Schaltegger et al. 1996, 249ff.). Hauptanliegen dieser Konzeption ist es, leistungsorientierte Anreize zu schaffen, damit die ausführenden Stellen im Rahmen dieser Organisation die Umweltaufgaben effizient erfüllen. Dieses Konzept wurde nicht originär für die Organisation der Naturschutzaufgaben geschaffen, sondern für die Reform der öffentlichen (Umwelt-)Verwaltung insgesamt. Es ist aber mit Hilfe der in dieser Arbeit vorgestellten Steuerungs- und Entscheidungsunterstützungsmethoden ohne weiteres auf sie übertragbar. In zwei Schritten tritt die subjektive Rationalität in den Vorgaben, die in diesem Kapitel für den Entscheidungsprozeß gemacht werden, zutage. Zum einen in der Kosten-Wirksamkeits-Matrix, die dem Entscheider die Freiheit lässt, die Kriterien nach seiner Präferenz zu berücksichtigen. Hier besteht z.B. die Möglichkeit, die erste passende Variante zu berücksichtigen, ohne weitere zu prüfen. Zum zweiten werden die Gewichtungen in der Zielprogrammierung durch subjektive Einschätzungen gebildet, die nicht zwingend objektiver Rationalität genügen müssen. Eine große Datengrundlage, das heißt Einschätzungen vieler Fachleute über die Gewichtung der Kriterien, kann die subjektiven Anteile in den Einschätzungen minimieren. So könnte die Entscheidung auf einer breiteren Grundlage getroffen werden, die eher durch objektive Erkenntnisse gestützt wird.

Die Konzeption von Pullin (2002) dient zur Systematisierung des Managements von Schutzgebieten. Mit einer Integration von ökologischen, ökonomischen und anderen Daten in einem Managementplan oder Managementsystem könnte die Effizienz beim Schutzgebietsmanagement stärker berücksichtigt werden. Insofern kann dies ein Element in der Konzeption von Schaltegger et al. (1996) sein. Auch wenn in vielen Fällen zuverlässige Daten über Zielkriterien noch nicht vorliegen, können Anhaltspunkte durch die Verwendung anderer Kriterien gewonnen werden. Im Fall der Heidepflege wäre etwa das Kriterium Biomasseaustrag möglich. Ebenso erscheint bei Vorliegen ähnlicher natürlicher Voraussetzungen die Übertragung von Daten aus anderen Gebieten sinnvoll. Damit könnten hinreichend genaue Entscheidungsgrundlagen gewonnen werden. Der Aufwand der Datenerfassung, der in der vorliegenden Untersuchung notwendig war, würde bei einer solchen Vorgehensweise aber wesentlich geringer ausfallen.

## 7. Diskussion der Gesamtergebnisse und Handlungsempfehlungen

In den vorhergehenden Kapiteln wurden die Ergebnisse der sozioökonomischen Analysen auf verschiedenen Ebenen vorgestellt und diskutiert. Abschließend soll nun versucht werden, die gesamte Vorgehensweise zu bewerten und Zusammenhänge zwischen den vorher einzeln diskutierten Ergebnissen herzustellen. So interessiert z.b. die Frage, in welchem Verhältnis die festgelegten oder geäußerten Präferenzen auf Ebene des gesamten Gebietes und auf der Ebene des Pflegemanagements stehen. Daneben soll überprüft werden, ob Anhaltspunkte zur Klärung der Frage gefunden werden konnten, welche Auswirkungen die Akzeptanz der Anspruchsgruppen auf die ökonomischen Bedingungen des Gebietes haben kann. Aus den Ergebnissen und Zusammenhängen werden Empfehlungen für das Management der Heideflächen des Naturschutzgebietes und für weiterführende Untersuchungen abgeleitet.

### 7.1 Angewendete Methoden

Die grundsätzliche Eignung der Kosten-Nutzen-Analyse für die Ermittlung des Nettonutzens eines Schutzgebietes ist erprobt und steht weitgehend außer Frage. Die Frage, die sich aus den dargestellten Ergebnissen ergibt, ist, wie vollständig und verlässlich diese Ergebnisse die wahren Werte für Kosten und Nutzen der Heidepflege repräsentieren. In der vorliegenden Arbeit wurde, wie bisher üblich, der anthropozentrische Ansatz der neoklassischen Mikroökonomik gewählt, der Grundlage aller Zahlungsbereitschaftsanalysen beruhen. Wie oben bereits dargestellt wurden aller Wahrscheinlichkeit nach vorwiegend Gebrauchswerte erfasst, die auf der Erholungsnutzung des Gebietes basieren. Weiterhin wurde oben ausgeführt, dass davon auszugehen ist, dass durch das Gebiet auch Nicht-Gebrauchswerte erzeugt werden, etwa für naturschutzinteressierte Nicht-Nutzer des Gebietes. Methodisch ist die Erfassung der Werte in der vorliegenden Form also unvollständig. Eine Erfassung von Nicht-Gebrauchswerten der Heidepflege mit den Methoden der neoklassischen Mikroökonomik ist aber sehr aufwendig und mit zusätzlichen Problemen behaftet, weil das Risiko von Verzerrungen wie z.b. dem „embedding effect" zunimmt (vgl. z.B. Bateman & Langford 1997). Die Grundgesamtheit der in Frage kommenden Personen der Gruppe „Naturinteressierte der Lüneburger Heide" dürfte sehr groß sein. Bei der Auswertung würden sich voraussichtlich Schwierigkeiten der Hochrechnung ergeben, da wenig Grundlagen zur Schätzung der Gruppengröße vorliegen. Ein Lösungsansatz dieses Problems könnte sein, sich auf abgrenzbare Gruppen wie z.b. die Mitglieder des Vereins Naturschutzpark zu beschränken. Dies würde aber wiederum nur einen Teil der gesamten Gruppe erfassen. In einer Befragung von Nicht-Nutzern des Gebietes würde sich der Zusammenhang zwischen der

Schätzung des Nutzens und der Information, die die Befragten über die Heidepflege besitzen, noch stärker in den Vordergrund rücken als bei der vorliegenden Untersuchung. In diesem Zusammenhang scheint ein zentrales Problem der Bewertung von Naturgütern zu liegen. Wie in vielen Studien dargelegt wurde (z.B. Degenhardt 1998, Meyerhoff 2001a), existiert in weiten Teilen der Bevölkerung als Nicht-Nutzer eine latente Zahlungsbereitschaft für überregional bedeutsame Naturschutzprojekte oder –gebiete, die aber nicht präzise einschätzbar ist, weil die Informationen über die Güter – und über vergleichbare andere Güter, die ebenfalls einen Nicht-Gebrauchswert besitzen könnten – nicht oder nur sehr unscharf vorhanden sind. Hier liegt ein zentraler Unterschied zu gängigen Marktgütern (vgl. Carson et al. 1999, 115f.). Dies dürfte auch eine zentrale Ursache des „embedding effect" sein, der besonders bei der Äußerung zu Zahlungsbereitschaften als Existenz- oder Optionswert auftritt. Mit der Erkenntnis über diese methodischen Schwierigkeiten müssen Versuche von Befragungen wie z.B. eine telefonische Umfrage zu Nationalparken im Auftrag des WWF (WWF 1998) bewertet werden, bei der sicher der „information bias" und der „embedding effect" eine wesentliche Rolle gespielt haben dürften. Angesichts der Informationslage, die in der Bevölkerung kaum größer sein dürfte als in der vorliegenden Studie, und der Erkenntnisse über das Auftreten des „embedding effect" bei derartigen Fragen (z.B. Degenhardt & Gronemann 2001) ist bei einer solchen Vorgehensweise mit erheblichen Verzerrungen zu rechnen.

Die Kosten der Heidepflege dürften in der vorliegenden Untersuchung annähernd vollständig erfasst worden sein. Es spricht somit vieles dafür, dass in der vorliegenden Untersuchung die Nutzenwerte eher stärker unterschätzt wurden als die Kostenwerte und daher tendenziell von einem höheren Nettonutzen bzw. Nettogegenwartswert ausgegangen werden kann.

Mit Blick auf die Information, auf die die Befragten ihre Einschätzung stützen, ist auch die methodische Frage bei der Akzeptanzerfassung zu sehen. Die Heidepflege insgesamt und die einzelnen Verfahren sind sogar unter den regelmäßigen Besuchern der Heide wenig bekannt. Für eine plausible Erfassung der Akzeptanz müssen daher gewisse Informationen vermittelt werden, da eine Reihe von Testpersonen zu wenige Informationen besaß, um in der Interviewsituation eine plausible Einschätzung abzugeben. Die Untersuchung in der durchgeführten Form stieß an dieser Stelle bei einigen Befragten auf Schwierigkeiten, da die Verfahren unbeeinflusst bewertet werden sollten, die Befragten aber zu wenige Informationen besaßen, um diese Bewertung vorzunehmen. Eine Alternative zu der gewählten Vorgehensweise wäre gewesen, mehr offenen Fragen zu stellen und eine qualitative Auswertung der gegebenen Antworten vorzunehmen. Bei dieser Art der Befragung hätten die geringen Kenntnisse der Befragten die Auswertbarkeit jedoch vermutlich ebenfalls stark beeinträchtigt.

Die Optimierungsmodelle zeigen, dass unter verschiedenen Gegebenheiten sehr unterschiedliche Verfahrenskombinationen zu bevorzugen sind. Unter den gegebenen Bedingungen erfüllen die genannten Verfahrenskombinationen die Anforderungen an eine nachhaltige Nährstoffreduktion unter geringsten Gesamtkosten bzw. bilden den besten Kompromiss bei der Verfolgung verschiedener Ziele. Weitere Kriterien, die innerhalb der Optimierungsrechnung (noch) nicht berücksichtigt werden konnten, können im Einzelfall die Entscheidung über die Anwendung eines Verfahrens zusätzlich beeinflussen. Interdependenzen, die durch die Anwendung verschiedener Verfahren zeitlich gestaffelt auf der gleichen Fläche entstehen, sind bei diesen Programmen nicht berücksichtigt. Die Zahl der Kriterien, die innerhalb der Optimierungsrechnung berücksichtigt werden konnten, ist aber noch nicht zufriedenstellend. Andere Kriterien wie etwa natürliche Gegebenheiten der Einzelfläche oder Lage der Fläche zu einem Hauptwanderweg können im Einzelfall die Entscheidung über die Anwendung eines Verfahrens wesentlich beeinflussen. Sie konnten derzeit noch nicht berücksichtigt werden, weil keine verlässlichen Daten vorliegen. Durch die Einbeziehung weiterer Restriktionen bzw. Ziele und einer ausführlicheren Sensitivitätsanalyse könnten die Modelle bei Vorliegen der entsprechenden Daten z.B. über unerwünschte Verluste an Individuen oder Arten an die tatsächlichen Bedingungen angepasst werden. Interdependenzen, die durch die Anwendung verschiedener Verfahren zeitlich gestaffelt auf der gleichen Fläche entstehen, sind bei den diskutierten Programmen nicht berücksichtigt. Wünschenswert wären für eine Weiterentwicklung der Methode, die in vergleichbaren Fällen bereits geleistet wurde (vgl. z.B. Seppelt 2002), eine aktuelle und flächenscharfe Datengrundlage zum Zustand der Heideflächen. Läge diese vor, dann könnte eine realistische Planung der Maßnahmen im Rahmen eines Modells durchgeführt werden, in das ökologische, ökonomische, geographische und landschaftsplanerische Daten einfließen. Die Modelle bergen sicher – wie die meisten anderen Modell e auch – einige Vereinfachungen und führen teilweise zu Verfahrenskombinationen, die in der Realität nicht genau so ausführbar sind. Dies liegt an der unvollständigen Erfassung der Restriktionen, ändert jedoch nichts an der Kernaussage.

## 7.2 Zielkonflikte und Konflikte im Pflegemanagement

Im Rahmen der Analyse von Akzeptanz und Einstellung zu dem Pflegemanagement der Heideflächen geht es in erster Linie darum, Konflikte aufzudecken, zu beschreiben, ihre Ursachen zu finden und Lösungsvorschläge zu erarbeiten. Grundlegende Ursachen der Konflikte sind in allen Fällen die konkurrierenden Ziele „Naturschutz" und „Erholungsnutzung", die durch die Naturschutzgebietsverordnung vorgegeben werden. Diese konkurrierenden

Ziele äußern sich in Konflikten auf verschiedenen Ebenen. Der Vergleich zwischen den Analyseergebnissen auf den verschiedenen Ebenen fördert schon auf der beschreibenden Ebene interessante Zusammenhänge zutage. Beim Vergleich der geäußerten Wünsche der größten Anspruchsgruppe der Heideflächen, der Besucher, und der Zielvorstellung des Pflegemanagements (VNP 2004) fällt eine geringe Übereinstimmung auf. Die bereits von Hellmann (2002) ermittelten Unterschiede in der positiven Wahrnehmung der Heidelandschaft deuten sich auch in der vorliegenden Untersuchung an. Während die Besucher offenbar eher die klassischen Heideattribute wie eine ausgeprägte Heideblüte und großflächige Heidelandschaft schätzen, wird im Zielsystem der Entscheidungsträger ein Mosaik aus verschiedenen Altersstufen der Heide, Offenboden und Gehölzen angestrebt. Es gibt keine genauen Informationen darüber, wie solche Strukturen auf großer Fläche bei den Heidebesuchern ankommen würden, es kann jedoch nicht ausgeschlossen werden, dass eine solche Veränderung der Flächen als Nutzenminderung empfunden würde. Hellmann (2002, 64) ermittelte für die Gruppe der Besucher ein präferiertes Landschaftsbild, das einen hohen Heideanteil, eine hohen Waldanteil und vereinzelt beginnende Verwaldung beinhaltet. Alle befragten Gruppen stimmen dagegen darin überein, dass Vergrasung in den Heideflächen nicht als positiv angesehen wird. Der aktuelle Vergrasungszustand der Heideflächen ist in der Zahlungsbereitschaft der Besucher enthalten. Eine weiter fortschreitende Vergrasung dürfte sich aber nach den vorliegenden Ergebnissen in einer Minderung der Zahlungsbereitschaft niederschlagen. Auch bestimmte Pflegeverfahren, besonders Plaggen in allen Aspekten und Brennen während der Durchführung, werden von den Besuchern nicht als sehr attraktiv empfunden. In der derzeiti-gen Situation ist die Nutzenminderung, die von diesen Verfahren ausgeht, in der Zahlungsbereitschaft der Besucher enthalten. Wird die Situation verändert, beispielsweise durch eine Verlagerung von Pflegeverfahren in die Hauptbesuchssaison, dann nehmen die Besucher dies vermutlich als Änderung der Eigenschaften des von ihnen genutzten Gutes wahr, und zwar in Richtung einer Nutzenminderung. Die Befragung hat gezeigt, dass die Besucher durchaus zu einer Einschränkung ihres Nutzens bereit sind, wenn dies mit Naturschutzzwecken begründet wird. Dies wird daran deutlich, dass die meisten Besucher eine weitere Sperrung von Wegen ohne Konsequenzen hinnehmen würden. Ihr subjektiv empfundener Nutzen wird dabei vermutlich nicht merklich zurückgehen. Der Gebrauchsnutzen durch die *Benutzung der Wege* wird ersetzt durch den Nicht-Gebrauchsnutzen (Existenznutzen) durch die Kenntnis um den besseren Schutz der Natur im Gebiet. Dies ist möglich, weil den Besuchern entweder die naturschützerische Wirkung der Wegesperrung unmittelbar eingängig ist oder die Nutzeneinschränkung gering ist. Diese Zusammenhänge können auf die Durchführung von Pflegemaßnahmen, die sich in den Umfragen als weniger beliebt herausgestellt haben, übertragen werden. Wenn eine Maßnahme den Besu-

chern ebenfalls als förderlich für den Naturschutz bekannt ist, kann angenommen werden, dass auch die Durchführung dieser Maßnahme den Gesamtnutzen der Besucher nicht wesentlich einschränkt. Diese Hypothese wäre mit einer weiteren experimentellen Ermittlung der Zahlungsbereitschaft
nach einer solchen Änderung des Pflegemanagements zu überprüfen.

Ein zentrales Element, das sowohl die Akzeptanz als auch den Nutzen der
Heidepflege für die Besucher beeinflusst, scheint die *Vergrasung* der Heideflächen zu sein. Der hohe Anteil der Besucher, der als Änderungswunsch eine
geringere Ausdehnung vergraster Flächen angibt, legt diesen Schluss nahe.
Es ist aus den Ergebnissen der Befragung nicht klar zu entnehmen, ob der
Mehrheit der Besucher der Zusammenhang zwischen der Pflege und der Zu-
rückdrängung der Vergrasung bewusst ist. Der allgemeine Informationsstand
der Gruppe legt aber die Vermutung nahe, dass dies nicht so ist.

Der tatsächliche aktuelle Nettonutzen des Gebietes dürfte aus mehreren
Gründen eher über dem in dieser Untersuchung ermittelten Wert liegen. Es
ist bei einem komplexen Gebilde wie einem Naturschutzgebiet, das gleichzeitig dem Tourismus dient, schwer zu bestimmen, was in der geäußerten Zahlungsbereitschaft der Befragten enthalten ist. Es kann somit davon ausgegangen werden, dass die Heidepflege im Naturschutzgebiet Lüneburger Heide
insgesamt einen deutlichen volkswirtschaftlichen Nettonutzen ausweist,
kann also insgesamt aus gesellschaftlicher Sicht als sinnvoll angesehen werden. Diese Aussage muss jedoch mit der Einschränkung versehen werden,
dass keine Opportunitätskosten der Landnutzung einbezogen wurden, mögliche Erträge bei anderer Verwendung der Flächen bleiben also im Ergebnis
unberücksichtigt. Die resultierende Höhe des Netto-Gegenwartswertes von
über 10.000 € je ha bei einem angemessenen Zinssatz würde bereits eine
Deckung dieser Opportunitätskosten erlauben, wenn man von einer land-
oder forstwirtschaftlichen Nutzung der Flächen ausgeht. Hinzu kommt, dass
die schwachen Standorte keine ertragreiche landwirtschaftliche Nutzung zu-
lassen und eine forstwirtschaftliche Nutzung ohnehin keine hohen Erträge er-
bringen würde.

Mit Blick auf die geringen Kenntnisse der Zielgruppe Besucher und die ökonomischen Verflechtungen der anderen befragten Gruppen ist davon auszugehen, dass Nicht-Gebrauchswerte in den Ergebnissen der vorliegenden Studie nur zu einem geringen Teil enthalten sind. Für Naturschutzobjekte von
der nationalen Bedeutung, die die Heideflächen zweifellos darstellen, existiert aber mit hoher Wahrscheinlichkeit zusätzlich ein Nicht-Gebrauchswert,
der durch die Zahlungsbereitschaft der naturschutzinteressierten Bürger aus-
gedrückt werden könnte. Die Studie zeigt nur die Zahlungsbereitschaften der
drei befragten Gruppen auf. Auf Grund der überregionalen Bedeutung der
Lüneburger Heide ist zu erwarten, dass auch bei der Bevölkerung der Region, möglicherweise sogar bundesweit, eine positive Zahlungsbereitschaft

vorhanden ist. Insofern stellt die hier vorgestellte Schätzung des Nutzens einen sehr konservativ geschätzten Wert dar.

Die Berechnung des Nutzens speziell von Naturgütern auf Basis der Konzepte der neoklassischen ökonomischen Theorie wird von Teilen der Wissenschaft für unvollständig gehalten (z.B. Klauer 1998; Faber et al. 1998; Tisdell 2003). Dies wird mit der anthropozentrischen Sichtweise dieser Theorie begründet, die die menschliche Nutzung in den Vordergrund stellt und die Werte, die durch ökologische Zusammenhänge begründet werden, nicht genügend erfasst. Es ist anzunehmen, dass auch die Zahlungsbereitschaft der Befragten dieser Untersuchung nur wenig von den Wertkomponenten enthält, den das Gebiet aus ökologischen Gründen, z.b. des Biodiversitätsschutzes stiftet, weil dies für sie keinen direkten Nutzen darstellt oder ihnen nicht bekannt ist. Mit letzterem ist nach den Befragungsergebnissen zu den Kenntnissen über die Heidepflege zu rechnen. Wenn dies zutrifft, fehlt in der Nutzenberechnung auch ein großer Teil des Wertes, der durch die ökologischen Eigenschaften des Gebietes geschaffen wird.

Wird die Vorteilhaftigkeit der Heidepflege aus einer regionalen Perspektive betrachtet, dann müssen noch die Nutzenkomponenten anderer Gruppen einbezogen werden, z.B. die durch die Erhaltung der Heideflächen verursachten Erträge aus Gastronomie und Handel. Dies wäre jedoch ein vollkommen anderes Untersuchungskonzept, bei dem z.B. der zusätzliche Nutzen der Besucher für die Schätzung des regional gestifteten Nutzens nicht relevant wäre.

Bei allen untersuchten Anspruchgruppen sind gewisse Defizite in der Zufriedenheit mit dem Gesamtergebnis der Heidepflege zu verzeichnen. Dies ist zwar grundsätzlich in den Nutzenschätzungen der Gruppen, die in der vorliegenden Untersuchung betrachtet wurden, enthalten. Es ist aber auch vorstellbar, dass die mangelnde Akzeptanz der Heidepflege sich weiter entwickelt und erst in der Zukunft zu ökonomischen Konsequenzen wie geringerer Nachfrage nach den Gütern führt, die durch die Existenz der Heideflächen produziert werden.

Auf der operativen Ebene stellt insbesondere die Anwendung der Optimierungsmethoden eine bisher im Naturschutzbereich wenig verbreitete, aber im vorliegenden Fall zur Verbesserung der Effizienz in der Pflege anwendbare Methode dar. Im Bereich des operativen Managements ergeben sich ebenfalls entscheidungsrelevante Verknüpfungen zu den anderen Teilen der Untersuchung. So können aus den Ergebnissen der Akzeptanzuntersuchungen in Kombination mit den Verfahrenskombinationen, die einen optimalen Austrag der relevanten Nährstoffe gewährleisten, Schlüsse über die Steuerung des Pflegemanagements gezogen werden.

## 7.3 Handlungsempfehlungen

Ziel der vorliegenden Untersuchung war nicht nur die theoretische Evaluation der Forschungsfragen nach dem Verhältnis von Kosten und Nutzen und den besten Pflegeverfahren, sondern auch die Ableitung von Handlungsempfehlungen für das Gebietsmanagement. Für die handlungsleitenden Folgerungen aus den dargestellten Ergebnissen sind zwei Fragen besonders entscheidend. Zum einen geht es um die Frage, wie unter den gegebenen Umständen *operative Maßnahmen* abgeleitet werden können, die zu einer *besseren Akzeptanz der Anspruchsgruppen* und weniger Konflikten um die Heidepflege führen. Dies betrifft aus ökonomischer Sicht insbesondere die zahlenmäßig stärkste Anspruchsgruppe mit dem größten ökonomischen Einfluss, die Besucher. Als zweite Frage stellt sich, ob die Abschöpfung der Zahlungsbereitschaft der Besucher zur Finanzierung der Heide möglich und sinnvoll ist und welche ökonomischen Auswirkungen erwartet werden können.

Grundlage einer konfliktarmen Situation zwischen verschiedenen Gruppen sind ähnliche Ziele. Die Aufgabe des Pflegemanagements in diesem Zusammenhang ist, die Reaktion der Besucher auf die Durchführung der Heidepflege und deren Darstellung in der Öffentlichkeit zu überprüfen. Wenn nötig, ist die Pflege so zu verändern, dass die Ziele des Gebietsmanagements erreicht werden können. Ob die Ziele bei grundlegenden Konflikten angepasst werden müssen, liegt an dem Ergebnis dieses Prozesses und an dem Gewicht, das den jeweiligen Zielen beigemessen wird.

Mangelnde Akzeptanz einzelner Pflegeverfahren führt dazu, dass Konflikte entstehen, der Nutzen für Besucher gemindert wird und dass die Besucher, deren Nutzen dann nicht mehr größer ist als die entsprechenden Kosten, das Gebiet ganz meiden. Für das Management solcher Konflikte gilt es, Daten der technologischen und ökonomischen Ziele mit den Akzeptanzäußerungen dieser und anderer Gruppen abzuwägen. Auf dieser Ebene sollen die Konflikte, die durch die konkurrierenden Ziele optimale  Pflege der Heideflächen aus Naturschutzsicht und Erholung auftreten, zu minimieren. Auf der operativen Ebene können aus der Kostenwirksamkeit der Verfahren und den Ergebnissen der Optimierung Hinweise für die Auswahl der Pflegeverfahren gewonnen werden. Die Kostenwerte der Pflegeverfahren weichen von bislang ermittelten (vgl. z.B. Anders et al. 2003) deutlich ab. Das Brennen wurde bisher als Verfahren betrachtet, das sehr geringe absolute Kosten verursacht. Dies ist unter den Bedingungen der Lüneburger Heide nicht der Fall. Dennoch erweist sich das Brennen unter den Annahmen des Modells der Zielprogrammierung als ein günstiges Verfahren. Dazu muss angemerkt werden, dass der Aufwand für dieses Verfahren wesentlich auch von der Lage des Gebietes, der Dichte der Besiedlung und der Frequentierung durch Erholungssuchende abhängt.

Deutliche Unterschiede zeigen sich in der Akzeptanz der Verfahren. Da die stark landschaftsverändernden Verfahren „Plaggen", „Schoppern" und „Kontrolliertes Brennen" bei den Besuchern nicht gut beurteilt werden, sollten diese nicht ohne geeignete Informationen in deren Gegenwart angewendet werden. Dies betrifft z.B. die im Moment betriebene Ausdehnung der Brennzeiten in den Spätsommer. Dies sollte nur zusammen mit einer Verbesserung der vermittelten Informationen geschehen. Bei den Befragungen wurde neben den negativen Assoziationen zu diesen Verfahren häufig geäußert „na ja, wenn es notwendig ist, muss es gemacht werden". Diese Notwendigkeiten müssen bekannt gemacht werden, damit wenigstens diese schwache Form der Akzeptanz bei den Besuchern erreicht werden kann und keine negativen ökonomischen Konsequenzen aus der ablehnenden Haltung erwachsen. Bei dem derzeitigen Informationsstand der Besucher sollten diese mit den weniger akzeptierten Verfahrensaspekten, insbesondere bei Brennen, Plaggen und Schoppern, möglichst nicht konfrontiert werden, um negative Reaktionen zu vermeiden. In vielen Fällen können durch geschickte Verteilung der Pflegeflächen die Konflikte auf ein unbedeutendes Maß reduziert werden. In den Fällen, in denen diese Option nicht wirksam ist, muss versucht werden, die Ursachen der mangelnden Akzeptanz zu beseitigen. Dies dürfte zumindest teilweise durch eine wesentliche Verbesserung der Information der Besucher zu leisten sein.

Zusammenfassend decken die Ergebnisse der Befragungen ein erhebliches Informationsdefizit auf, besonders bei der Gruppe der Heidebesucher. Eine wichtige Managementaufgabe besteht darin, dieses Defizit zu beseitigen. Das Gebiet unterliegt in einem gewissen Maß dem Konflikt zwischen den konkurrierenden Aspekten der durch Naturschutzgebietsverordnung und Pflegemanagement vorgegebenen Ziele.

Insgesamt muss das Verfahren der Beweidung unter Abwägung aller Aspekte auch unter ökonomischen Gesichtspunkten als günstig angesehen werden. Bei einer geringen Senkung der Kosten wird das Verfahren in der Kombination der Zielprogrammierung berücksichtigt. Berücksichtigt man einen zusätzlichen Bonus für die positiven Wirkungen der hohen Akzeptanz des Verfahrens, dann erscheint eine Ausweitung der Beweidung mit Heidschnucken aus ökonomischer Sicht sinnvoll. Durch eine effektive, großräumige Vermarktung der Produkte können mit einem zusätzlichen Werbeeffekt für die Region möglicherweise weitere ökonomische Vorteile erreicht werden.

Die Akzeptanz der wichtigen Anspruchsgruppe der Besucher sollte eine wichtige Einflussgröße bei der Managemententscheidung über Pflegeverfahren sein. Offenbar existieren erhebliche Unterschiede in der Bewertung der verschiedenen Aspekte der Verfahren durch die Besucher. Eine andere Möglichkeit des Verhältnisses von Wahrnehmung der Pflegeverfahren und Information über diese ist, dass die Besucher zu wenig mit den Pflegeverfahren in Berührung kommen, um sich mit ihnen auseinander zu setzen. Dies käme allerdings nur für die direkte Durchführung der Verfahren in Frage, weil die Aspekte der bearbeiteten Flächen den Besuchern ja bei einem Aufenthalt in der Heide sichtbar sind. Ob dies so ist, kann aus den Ergebnissen der Umfragen nicht eindeutig beantwortet werden. In der Ergebnisdiskussion wurde bereits festgestellt, dass ein erhebliches Informationsdefizit über die Geschichte und die Pflegenotwendigkeit der Heideflächen bei der Gruppe der Besucher besteht. Die Basis der Analyse der Gruppe „Besucher" wird durch deren demographische Merkmale gebildet. Durch das hohe Durchschnittsalter und die Verteilung der Berufsgruppen können für die Gruppe charakteristische Lern- und Verhaltensmuster angenommen werden, die durch die weiteren Ergebnisse der Umfrage ergänzt werden. Zur gezielten Ansprache der so definierten Gruppe müssen Wege gefunden werden, die geeignet sind, effizient grundlegende Informationen zu vermitteln (vgl. z.B. Kreilkamp 1998, 318). In Frage kommen hier beispielsweise die Kommunikationsinstrumente, die sich speziell an Gruppen der betreffenden Altersstruktur wenden (vgl. z.B. Krieb & Reidl 2001, 178ff.).

Der Naturschutzbereich unterscheidet sich aber grundlegend von anderen Bereichen des Marketing wie z.B. Konsumgüter. Diese Unterscheidung gilt großenteils auch für den Bereich des Öko-Marketing, der sich vornehmlich auf Marketing von Konsumgütern bezieht (vgl. z.B. Belz 2002; Schaltegger et al. 2003, 207ff.). Im Bereich des Naturschutzes überschneidet sich die Vermittlung von Informationen mit einem Handlungsfeld, das eher kommerziell orientiert ist und versucht, die Nachfrage nach den Naturschutzflächen als touristische Destination zu erhalten oder zu forcieren.

Dieses Handlungsfeld wird als Naturschutzmarketing bezeichnet und hat in den letzten Jahren eine erhebliche Entwicklung genommen. Schuster (2003, 159) und Herzog (2000) weisen auf die Sensibilität hin, die gegenüber Marketinginstrumenten im Bereich Naturschutz besteht. Die Untersuchungen, die in diesem Bereich vorliegen, benutzen vermutlich aus diesem Grund auch die Bezeichnung Umweltbildung, Öffentlichkeitsarbeit oder Naturschutzkommunikation (z.B. Schuster & Lantermann 2002; Erdmann et al. 2000). Die Entwicklung eines Marketingkonzeptes für die Vermittlung der grundlegenden Kenntnisse über die Naturschutzmaßnahmen im Naturschutzgebiet Lüneburger Heide ist nicht Thema der vorliegenden Studie. Die Ergebnisse, die vorgestellt wurden, sollten aber Anlass geben, solche Maßnahmen zu konzipieren.

Weiterhin können aus den Ergebnissen Anhaltspunkte für Änderungsmöglichkeiten der Rahmenbedingungen der Nutzung der Heideflächen ermittelt werden. Vorrangig kommt dabei die reale Einführung des hypothetisch abgefragten finanziellen Beitrages der Heidebesucher in Frage. In diesem Kontext stellen sich mehrere Fragen:

- Inwieweit ist die Höhe der geäußerten Zahlungsbereitschaft aussagekräftig für die Festsetzung einer tatsächlichen Abgabe?

- Kann angesichts der Struktur des Untersuchungsgebietes eine Abgabe für den Besuch der Heideflächen sinnvoll erhoben werden?
- Welche ökonomischen Folgen sind bei einer Erhebung einer Abgabe für den Besuch der Heide zu erwarten?
- Welches Zahlungsvehikel wäre zu wählen?

Alle Hinweise, die innerhalb der Befragung und im Vergleich mit anderen Erhebungen gewonnen werden konnten, deuten an, dass die Ergebnisse hinsichtlich der Zahlungsbereitschaft der Besucher in einer realistischen Größenordnung liegen. Eine freiwillige Abgabe scheint aus ökonomischen Gründen nicht zielführend zu sein. Dies zeigen die Ergebnisse der dauerhaften Spendenaktion, die so nach der Einstellung des überregionalen Marketings stark zurückgegangen ist. Überdies scheinen auch die Besucher selbst eine freiwillige Abgabe nicht zu favorisieren. Die Nennung „freiwillige Spende" wird von den Besuchern nicht favorisiert; sie erreicht nur 1,7% der Antworten.

Die Erhebung einer Abgabe in Höhe der tatsächlichen Zahlungsbereitschaft der Besucher könnte aus ökonomischer Sicht neben der Finanzierung der Heidepflege auch die Lenkungswirkung haben, dass nur so viel Heidelandschaft angeboten wird, dass die tatsächliche Nachfrage danach befriedigt wird. Die Allokation der Mittel wäre dann effizient. Dies muss aber vor dem Hintergrund der oben beschriebenen Teilung der angebotenen Güter gesehen werden. Aus der vorliegenden Untersuchung kann lediglich der Teil der Zahlungsbereitschaft der Heidebesucher abgeleitet werden, da wesentliche Teile der Gesamt-Zahlungsbereitschaft, die durch andere Gruppen bereitgestellt würde, aus methodischen Gründen und wegen mangelnder Ressourcen nicht untersucht werden konnten. Die Lenkungswirkung sollte sich daher vornehmlich auf die angebotenen Erholungsleistungen beziehen, da im Bereich Naturschutz vermutlich wegen unvollkommener Märkte eine Lenkung durch Marktmechanismen zu unerwünschten Ergebnissen führen würde. Es kann jedoch davon ausgegangen werden, dass die Effizienz der Allokation verbessert wird, wenn die Heidepflege zu einem wesentlichen Teil mit einer Abgabe der Hauptnutzer finanziert wird.

Die Erarbeitung eines konkreten Maßnahmenplans für die *Einführung einer Abgabe* der Besucher ist nicht Hauptthema der vorliegenden Arbeit. Es sollen hier lediglich die Erfahrungen, die während der empirischen Arbeit gewonnen wurden, diskutiert werden. Es lässt sich eine Reihe von Beispielen für die Erhebung einer Abgabe aus anderen Gebieten finden, die ähnliche Strukturen aufweisen. Die Heideflächen in der Lüneburger Heide stellen ein relativ großes, nicht vollständig zusammenhängendes Gebiet dar. Diese Eigenschaft spricht dagegen, ein Eintrittsgeld zu erheben, das für jeden Besuch separat bezahlt werden muss. Die theoretisch bereits angesprochene Nicht-Ausschließbarkeit von Nicht-Zahlern ist für das Gebiet relevant, da ein physisches Ausschließen von Nicht-Zahlern mit hohen Kosten verbunden wäre und vermutlich auch die Attraktivität der Landschaft nicht unerheblich beeinträchtigen würde. Grundsätzlich ist also das Problem des free-riding zu befürchten, wenn sich Besucher ohne Konsequenzen der Zahlung entziehen könnten. Dies trifft auch für andere Gebiete zu. Es gibt jedoch Beispiele von Gebieten, in denen trotz ähnlicher Schwierigkeiten zufrieden stellende Lösungen für die Erhebung einer Abgabe gefunden wurden. Vergleichbar mit der Gebietsstruktur wäre etwa ein Gebiet mit Skilanglaufloipen. Für solche Gebiete sind bereits Lösungen zur Erhebung einer Abgabe für die Pflege des Gebietes gefunden worden (z.b. Loipenpässe in der Schweiz, vgl. z.B. www.engadin.ch). Bei sorgfältiger Konzeption (z.B. eine Gästekarte, die an günstig postierten Verkaufsstellen erhältlich ist) sollte die Realisierung anhand dieser Beispiele möglich sein (vgl. auch Frerichs 2002). Eine Kombination mit anderen Angeboten (Besuch von Informationshäusern o. ä.) wäre möglich.

Aus dem gesellschaftlichen Umfeld des Gebietes gibt es einige Hinweise, die gegen die Erhebung zusätzlicher finanzieller Beiträge der Besucher sprechen.

*„Angesichts der Versteppung der Heideflächen im Naturschutzgebiet Lüneburger Heide durch die Grasart Drahtschmiele spielt der Verein Naturschutzpark (VNP) mit dem Gedanken, von jedem Heidebesucher eine freiwillige Abgabe von einer Mark pro Urlaub zu erbitten. ....*
*Die Gemeinde Bispingen allerdings lehnt die Idee des VNP ab. Gemeindirektor Klaus Doppke erklärte gegenüber der BZ, er finde den Vorschlag „unverständlich". Das grenze „an mittelalterliche Wegelagerei". Er befürchtet, daß Besucher ausbleiben könnten. Der Gemeinderat habe zum Beispiel eine Kurtaxe abgelehnt."*
(Die Böhme Zeitung vom 12.10.1999)

Diese Notiz bezieht sich auf die Einführung eine freiwillige Abgabe, die dennoch vehement abgelehnt wird. Es würde also aus dem Umfeld der Heideflächen vermutlich politischer Widerstand gegen die Einführung einer Abgabe zu befürchten sein. Die Zahlungsbereitschaft der Besucher ist also offenbar in erheblichem Umfang gegeben, es existiert aber eine mangelnde Akzeptanz einer Gruppe, die in der vorliegenden Untersuchung nicht einbezogen wurde, die sich vermutlich gegen jegliche Erhebung eines finanziellen Beitrages richtet. Auch aus diesen Akzeptanzproblemen können sich möglicherweise wiederum ökonomische Konsequenzen ergeben, z.B. durch den Entzug politischer Unterstützung durch die Gegner der Abgabe.

Das Marktversagen für die Güter „Schutz seltener Tiere und Pflanzen sowie deren Lebensräume" und „Information über regionale Kulturgeschichte" kann in der Lüneburger Heide wie in anderen Gebieten bejaht werden. Unter dieser Voraussetzung sind weiterhin öffentliche Eingriffe in die Bereitstellung dieser Güter sinnvoll. Oben wurde festgestellt, dass vermutlich der kleinere Teil der Zahlungsbereitschaft sich auf die Güter „Schutz seltener Tiere und

Pflanzen sowie deren Lebensräume" und „Information über regionale Kulturgeschichte" bezieht. Bei einer Erhebung einer Abgabe käme diese aber auch diesen Funktionen zugute. Der größte Teil der Abgabe würde vermutlich für die Bereitstellung der Erholungsmöglichkeit verwendet. Wenn dies so ist, würde für diese Funktion der Flächen die Bereitstellung wenigstens zum Teil durch die Mittel der Nachfrager finanziert. Insgesamt könnte daher durch die direkte Finanzierung der bereitgestellten Funktion aus den Mitteln der Nachfrage voraussichtlich eine Optimierung der Angebotsmenge gegenüber der derzeitigen Konstellation erreicht werden.

Auch wenn die Höhe der geschätzten Zahlungsbereitschaft in der vorliegenden Studie für plausibel gehalten wird, kann eine Erhebung des vollen Betrages angesichts der regional wirtschaftlichen Bedeutung der Heideflächen ein erhebliches Risiko bergen. Daher sollte im Fall einer Realisierung, zumindest ein deutlich geringerer Betrag als die ermittelte tägliche Zahlungsbereitschaft angesetzt werden, um das Risiko von Nachfragerückgang zu vermeiden. Die Finanzierung der Heidepflege im derzeit durchgeführten Umfang könnte so sichergestellt werden.

Als Zahlungsvehikel wurde von den Besuchern eine Kurtaxe favorisiert. Diese wird in der Regel entweder mit den Übernachtungsentgelten oder separat als „Gästecard" erhoben. Ein echtes Eintrittsgeld ist auf Grund der Struktur des Gebietes sicher nicht sinnvoll erhebbar, ein System von wenigen Zahlstellen mit Stichprobenkontrollen dagegen schon. Das Thema einer Erhebung einer Abgabe für die Besucher sollte jedenfalls nach den Ergebnissen der vorliegenden Untersuchung nicht getrennt von deutlich verstärkten Maßnahmen zur Information und Kommunikation über die Heidepflege betrachtet werden.

# 8. Literatur

Aerts, R. & Heil, G. W. (1993): Heathlands: patterns and processes in a changing environment, Dordrecht: Kluwer Acad. Publ.

Ahlheim, M. & Buchholz, W. (2000): "WTP or WTA - is that the question?: Reflections on the difference between "willingness to pay" and "willingness to accept"", Zeitschrift für Umweltpolitik und Umweltrecht, 23, (2), 253-271.

Anders, K. (2003): "Offenlandmanagement durch kontrolliertes Brennen: ein Beitrag aus sozioökonomischer Perspektive", Naturschutz und Landschaftsplanung, 35, (8), 242-245.

Arrow, K.; Solow, R.; Portney, P.; Leamer, E.; Radner, R. & Schuman, H. (1993): Report of the NOAA Panel on Contingent Valuation. National oceanic and atmospheric association. www.darp.noaa.gov/pdf/ cvblue.pdf.

Babbie, E. (2001): The practice of social research, Belmont, Calif.: Wadsworth Thomson Learning.

Bahner, T. (1996): Landwirtschaft und Naturschutz - vom Konflikt zur Kooperation: eine institutionenökonomische Analyse, Frankfurt am Main: Lang.

Baltagi, B. H. (2002): Econometrics: with 41 tables, 3. ed, Berlin: Springer.

Bateman, I.; Carson, R.; Day, B.; Hanemann, M. & Hanley, N. (2002): Economic valuation with stated preference techniques: a manual, Cheltenham: Elgar.

Bateman, I. & Langford, I. (1997): "Non-users' willingness to pay for a national park: an application and critique of the contingent valuation method", Regional Studies, 31, (6), 571-582.

Baumgartner, E. (2003): Der Nutzen betrieblicher Sozialarbeit: eine Kosten-Nutzen-Analyse in zwei Unternehmen, Olten: Fachhochschule Solothurn Nordwestschweiz.

Baumgärtner, S. (2003): "Warum Messung und Bewertung biologischer Vielfalt nicht unabhängig voneinander möglich sind", in: Weimann, J., Hoffmann, A. & Hoffmann, S. (Hrsg.): Messung und ökonomische Bewertung von Biodiversität: Mission impossible? Marburg: Metropolis, 43-66.

Beach, L. R. (1997): The psychology of decision making: people in organizations, Thousand Oaks, Calif.: Sage Publ.

Beckmann, O. (2003): Die Akzeptanz des Nationalparks Niedersächsisches Wattenmeer bei der einheimischen Bevölkerung, Frankfurt am Main: Lang.

Belz, F.-M. (2002): Integratives Öko-Marketing: erfolgreiche Vermarktung ökologischer Produkte und Leistungen, Wiesbaden: Dt. Univ.-Verl.

Benninghaus, H. (2001): Einführung in die sozialwissenschaftliche Datenanalyse: Buch mit CD-ROM, München: Oldenbourg.

Bertomeu, M. & Romero, C. (2002): "Forest management optimisation models and habitat diversity: a goal programming approach", Journal of the operations research society, 53, 1175-1184.

Bezirksregierung Lüneburg (1993): "Verordnung der Bezirksregierung über das Naturschutzgebiet "Lüneburger Heide"", in: Regierungspräsident (Hrsg.): Amtsblatt für den Regierungsbezirk Lüneburg. Lüneburg: H. Buchheister KG, 293-298.

Blab, J. (1994): Effizienzkontrollen im Naturschutz: Referate und Ergebnisse des gleichnamigen Symposiums vom 19. - 21. Oktober 1992, Bonn-Bad Godesberg: Bundesamt für Naturschutz.

Bloech, J. (1974): Lineare Optimierung für Wirtschaftswissenschaftler, Opladen: Westdt. Verl.

Bräuer, I. (2002): Artenschutz aus volkswirtschaftlicher Sicht: die Nutzen-Kosten-Analyse als Entscheidungshilfe, Marburg: Metropolis.

Brecht, J. G. (1990): Überprüfung der Kostenwirksamkeit neuer, verbesserter Krebsfrüherkennungsmassnahmen zur Erweiterung des bestehenden Untersuchungsprogrammes der gesetzlichen Krankenversicherung: Ergebnisbericht, 2., überarb. Version d. Ergebnisberichts, Bonn: Der Bundesminister für Arbeit u. Sozialordnung.

Brehm, J. W. (1966): A theory of psychological reactance, New York: Academic Press.

Brendle, U. (1999): Musterlösungen im Naturschutz: politische Bausteine für erfolgreiches Handeln; Ergebnisse aus dem F + E Vorhaben 808 01 141 des Bundesamtes für Naturschutz "Akzeptanzsteigerung im Naturschutz: Ermittlung von erfolgreichen und zukunftsweisenden naturschutzpolitischen Musterlösungen sowie Konfliktlösungs- und Vermittlungsstrategien", Bonn: Bundesamt für Naturschutz.

Brinkmann, R.; Heins, J.-U. & Sander, U. (1988): Vegetationskundliche und faunistische Untersuchung zur Schutzwürdigkeit des geplanten NSG "Allerdreckwiesen": mit Pflege- und Entwicklungshinweisen, Hannover: Büro für Vegetationskundlich-faunistische Gutachten.

Bühl, A. & Zöfel, P. (2001): SPSS Version 10: Einführung in die moderne Datenanalyse unter Windows, München: Addison-Wesley.

Bundesminister der Finanzen (1997): Vorschriftensammlung Bundes-Finanzverwaltung: Amtsblatt des Bundesministeriums der Finanzen; Stoffgebiet Haushaltsrecht; Abschnitt Kosten- und Leistungsrechnung, Ausgabe August 1997, Bonn: Bundesanzeiger Verlagsgesellschaft.

Caballero, R.; Ruiz, F.; Steuer, R. E. & International Conference on Multi-Objective Programming and Goal Programming (1997): Advances in multiple objective and goal programming: proceedings of the Second International Conference on Multi-Objective Programming and Goal Programming, Torre-molinos, Spain, May 16 - 18, 1996, Berlin: Springer.

Carson, R. (1997): "Contingent Valuation: Theoretical advances and empirical tests since the NOAA panel", American Journal of Agricultural Economics, 79, (5), 1501-1507.

Carson, R.; Flores, N. & Meade, N. (2001): "Contingent valuation: controversies and evidence", Environmental and Resource Economics, 19, (2), 173-210.

Carson, R.; Flores, N. & Mitchell, R. (1999): "The theory and measurement of passive-use value", in: Bateman, I. & Willis, K. (Hrsg.): Valuing environmental preferences, Theory and practice of the contingent valuation Method in the US, EU, and developing countries. Oxford: Oxford University Press, 97-130.

Charnes, A. & Cooper, W. W. (1961): Management models and industrial applications of linear programming, New York: Wiley.

Cicchetti, C. & Smith, V. (1976): The costs of congestion. An econometric analysis of wilderness recreation, Cambridge Mass.: Ballinger Publ.

Cobham, R. (1990): Amenity landscape management: a resources handbook, London: Spon.

Cochran, W. G. (1972): Stichprobenverfahren, Berlin: de Gruyter.

Cordes, H. (1997): Naturschutzgebiet Lüneburger Heide: Geschichte - Ökologie - Naturschutz, Bremen: Hauschild.

Cornes, R. & Sandler, T. (1986): The theory of externalities, public goods, and club goods, Cambridge: Cambridge Univ. Press.

Dasgupta, A. & Pearce, D. (1992): Cost-benefit analysis: theory and practice, Repr., London: Macmillan.

de Oliveira, F.; Patias Volpi, N. M. & Sanquetta, C. R. (2003): "Goal programming in a planning problem", Applied mathematics and computation, 140, (1), 165-178.

Degenhardt, S. (1998): Die Zahlungsbereitschaft von Urlaubsgästen für den Naturschutz: Theorie und Empirie des Embedding-Effektes, Frankfurt am Main: Lang.

Degenhardt, S. & Gronemann, S. (2001): Theorie und Empirie des Embedding-Effektes am Beispiel der Zahlungsbereitschaft von Urlaubsgästen, Frankfurt am Main: Lang.

DeLamater, J. (1982): "Response-Effects of Question Content", in: Dijkstra, W. & van der Zouwen, J. (Hrsg.): Response Behaviour in the Survey Interview. London: Academic Press, 13-46.

Diamond, P. (1996): "Testing the internal consistency of contingent valuation surveys", Journal of Environmental Economics and Management, 30, (3), 337-347.

Diamond, P. & Hausman, J. (1993): "On Contingent valuation measurement of nonuse values", in: Hausman, J. (Hrsg.): Contingent Valuation A Critical assessment. Amsterdam: North-Holland, 3-38.

Díaz-Balteiro, L. (2003): "Forest management optimisation models when carbon capture is considered: a goal programming approach", Forest ecology and management, 174, (1), 447-458.

Dinkelbach, W. & Kleine, A. (1996): Elemente einer betriebswirtschaftlichen Entscheidungslehre, Berlin: Springer.

Domschke, W. & Drexl, A. (2002): Einführung in Operations Research: mit 62 Tabellen, Berlin: Springer.

Elsasser, P. (1996): Der Erholungswert des Waldes: monetäre Bewertung der Erholungsleistung ausgewählter Wälder in Deutschland, Frankfurt am Main: Sauerländer.

Elsasser, P. (1997): "Die Contingent Valuation Method: Stand der Forschung, Anwendungsmöglichkeiten im Rahmen der (Elbe-)Ökologie und Grenzen der Methodik", in: Bornhöft, D. & Meyerhoff, J. (Hrsg.): Umwelt-/Sozio-Ökonomie im Forschungsprogramm Elbe-Ökologie. Berlin: IÖW, 22-32.

Elsasser, P. (2001): "Probleme der Stichprobenauswahl und der Repräsentativität bei KBM-Umfragen", in: Elsasser, P. & Meyerhoff, J. (Hrsg.): Ökonomische Bewertung von Umweltgütern Methodenfragen zur Kontingenten Bewertung und praktische Erfahrungen aus dem deutsch-sprachigen Raum. Marburg: Metropolis, 17-36.

Endruweit, G. (1986): "Sozialverträglichkeits- und Akzeptanzforschung als methodologisches Problem", in: Jungermann, H.; Pfaffenberger, W.; Schäfer, G. & Wild, W. (Hrsg.): Die Analyse der Sozialverträglichkeit für Technologiepolitik: Perspektiven u. Interpretationen; eine Studie d. Kernforschungsanlage Jülich, Programmgruppe Technik u. Gesellschaft. München: High-Tech Verlag, 80-91.

Endruweit, G. & Trommsdorff, G. (2002): Wörterbuch der Soziologie, Stuttgart: Lucius.

Enneking, U. (2001): "Ökonomische Präferenzforschung im Dienste politischer Entscheidungsfindung", in: Beckenbach, F., Hampicke, U., Leipert, C.,

Meran, G., Minsch, J., Nutzinger, H., Pfriem, R., Weimann J., Wirl, F. & Witt, U. (Hrsg.): Jahrbuch Ökologische Ökonomik 2. Marburg: Metropolis, 131-150.

Erdmann, K.-H.; Küchler-Krischun, J. & Schell, C. (2000): Darstellung des Naturschutzes in der Öffentlichkeit: Erfahrungen, Analysen, Empfehlungen, Bonn-Bad Godesberg: Bundesamt für Naturschutz.

Ernst, G. & Hanstein, U. (2001): "Epiphytische Flechten im Forstamt Sellhorn - Naturschutzgebiet Lüneburger Heide", in: Alfred Toepfer Akademie für Naturschutz (Hrsg.): NNA-Berichte. Schneverdingen: Alfred Toepfer Akademie für Naturschutz, 28-85.

Eschenbach, R. & Eschenbach, H. (2003): Führung der Nonprofit Organisation: bewährte Instrumente im praktischen Einsatz, Stuttgart: Schäffer-Poeschel.

Faber, M. M.; Manstetten, R. & Proops, J. L. R. (1998): Ecological economics: concepts and methods, Reprinted, Cheltenham: Edward Elgar.

Fietkau, H.-J.; Kessel, H. & Tischler, W. (1982): Umwelt im Spiegel der öffentlichen Meinung, Frankfurt/Main: Campus-Verl.

Figge, F. & Schaltegger, S. (2000): Was ist "stakeholder value"? Vom Schlagwort zur Messung, Lüneburg: Center for Sustainability Management.

Finck, P. & Riecken, U. (2002): "Pasture landscape and nature conservation - New strategies for the preservation of open landscapes in Europe", in: Redecker, B., Finck, P. Härdtle, W. Riecken, U. & Schröder, E. (Hrsg.): Pasture Landscapes and Nature Conservation. Berlin: Springer,

Fottner, S.; Niemeyer, T.; Sieber, M. & Härdtle, W. (2004): "Einfluss der Beweidung auf die Nährstoffdynamik von Sandheiden", in: Keienburg, T. & Prüter, J. (Hrsg.): Feuer und Beweidung als Instrumente zur Erhaltung magerer Offenlandschaften in Nordwestdeutschland - Ökologische und sozioökonomische Grundlagen des Heidemanagements auf Sand- und Hochmoorstandorten. Schneverdingen: Alfred Toepfer Akademie für Naturschutz, 126-136.

Frerichs, A. (2002): Kurabgabe und Gäste-Card: Anreize zur Erhöhung der Akzeptanz der Kurbeitragsleistung sowie Maßnahmen zur lükkenlosen Erfassung der Kurbeitragspflichtigen, Meßkirch: Gmeiner.

Gabler, S. (1997): Stichproben in der Umfragepraxis, Opladen: Westdt. Verl.

Ganzert, C. (2000): Konzeption und Umsetzungsperspektiven für einen vorsorgenden Naturschutz auf regionaler Ebene. ZALF. http://www.zalf.de-/grano/publikation/ganzert2000a.pdf.

Garrod, G. & Willis, K. (1999): Economic valuation of the environment: methods and case studies, Cheltenham: Edward Elgar.

Gellermann, M. (2001): Natura 2000: europäisches Habitatschutzrecht und seine Durchführung in der Bundesrepublik Deutschland, Berlin: Blackwell.

Gillingham, S. (2003): "People and protected areas: a study of local perceptions of wildlife crop-damage conflict in an area bordering the Selous Game Reserve, Tansania", Oryx, 37, (3), 316-325.

Goldammer, J.; Page, H. & Prüter, J. (1997): "Feuereinsatz im Naturschutz - ein Positionspapier", in: Alfred Toepfer Akademie für Naturschutz (Hrsg.): Feuereinsatz im Naturschutz. Schneverdingen: Alfred Toepfer Akademie für Naturschutz, 2-17.

Goldman, T. A. (1969): Cost-effectiveness analysis: new approaches in decision-making, New York: Praeger.

Greene, W. (1997): Econometric analysis, Englewood Cliffs, N.J.: Prentice Hall.

Hackl, F. & Pruckner, G. (2000): "Braucht die deutsche Umweltpolitik einen Exxon Valdez Tankerunfall?" Perspektiven der Wirtschaftspolitik, 1, (1), 93-114.

Haedrich, G.; Kuß, A. & Kreilkamp, E. (1986): "Der Analytic Hierarchy Process", Wirtschaftswissenschaftliches Studium, 15, (3), 120-126.

Hall, S. & Blench, R. (1998): Conflicts in protected areas in Africa: Livestock and the conservation of the Rwenya wildlife management area, Northern Zimbabwe. www.odi.org.uk/agren/papers/ agrenpaper_82.pdf.

Hampicke, U. (1991): Naturschutz-Ökonomie, Stuttgart: Ulmer.

Hampicke, U. (1994): "Ethics and economics of conservation", Biological conservation: an international journal, 67, (3), 219-232.

Hanemann, W. M. (1991): "Willingness to pay and willingness to accept : how much can they differ?" American Economic Review, 81, 635-647.

Hanley, N. & Spash, C. (1993): Cost-benefit analysis and the environment, Aldershot: Elgar.

Hanley, N.; Spash, C. & Walker, L. (1995): "Problems in valuing the benefits of biodiversity protection", Environmental & resource economics, 5, 249-272.

Hanusch, H. (1994): Nutzen-Kosten-Analyse, München: Vahlen.

Härdtle, W. (2004): "Zur Nähstoff- und Vegetationsdynamik von Heideökosystemen - Grundlagen und Forschungskonzeption", in: Keienburg, T. & Prüter, J. (Hrsg.): Feuer und Beweidung als Instrumente zur Erhaltung magerer Offenlandschaften in Nordwestdeutschland -Ökologische und soziöökonomische Grundlagen des Hedemanagements auf Sand- und Hochmoorstandorten. Schneverdingen: Alfred Toepfer Akademie für Naturschutz, 62-64.

Härdtle, W. & Frischmuth, M. (1998): "Zur Stickstoffbilanz nordwestdeutscher Zwergstrauchheiden und ihre Störung durch atmogene Einträge (dargestellt am Beispiel des NSG Lüneburger Heide)", Jahrbuch des Naturwissenschaftlichen Vereins für das Fürstentum Lüneburg, 41, 197-204.

Hausman, J. A. (1993): Contingent valuation: a critical assessment, Amsterdam: North-Holland.

Hellmann, K. (2002): Ermittlung von Präferenzen verschiedener Anspruchsgruppen für die Landschaft in einem Naturschutzgebiet: Anwendung der Conjoint-Analyse am Fallbeispiel der Lüneburger Heide, Lüneburg: Center for Sustainability Management.

Herzog, A. (2000): "Wer hat von meinem Tellerchen genommen? Wer hat mit meinem Löffelchen?... oder: Warum tut sich der Naturschutz nmit der Öffentlichkeit so schwer?" in: Erdmann, K. & Mager, T. (Hrsg.): Innovative Anätze zum Schutz der Natur. Berlin: Springer, 177-188.

Herzog, M. & Chorherr, C. (1997): Psychologische und ökonomische Aspekte bei der Förderung von regenerativen Energieträgern, Frankfurt am Main: Lang.

Hill, W. (1991): "Basisperspektiven der Managementforschung", Die Unternehmung, 45, (1), 2-15.

Hof, J. & Bevers, M. (2000): "Direct spatial optimization in natural resource management: Four linear programming examples", Annals of Operations Research, 95, (1-4), 67-81.

Hofinger, G. (1999): "Formen von Akzeptanz. Sichtweisen auf ein Biosphärenreservat", Umweltpsychologie, 5, (1), 1-16.

Hofinger, G. (2001): Denken über Umwelt und Natur, 1. Aufl, Weinheim: Beltz.

Holst-Jorgensen, B. (1993): "Erfahrungen beim Erhalt von Heideflächen im staatlichen Walddistrikt Ulöfborg, Jütland", in: Naturschutzakademie, Norddeutsche (Hrsg.): Methoden und aktuelle Probleme der Heidepflege. Schneverdingen: Norddeutsche Naturschutzakademie, 67-79.

Ignizio, J. P. (1976): Goal programming and extensions, Lexington, Mass.: Lexington Books.

Ignizio, J. P. & Cavalier, T. M. (1994): Linear programming, Englewood Cliffs, NJ: Prentice Hall.

Isik, M. (2004): "Does uncertainty affect the divergence between WTP and WTA measures?" Economic Bulletin, 4, (1), 1-7.

IUCN (2003): New ways of working together - Key messages from the governance workshop stream, Conference Proceedings of World Parks Congress 2003 in Durban South Africa.

Jensen, F. S. (2000): "The effects of information on danish visitor´s acceptance of various management actions", Forestry, 73, (2), 165-172.

Jones-Lee, M. W. (1994): "Safety and savings of life: The economics of safety", in: Layard, R. & Glaister, S. (Hrsg.): Cost-benefit analysis, Cambridge: University press, 290-318.

Jung, M. (1996): Präferenzen und Zahlungsbereitschaft für eine verbesserte Umweltqualität im Agrarbereich, Frankfurt am Main: Lang.

Jungnickel, D. (1999): Optimierungsmethoden: eine Einführung, Berlin: Springer.

Kahle, E. (2001): Betriebliche Entscheidungen: Lehrbuch zur Einführung in die betriebswirtschaftliche Entscheidungstheorie, München: Oldenbourg.

Kahneman, D.; Knetsch, J. L. & Thaler, R. H. (1990): "Experimental tests of the endowment effect and the Coase theorem", Journal of Political Economy, 98, (6), 1325-1348.

Kala, C. P. (2004): "Pastoralism, plant conservation and conflicts of proliferation of Himalayan knotweed in high altitude protected areas of the Himalaya, India", Biodiversity and conservation, 13, (5), 985-996.

Kato, T. & Hidano, N. (2004): An Empirical Comparison between Tax Payment and Donation in a Contingent Valuation Survey, Secondary An Empirical Comparison between Tax Payment and Donation in a Contingent Valuation Survey, Tokyo: University of Tokyo Department of Social Engeneering.

Kaufmann, J.-C. (1999): Das verstehende Interview, Konstanz: Universitätsverlag.

Kaule, G. (2003): "Umweltplanung und Biodiversität: Implikationen für die Politik", in: Weimann, J.; Hoffmann, A. & Hoffmann, S. (Hrsg.): Messung und ökonomische Bewertung von Biodiversität: Mission impossible? Marburg: Metropolis, 179-204.

Keienburg, T. & Prüter, J. (Hrsg.) (2004): Feuer und Beweidung als Instrumente zur Erhaltung magerer Offenlandschaften in Nordwestdeutschland - Ökologische und sozioökonomische Grundlagen des Heidemanagements auf Sand- und Hochmoorstandorten, Schneverdingen: Alfred Toepfer Akademie für Naturschutz.

Kent, B. M. (1988): Forest Service land management planner´s introduction to linear programming, Secondary Forest Service land management planner´s introduction to linear programming, Fort Collins, CO: U.S. Department of Agriculture, Forest Service; Rocky Mountains Forest and Range Experiment Station.

Kistner, K.-P. (1993): Optimierungsmethoden: Einführung in die Unternehmensforschung für Wirtschaftswissenschaftler, Heidelberg: Physica-Verl.

Klauer, B. (1998): Nachhaltigkeit und Naturbewertung: welchen Beitrag kann das ökonomische Konzept der Preise zur Operationalisierung von Nachhaltigkeit leisten?, Heidelberg: Physica-Verl.

Klauer, B. (2000): "Ecosystems prices: activity analysis to ecosystems", Ecological economics, 33, (3), 473-486.

Kleiber, O. (2004): Monetäre Bewertung von Erholungsnutzen und Nutzerkonflikten in stadtnahen Wäldern. Konzeption und empirische Prüfung (Arbeitstitel). Manuskript der Dissertation, Lüneburg: Centre for Sustainability Management.

Klemm, R. & Diener, K. (2002): Wirtschaftlichkeitsbericht zur sächsischen Schaf- und Ziegenhaltung, Dresden: Sächsische Landesanstalt für Landwirtschaft.

Knetsch, J. L. (1989): "The endowment effect and evidence of nonreversible indifference curves", American Economic Review, 79, (5), 1277-1284.

Knott, C. H. (1998): Living with the Adirondack forest: local perspectives on land use conflicts, Ithaca: Cornell Univ. Press.

Kolodziejcok, K.-G. (2000): "Nationalparke am Wendepunkt? - Anmerkungen zu den Entscheidungen des OVG Lüneburg und des Bundesverwaltungsgerichts zum Nationalpark Elbtalaue", Natur und Recht, 22, (5), 251-254.

Koopmann, A. & Mertens, D. (2004): "Offenlandmanagement im Naturschutzgebiet "Lüneburger Heide" Erfahrungen aus Sicht des Vereins Naturschutzpark", in: Keienburg, T. & Prüter, J. (Hrsg.): Feuer und Beweidung als Instrumente zur Erhaltung magerer Offenlandschaften in Nordwestdeutschland -Ökologische und sozioökonomische Grundlagen des Heidemanagements auf Sand- und Hochmoorstandorten. Schneverdingen: Alfred Toepfer Akademie für Naturschutz, 44-61.

Kopp, R.; Pommerehne, W. & Schwarz, N. (1997): Determining the value of non-marketed goods: economic, psychological, and policy relevant aspects of contingent valuation methods, Boston: Kluwer Academic Publishers.

Körner, S.; Nagel, A. & Eisel, U. (2003): Naturschutzbegründungen, Bonn-Bad Godesberg: Bundesamt für Naturschutz.

Kosiol, E. (1970): Handwörterbuch des Rechnungswesens, Stuttgart: Schäffer-Poeschel.

Kreilkamp, E. (1998): "Strategische Planung im Tourismus", in: Haedrich, G.; Kaspar, C. ; Klemm, K; & Kreilkamp, E. (Hrsg.): Tourismus-Management: Tourismus-Marketing und Fremdenverkehrsplanung, Berlin: de Gruyter, 287-324.

Krieb, C. & Reidl, A. (2001): Seniorenmarketing: so erreichen sie die Zielgruppe der Zukunft, Landsberg/Lech: Verl. Moderne Industrie.

Krieger, C. (1998): Der Nationalpark Vorpommersche Boddenlandschaft und seine gesellschaftliche Akzeptanz, Bonn: Bundesamt für Naturschutz.

Krodel, K. (1997): Möglichkeiten zur Optimierung von Produktionsprogrammen im Gemüsebau unter Fruchtwechselaspekten, Hannover: Inst. für Gartenbauökonomie.

Krutilla, J. V. & Eckstein, O. (1961): Multiple purpose river development: studies in applied economic analysis, Baltimore: Hopkins.

Kuriyama, K. & Takeuchi, K. (2001): The disparity between WTP and WTA with or without money. www.fun.ac.jp/~kawagoe/paper/kuriyama.pdf.

Küster, H. (1995): Geschichte der Landschaft in Mitteleuropa: von der Eiszeit bis zur Gegenwart, München: Beck.

Langenheder, W. (1975): Theorie menschlicher Entscheidungshandlungen, Stuttgart: Enke.

Layard, R. & Glaister, S. (1996): Cost-benefit analysis, Cambridge: Cambridge Univ. Press.

Lehmann, M. (1975): Zur Theorie der Zeitpräferenz: ein Beitrag zur mikroökonomischen Kapitaltheorie, Berlin: Duncker u. Humblot.

Lettmann, A. (1995): Akzeptanz von Extensivierungsstrategien in Nordrhein-Westfalen, Bonn: Friedrich-Wilhelms-Universität.

Levin, H. M. & McEwan, P. J. (2001): Cost-effectiveness analysis: methods and applications, Thousand Oaks, Calif: Sage Publications.

Linde, R. (1996): Einführung in die Mikroökonomie, Stuttgart: Kohlhammer.

List, J. & Gallet, C. (2001): "What experimental protocol influence disparities between actual and hypothetical stated values?" Environmental and Resource Economics, 20, 241-254.

List, J.; Margolis, M. & Shogren, J. (1998): "Calibration of the difference between actual and hypothetical valuations in a field experiment", Journal of Economic Behaviour and Organization, 37, (2), 193-205.

Lucke, D. (1995): Akzeptanz: Legitimität in der "Abstimmungsgesellschaft", Opladen: Leske + Budrich.

Lucke, D. (1998): "Akzeptanz", in: Schäfers, B. (Hrsg.): Grundbegriffe der Soziologie, Opladen: Leske + Budrich,

Lüer, R. (1994): Geschichte des Naturschutzes in der Lüneburger Heide, Niederhaverbeck: Verein Naturschutzpark.

Lütkepohl, M. (1993): "Schutz und Erhaltung der Heide", in: Prüter, J. (Hrsg.): Methoden und aktuelle Probleme der Heidepflege. Schneverdingen: Norddeutsche Naturschutzakademie, 10-19.

Lütkepohl, M., Prüter, J. & Bornemann, H. (2000): Die Vögel im Naturschutzgebiet Lüneburger Heide, Bremen: Hauschild.

Luttmann, V. & Schröder, H. (1995): Monetäre Bewertung der Fernerholung im Naturschutzgebiet Lüneburger Heide, Frankfurt am Main: Sauerländer.

Luz, F. (1994): Zur Akzeptanz landschaftsplanerischer Projekte: Determinanten lokaler Akzeptanz und Umsetzbarkeit von landschaftsplanerischen Projekten zur Extensivierung, Biotopvernetzung und anderen Maßnahmen des Natur- und Umweltschutzes, Frankfurt am Main: Lang.

Manz, U. (1983): Zur Einordnung der Akzeptanzforschung in das Programm sozialwissenschaftlicher Begleitforschung, München: Utz.

March, J. (1990): "Beschränkte Rationalität, Ungewißheit und Technik", in: March, J. (Hrsg.): Entscheidung und Organisation: kritische und konstruktive Beiträge, Entwicklungen und Perspektive, Wiesbaden: Gabler, 297-328.

March, J. (1997): "Understanding how decisions happen in organizations", in: Shapira, Z. (Hrsg.): Organizational decision making, Cambridge: Cambridge University Press, 9-34.

Meyerhoff, J. (2001a): "Die Zahlungsbereitschaft der Nicht-Nutzer für den Schutz des Wattenmeeres: Ausdruck ökonomischer Präferenzen?" in: Jahrbuch für Wirtschaftswissenschaften, Göttingen: Vandenhoek & Ruprecht, 316-338.

Meyerhoff, J. (2001b): "Nicht-nutzungsabhängige Wertschätzungen und ihre Aufnahme in die Kosten-Nutzen-Analyse", Zeitschrift für Umweltpolitik und Umweltrecht, 24, (3), 393-416.

Meyerhoff, J. (2003): "Verfahren zur Korrektur des Embedding-Effektes bei der Kontingenten Bewertung", Agrarwirtschaft, 52, (8), 370-378.

Milgrom, P. (1993): "Is sympathy an economic value? Philosophy, economics and the contingent valuation method", in: Hausman, J. (Hrsg.): Contingent Valuation. A critical assessment, Amsterdam: North-Holland,

Mitchell, R. & Carson, R. (1989): Using surveys to value public goods: the contingent valuation method, Washington, DC: Resources for the Future.

Muhle, O. & Röhrig, E. (1979): Untersuchungen über die Wirkungen von Brand, Mahd und Beweidung auf die Entwicklung von Heide-Gesellschaften, Frankfurt a.M.: Sauerländer.

Mühlenkamp, H. (1994): Kosten-Nutzen-Analyse, München: Oldenbourg.

Musgrave, R.; Musgrave, P. & Kullmer, L. (1994): Die öffentlichen Finanzen in Theorie und Praxis 1, Tübingen: Mohr.

Navrud, S. & Pruckner, G. J. (1997): "Environmental valuation - to use or not to use? A comparative study of the United States and Europe", Environmental & resource economics, 10, (1), 1-26.

Niedersächsisches Landesamt für Statistik (2003): NLS-Online. www.nls.niedersachsen.de.

Niedersächsisches Landesamt für Statistik (2004): NLS-Online. www.nls.niedersachsen.de.

Niemeyer, T.; Fottner, S.; Mohamed, A.; Sieber, M. & Härdtle, W. (2004): "Einfluss kontrollierten Brennens auf die Nährstoffdynamik von Sand- und Moorheiden." in: Keienburg, T. & Prüter, J. (Hrsg.): Feuer und Beweidung als Instrumente zur Erhaltung magerer Offenlandschaften in Nordwestdeutschland - Ökologische und sozioökonomische Grundlagen des Heidemanagements auf Sand- und Hochmoorstandorten. Schneverdingen: Alfred Toepfer Akademie für Naturschutz, 65-79.

NNA (2002): Zwischenbericht zum BMBF-Forschungsprojekt "Feuer und Beweidung als Instrumente zur Erhaltung magerer Offenlandschaften Nordwestdeutschlands" FKZ 01 LN 0006, Unveröffentlicht. Schneverdingen: Alfred Toepfer Akademie für Naturschutz.

NOAA (1996): Natural Resource Damage Assessments: Final Rule, Washington: National Oceanic and Atmospheric Administration.

Norddeutsche Naturschutzakademie (1993): Methoden und aktuelle Probleme der Heidepflege: Seminarveranstaltung der Norddeutschen Naturschutzakademie ... vom 6. - 8. Oktober 1992 in Haltern (Teil 1) und 4. - 6. November 1992 in Schneverdingen (Teil 2), Schneverdingen: Norddeutsche Naturschutzakademie.

Oberender, P. (1995): Kosten-Nutzen-Analysen in der Pharmaökonomie: Möglichkeiten und Grenzen, Gräfelfing: Socio-Medico Verlag.

Ott, N. (2001): Unsicherheit, Unschärfe und rationales Entscheiden : die Anwendung von Fuzzy-Methoden in der Entscheidungstheorie, Heidelberg: Physica-Verl.

Pascoe, S.; Tamiz, M. & Jones, D. F. (1997): Multi-objective modelling of the UK fisheries of the English Channel, Secondary Multi-objective modelling of the UK fisheries of the English Channel, Portsmouth: University of Portsmouth.

Peter, K. (1947): Bekenntnis zur Natur: Ein deutscher Not- u. Mahnruf, Stuttgart: Dt. Verl.-Anst.

Planungsgruppe für Landschaftspflege und Wasserwirtschaft (1995): Pflege- und Entwicklungsplan Lüneburger Heide, Lüneburger Heide, Gutachten im Auftrage des Vereins Naturschutzpark e.V. (Band 6a) [unveröffentlicht].

Pommerehne, W. (1987): Präferenzen für öffentliche Güter: Ansätze zu ichrer Erfassung, Tübingen: Mohr.

Pruckner, G. (1994): Die ökonomische Quantifizierung natürlicher Ressourcen: eine Bewertung überbetrieblicher Leistungen der österreichischen Land- und Forstwirtschaft, Frankfurt am Main: Lang.

Pullin, A. (2002): Conservation biology, Cambridge: Cambridge Univ. Press.

Pullin, A. & Knight, T. (2003): "Support for decision making in conservation practice: an evidence-based approach", Journal for Nature Conservation, 11, (2), 83-90.

Putri, E. (2002): Integration von kontingenter Bewertungsmethode und partizipativen Ansätzen am Beispiel des Gunung Gede Pangrango Nationalparks in Indonesien, Göttingen: Cuvillier.

Rahmann, G. (2001): Landschaftserhaltung mit Nutztieren im sozio-ökonomischen Kontext: dargestellt am Beispiel ausgewählter Dörfer im Biosphärenreservat Rhön, Hamburg: Kovac.

Recktenwald, H. (1971): Die Nutzen-Kosten-Analyse: Entscheidungshilfe der politischen Ökonomie, Tübingen: Mohr.

Redecker, B.; Finck, P.; Härdtle, W.; Riecken, U. & Schröder, E. (2002): Pasure landscapes and nature conservation, Berlin: Springer.

Rentsch, G. (1988): Die Akzeptanz eines Schutzgebietes: untersucht am Beispiel der Einstellung der lokalen Bevölkerung zum Nationalpark Bayerischer Wald, Kallmünz/Regensburg: Lassleben.

Rogall, H. (2002): Neue Umweltökonomie - ökologische Ökonomie: ökonomische und ethische Grundlagen der Nachhaltigkeit, Instrumente zu ihrer Durchsetzung, Opladen: Leske + Budrich.

Rogers, K. H. (1997): "Operationalizing ecology under a new paradigm: an African perspective." in: Pickett, S., Ostfeld, R., Shachak, M. & Likens, G. (Eds.): The ecological basis of conservation. New York: Chapman & Hall, 60-77.

Rölle, D.; Weber, C. & Bamberg, S. (2002): Akzeptanz und Wirksamkeit verkehrspolitischer Maßnahmen: Befunde aus drei empirischen Studien, Berlin: Mensch & Buch Verl.

Romero, C. (1991): Handbook of critical issues in goal programming, Oxford: Pergamon Press.

Romero, C. & Rehman, T. (1984): "Goal programming and multiple criteria decision-making in farm planning: an expository analysis", Journal of Agricultural Economics, 35, (2), 177-190.

Rommel, K. (1998): Methodik umweltökonomischer Bewertungsverfahren: Kosten und Nutzen des Biosphärenreservates Schorfheide-Chorin, Regensburg: Transfer-Verl.

Rösler, M. (2001): Arbeitsplätze durch Naturschutz: am Beispiel von Biosphärenparken in Deutschland und der Modellregion Mittlere Schwäbische Alb, Stuttgart: Industriegewerkschaft Bauen Agrar Umwelt u.a.

Saaty, T. (1990): The analytic hierarchy process: planning, priority setting, resource allocation, Pittsburgh: RWS Publ.

Saaty, T. & Vargas, L. (1982): The Logic of Priorities: Applications in Business, Energy, Health, and Transportation, Boston: The Hague.

Samuelson, P. & Nordhaus, W. (2001): Economics, Boston: McGraw-Hill/Irwin.

Schaltegger, S. (1999): Bildung und Durchsetzung von Interessen in und im Umfeld von Unternehmen. Eine politisch-ökonomische Perspektive, in: Die Unternehmung, Vol. 53, Nr. 1, 3-20.

Schaltegger, S.; Burritt, R. & Petersen, H. (2003): An Introduction to corporate environmental management: striving for sustainability, Sheffield: Greenleaf.

Schaltegger, S.; Kubat, R.; Hilber, C. & Vaterlaus, S. (1996): Innovatives Management staatlicher Umweltpolitik. Das Konzept des New Public Environmental Management, Basel: Birkhäuser.

Schaltegger, S. & Sturm, A. J. (1994): Ökologieorientierte Entscheidungen in Unternehmen. Ökologisches Rechnungswesen statt Ökobilanzierung: Notwendigkeit, Kriterien, Konzepte, Bern: Haupt.

Schenk, A. (2000): Relevante Faktoren der Akzeptanz von Natur- und Landschaftsschutzmassnahmen: Ergebnisse qualitativer Fallstudien, St. Gallen: Ostschweizerische Geographische Ges.

Scheurlen, K. (2000): "Situationsanalyse bestehender Schutzgebietssysteme am Beispiel von Naturschutzgebieten", in: Ssymank, A. (Hrsg.): Vorrangflächen, Schutzgebietssysteme und naturschutzfachliche Bewertung großer Räume in Deutschland. Münster: Landwirtschaftsverlag, 127-146.

Schmalenbach, E. & Bauer, R. (1963): Kostenrechnung und Preispolitik, Köln: Westdt. Verl.

Schmid, A. (1989): Benefit-cost analysis: a political economy approach, Boulder, Colo.: Westview Press.

Schmidt, L. & Melber, A. (2004): "Einfluss des Heidemanagements auf die Wirbellosenfauna in Sand- und Moorheiden Nordwestdeutschlands", in: Keienburg, T. & Prüter, J. (Hrsg.): Feuer und Beweidung als Instrumente zur Erhaltung magerer Offenlandschaften in Nordwestdeutschland - Ökologische und sozioökonomische Grundlagen des Heidemanagements auf Sand- und Hochmoorstandorten. Schneverdingen: Alfred Toepfer Akademie für Naturschutz, 145-164.

Schmitz, H.-J. (1994): "Von der Kameralistik zur Doppik", Zeitschrift für Kommunalfinanzen, 44, (5), 102-108.

Schmücker, D. (2004): Persönliche Mitteilung, 26.05.2004.

Schneider, J. (2001): Die ökonomische Bewertung von Umweltprojekten: zur Kritik an einer umfassenden Umweltbewertung mit Hilfe der Kontingenten Evaluierungsmethode, Heidelberg: Physica-Verl.

Schneider-Bienert, T. (1991): Kurtaxe und Fremdenverkehrsabgabe: Darstellung zweier fremdenverkehrsbezogener Abgaben, Tübingen: Universität.

Schnell, R.; Hill, P. B. & Esser, E. (1999): Methoden der empirischen Sozialforschung, München: Oldenbourg.

Schniederjans, M. J. (1984): Linear goal programming, Princeton/N.J.: Petrocelli Books.

Schniederjans, M. J. (1995): Goal programming: methodology and applications, Boston: Kluwer Academic Publ.

Schönbäck, W.; Kosz, M. & Madreiter, T. (1997): Nationalpark Donauauen: Kosten-Nutzen-Analyse, Wien: Springer.

Schröder, W. (1998): "Akzeptanzsicherung von Großschutzgebieten: Erfahrungen eines Beraters", in: Wiersbinski, N. and Erdmann, K. (Hrsg.): Zur gesellschaftlichen Akzeptanz von Naturschutzmaßnahmen. Bonn-Bad Godesberg: Bundesamt für Naturschutz, 43-48.

Schulte, R. (2001): Akzeptanzbildung für den Naturschutz. Zwischen Bambi-Syndrom und erbitterter Feindschaft. Ergebnisse eines Seminars vom 06.12. bis 07.12.2000. http://www.nabu-akademie.de/ berichte/00akzept.htm.

Schulz, W. (1985): Der monetäre Wert besserer Luft: eine empirische Analyse individueller Zahlungsbereitschaften und ihrer Determinanten auf der Basis von Repräsentativumfragen, Frankfurt a.M.: Lang.

Schulze, W.; McClelland, G.; Waldman, D. & Lazo, J. (1996): "Sources of Bias in Contingent Valuation", in: Bjornstad, D. & Kahn, J. (Hrsg.): The Contingent Valuation of Environmental Resources. Cheltenham: Edward Elgar,

Schumann, J.; Meyer, U. & Ströbele, W. (1999): Grundzüge der mikroökonomischen Theorie, Berlin: Springer.

Schuster, K. (2003): Lebensstil und Akzeptanz von Naturschutz: Wege zu einer lebensstilbezogenen Naturschutzkommunikation, Heidelberg: Asanger.

Schuster, K. & Lantermann, E.-D. (2002): "Lebensstilanalyse in der Naturschutzkommunikation. Ein Instrument zur Akzepatnzsteigerung für den Naturschutz", Natur und Landschaft, 3, (77), 116-119.

Seppelt, R. (2002): "Optimization methodology for land use patterns using spatially explicit land use models", Ecological modelling, 151, 125-142.

Shapira, Z. (1997): "Introduction and overview", in: Shapira, Z. (Hrsg.): Organizational decision making, Cambridge: Cambridge University Press, 3-8.

Sieber, M.; Fottner, S.; Niemeyer, T. & Härdtle, W. (2004): "Einfluss maschineller Pflegeverfahren auf die Nährstoffdynamik von Sandheiden", in: Keienburg, T. & Prüter, J. (Hrsg.): Feuer und Beweidung als Instrumente zur Erhaltung magerer Offenlandschaften in Nordwestdeutschland -Ökologische und sozioökonomische Grundlagen des Heidemanagements auf Sand- und Hochmoorstandorten, Schneverdingen: Alfred Toepfer Akademie für Naturschutz, 92-106.

Simon, H. A. (1981): Entscheidungsverhalten in Organisationen :eine Untersuchung von Entscheidungsprozessen in Management und Verwaltung, Landsberg: Verl. Moderne Industrie.

Simon, H. A. (1992): Economics, bounded rationality and the cognitive revolution, Aldershot, Hants: Edward Elgar.

Spash, C. (2002): "Informing and forming preferences in environmental valuation: Coral reef biodiversity", Journal of Economic Psychology, 5, (23), 665-687.

Speidel, G. (1984): Forstliche Betriebswirtschaftslehre, Hamburg: Parey.
Statistisches Bundesamt (2004): Bevölkerung nach Altersgruppen, Familienstand und Religionszugehörigkeit. http://www.destatis.de/basis/d/ bevoe/ bevoetab5.htm, 30.03.2004.

Statistisches Bundesamt (2003): Statistisches Jahrbuch 2003: für die Bundesrepublik Deutschland und für das Ausland, Wiesbaden: Statistisches Bundesamt.

Stiglitz, J. (1994): "Discount rates: the rate of discount for benefit-cost analysis and the theory of the second best", in: Layard, R. & Glaister; S. (Hrsg.): Cost-benefit analysis. Cambridge: University Press, 116-159.

Stoll, S. (1999): Akzeptanzprobleme bei der Ausweisung von Großschutzgebieten: Ursachenanalyse und Ansätze zu Handlungsstrategien, Frankfurt am Main: Lang.

Stoll-Kleemann, S. (2000): "Akzeptanzprobleme in Großschutzgebieten: Einige sozialpsychologische Erklärungsansätze und Folgerungen", Umweltpsychologie, 4, (1), 6-19.

Stoll-Kleemann, S. (2001a): "Barriers to nature conservation in Germany: A model explaining opposition to protected areas", Journal of environmental Psychology, 21, (4), 369-385.

Stoll-Kleemann, S. (2001b): "Opposition to the designation of protected areas in Germany", Journal of Environmental Planning and Management, 44, (1), 109-128.

Subcommittee on Benefits and Costs (1950): Proposed Practices for economic analysis of river basin projects: Report to the Federal Inter-Agency River Basin Committee, Washington: U.S. Governm. Print. Off.

Sugden, R. (1999): "Public goods and contingent valuation", in: Bateman, I. & Willis, K. (Hrsg.): Valuing Environmental Preferences: theory and practice of the contingent valuation method in the US, EU, and developing countries. Oxford: Oxford University Press, 131-151.

Sugden, R. & Williams, A. (1988): The principles of pratical cost-benefit analysis, Reprinted, Oxford: University Press.

Tajfel, H. (1978): Differentiation between social groups: studies in the social psychology of intergroup relations, London: Academic Press.

Tamiz, M. (1996): Multi-objective programming and goal programming: theories and applications; papers presented at the First International Conference in Multi-Objective Programming and Goal Programming Theories and Applications (MOPGP94) held at the University of Portsmouth, United Kingdom, from 1 to 3 June 1994, Berlin: Springer.

Tobin, J. (1958): "Estimation of Relationships for Limited Dependent Variables", Econometrica, 26, (1), 24-36.

Tucker, J.; Rideout, D. & Shaw, B. (1998): "Using linear programming to optimize rehabilitation and restoration of injured land: an application to US army training sites", Journal of Environmental Management, 52, (2), 173-182.

Ullrich, C. (2000): Solidarität im Sozialversicherungsstaat: die Akzeptanz des Solidarprinzips in der gesetzlichen Krankenversicherung, Frankfurt/Main: Campus-Verl.

Umweltministerium des Landes Niedersachsen (1994): "Niedersächsisches Naturschutzgesetz (NNatG)", in: Staatskanzlei des Landes Niedersachsen (Hrsg.): Niedersächsisches Gesetz- und Verordnungsblatt (GVBl). Hannover: Schlütersche Verlagsgesellschaft.

Varian, H. (1996): Intermediate Microeconomics. A modern approach, New York: W.W. Norton & Company.

VNP (Verein Naturschutzpark) (2002): Persönliche Mitteilung.

VNP (Verein Naturschutzpark) (2003): Persönliche Mitteilung.

VNP (Verein Naturschutzpark) (2004): Persönliche Mitteilung.

Völksen, G. (1984): Die Lüneburger Heide: Entstehung und Wandel einer Kulturlandschaft, Göttingen: Göttinger Tagebl.

Vrenegor, R. J. (1996): Kameralistik versus Effizienz: Begründung eines Instrumentariums zur Bewertung, Planung und Steuerung des öffentlichen Finanzhaushalts mit dem Ziel der Optimierung des Mitteleinsatzes in der Bundesrepublik Deutschland, dargestellt am Beispiel der Forschungsförderung, Köln: Universität.

Wagner, R. (1998): Konsistenzprüfungen von Nutzen-Kosten-Analysen mit der Kontingenten-Evaluierungsmethode, Cottbus: BTU Cottbus.

Weber, K. (1993): Mehrkriterielle Entscheidungen, München: Oldenbourg.

Weimann, J. (1995): Umweltökonomik, Magdeburg: Otto-von-Guericke-Universität.

Wiersbinski, N. (1998): Zur gesellschaftlichen Akzeptanz von Naturschutzmassnahmen: Materialienband, Bonn-Bad Godesberg: Bundesamt für Naturschutz.

Wiese, H. (1999): Mikroökonomik: eine Einführung in 365 Fragen, Berlin: Springer.

Wiesinger, K. G. (1999): Naturschutzmaßnahmen in der Landwirtschaft : eine sozioökonomische Fallstudie aus der Münchner Ebene, München: Utz.

Wilhelm, J. (1999): Ökologische und ökonomische Bewertung von Agrarumweltprogrammen: Delphi-Studie, Kosten-Wirksamkeits-Analyse und Nutzen-Kosten-Betrachtungen, Frankfurt am Main: Lang.

Williamson, O. E. (1996): The mechanisms of governance, New York: Oxford Univ. Press.

Wißkirchen, F. (1993): Ein anwendungsorientiertes Kostenmodell zur Bewertung von Streitkräftestrukturen im Rahmen von Kosten-Wirksamkeits-Untersuchungen, Frankfurt am Main: Lang.

Wöhe, G. & Döring, U. (2000): Einführung in die allgemeine Betriebswirtschaftslehre, München: Vahlen.

Wollesen, R. (2000): Die Kreuzotter (Vipera berus): nicht gefährlich, aber gefährdet, München: Bsh.

Wormanns, S. (2004): "Das VNP-Beweidungsprojekt mit Rindern und Pferden im Radenbachtal", Naturschutz und Naturparke 192, 29-34.

Wormer, M. (1998): Naturschutz im Siedlungsraum: Potential und Bevölkerungsakzeptanz, Heidelberg: Geographisches Institut der Universität Heidelberg.

WWF (1998): Demoskopische Umfrage zum Thema „Nationalparke", Secondary Demoskopische Umfrage zum Thema „Nationalparke", Bielefeld: EMNID.

Wynn, G. (2002): "The cost-effectiveness of Biodiversity Management: A comparison of Farm Types in Extensively Farmed Areas in Scotland", Journal of Environmental Planning and Management, 45, (6), 827-840.

Zech, F. v. (1999): Landwirtschaft und Naturschutz im Konflikt: Fallstudien in Thüringen, Göttingen: Inst. für Rurale Entwicklung.

Zimmermann, W. & Stache, U. (2001): Operations-Research: quantitative Methoden zur Entscheidungsvorbereitung, München: Oldenbourg.

Zschocke, D. (1995): Modellbildung in der Ökonomie: Modell, Information, Sprache, München: Vahlen.

# Anhang

## Anhang 1 Fragebogen Besucher

**Universität Lüneburg**

Lehrstuhl für BWL, insb.
Umweltmanagement
Dipl.-Forstw. Jan Müller
Scharnhorststr. 1, Geb. 6
D-21335 Lüneburg
☎ (49) 4131-78-2128
Fax: (49) 4131-78-2186
e-mail: jmueller@uni-lueneburg.de
http://www.uni-lueneburg.de/umanagement

*Akzeptanz der Heidepflegemaßnahmen*

### Einleitung

Guten Tag, Verzeihung – hätten Sie einen Moment Zeit?

Mein Name ist ...
Ich führe im Rahmen eines Forschungsprojekts der Universität Lüneburg in Zusammenarbeit mit der Nieders. Naturschutzakademie und dem Verein Naturschutzpark eine Umfrage durch, in der es um die Lüneburger Heide als Naturschutz- und Erholungsregion geht.

Wurden Sie in diesem Zusammenhang bereits einmal von uns befragt?

| *ja* | *nein* |
|:---:|:---:|
| ↓ | ↓ |
| *Ende* | *Weiter* |

Wir möchten Sie bitten, uns über Ihre Einstellung zur Heide einige Auskünfte zu geben. Sie helfen damit, die Bedürfnisse der Besucher und anderer Nutzer (Anspruchsgruppen) bei der Betreuung der Heide besser zu berücksichtigen. Die Kosten für die Betreuung sollen möglichst effizient verwendet werden.
Das Interview dauert rund 10 Minuten. Wenn Sie an diesem Interview teilnehmen, haben Sie die Möglichkeit, eine Übernachtung oder ein Überraschungsmenü für zwei Personen im Hotel „Camp Reinsehlen" in Schneverdingen zu gewinnen. Die Gewinnchance ist aber **unabhängig von der Art Ihrer Antworten.**

Interviewer: Befragter gehört offensichtlich zur Gruppe der

_____

(nur klare Merkmale, z.b. Reiter, Jogger, Fahrradfahrer, )

**Einverständnis**

ja                                          Nein
↓                                            ↓

Gruppenmitglieder, die nicht in die | Darf ich Sie aber bitten, einen kurzen
Befragung involviert sind mit einem | schriftlichen Fragebogen zu beant-
Spiel, Zeitungsartikeln etc. unterhal- | worten? Es ist uns in dieser Studie
ten/beschäftigen. | sehr wichtig, ein möglichst vollständi-
| ges Bild über die Meinungen aller
| Heidebesucher zu erhalten. Ein bereits
| adressiertes und frankiertes Kuvert
| liegt bei.
| → _schriftlichen Fragebogen aushändigen._
Mit Frage 1 beginnen... | Vielen Dank und einen schönen Tag.

**Fragen**

Vorab versichere ich Ihnen, dass Ihre Antworten selbstverständlich **anonym und vertraulich** behandelt werden.

01 Sind sie hier in der Lüneburger Heide

☐ wohnhaft,
☐ auf einem Tagesausflug oder
☐ zu Gast (d.h. Urlaub mit Übernachtung in der Lüneburger Heide)?
                                                    ☐ _k. A._

02 **Urlaubsgast/ Tagesausflug:** Wie lange halten Sie sich in der Lüneburger Heide insgesamt auf ?

____Wochen    ____Tage    ____Stunden    ☐ _weiß nicht_ ☐ _k. A._

03 Weshalb sind Sie **in erster Linie** hier in der Lüneburger Heide?

☐ *Heideflächen besuchen*
☐ *Waldspaziergänge*
☐ *Gastronomie besuchen*
☐ *Sehenswürdigkeiten*
☐ *anderes:.....................................……...........*

☐ *k. A.*

04 **Urlaubsgast/ Tagesausflug:** Wie ist die Postleitzahl des **Ausgangspunktes** Ihrer Fahrt in die Heide (z.B. Heimatanschrift, Ausgangspunkt des Tagesausfluges)?

PLZ _____

☐ *k. A.*

**falls nicht bekannt**: Wie weit war es vom **Ausgangspunkt** Ihrer Fahrt in die Heide (z.B. Heimatanschrift, Ausgangspunkt des Tagesausfluges) bis in die Heide (in km)?

_____ km

☐ *k. A.*

05 Wie oft besuchen Sie **jährlich** die Heideflächen **in der Lüneburger Heide**?

☐ *....................mal jährlich*
☐ *seltener als 1mal jährlich*
☐ *das erste Mal*

☐ *weiß nicht*   ☐ *k. A.*

06 Mit welchem <u>Verkehrsmittel</u> sind Sie **zum Startpunkt des Heidebesuchs (Hotel, Parkplatz o.ä.) gekommen?**

☐ *Fahrrad*
☐ *zu Fuss*
☐ *Moped*
☐ *Auto/Motorrad*
☐ *ÖPNV*
☐ *anderes:...................................................................................*   ☐ *k. A.*

07 Und wie lange haben Sie damit von Ihrem Ausgangspunkt (Wohnort o.ä.) zum Startpunkt des Heidebesuches (Hotel/Parkplatz o.ä.) exakt gebraucht?

*zum Startpunkt ............ Std.....................Min.* ☐ *weiß nicht* ☐ *k. A.*

08 **Nur Urlaubsgäste**: Wie weit ist es durchschnittlich von Ihrer Unterkunft zu den Heideflächen, die Sie besuchen ?

Ca _____ km

09 Welche Betätigungen üben Sie hier auf den Heideflächen aus ? *Mehrfachnennungen möglich*

☐ *spazierengehen/wandern*
☐ *Hund bewegen*
☐ *Fahrrad fahren*
☐ *joggen*
☐ *reiten*
☐ *spielen (bzw. spielende Kinder/Jugendliche begleiten)*
☐ *anderes:...................................…….............*

☐ *picknicken*
☐ *lesen*
☐ *spezielle Naturbeobachtung/Forschung*
☐ *Gastronomie besuchen*
☐ *anderes:.................................……............*

☐ *k. A.*

10 Was <u>schätzen</u> Sie besonders an der Heide? *Mehrfachnennungen möglich!*

*ich schätze*
☐ *Landschaftsbild*
☐ *Naturbeobachtung*
☐ *Ruhe/Stille*
☐ *Heideblüte*
☐ *Nähe zum Wohnort*
☐ *großes Angebot für Sportler*
☐ *Sitzbänke*
☐ *Wacholder*
☐ *Aussicht*

*ich schätze*
☐ *Parkplätze*
☐ *gute, schöne Wege*
☐ *Reitwege*
☐ *Schafe/ Schafställe*
☐ *Biker-/Fahrradwege*
☐ *offene Heideflächen*
☐ *Bienenstände*
☐ *anderes: ........................................*
☐ *anderes: ........................................*

☐ *k. A.*

11 Und was müsste in der Heide anders sein, damit der Heidebesuch hier für Sie attraktiver wäre? Was <u>wünschten</u> Sie sich? *Mehrfachnennungen möglich!*

*ich wünschte mir*
☐ *nichts (alles soll so bleiben wie es ist)*

*mehr / weniger*
☐ ☐ *Besucher*

220

| | | |
|---|---|---|
| ☐ besser gepflegte Heide | ☐ ☐ | Sitzbänke |
| ☐ größere Heideflächen | ☐ ☐ | Grillplätze |
| ☐ mehr Wald | ☐ ☐ | Parkplätze |
| ☐ mehr Ruhe | ☐ ☐ | Wege |
| ☐ weniger Hunde | ☐ ☐ | Schafe |
| ☐ größeres Angebot für Sportler | ☐ ☐ | Reitwege |
| ☐ bessere ÖPNV-Verbindungen | ☐ ☐ | Fahrradwege |
| ☐ mehr Kiosk/Lokale | ☐ ☐ | Schafställe |
| ☐ weniger Abfall | ☐ ☐ | anderes:............................... |
| ☐ weniger vergraste Flächen | ☐ ☐ | anderes: ......................... |
| ☐ anderes: ...................................................... | | ☐ k. A. |

12    Wie beurteilen Sie den allgemeinen **Zustand der Heideflächen?**
Bitte geben Sie Ihre Antwort in einer Skala von 1 (sehr gut) bis 5 (sehr schlecht).

☐ 1 sehr gut
☐ 2 gut
☐ 3 mittelmässig
☐ 4 schlecht
☐ 5 sehr schlecht                                      ☐ weiß nicht ☐ k. A.

13    Haben Sie in letzter Zeit eine Heidefläche gesehen, die Ihnen – positiv oder negativ – besonders aufgefallen ist?

☐    ja, positiv, nämlich _____
☐    ja, negativ, nämlich _____
☐    Nein
                                                       ☐ k. A.

Eine Kulturlandschaft ist oder war stark durch menschlichen Einfluss geprägt, während eine Naturlandschaft sich in einem vom Menschen nicht oder wenig beeinflussten Zustand befindet.

14 Würden Sie sagen, dass die Lüneburger Heide eher als eine Natur- oder Kulturlandschaft bezeichnet werden kann?

☐    Naturlandschaft
☐    Kulturlandschaft

15 a) Wir haben hier verschiedene Bilder aus der Lüneburger Heide (2 Serien). Wie beurteilen Sie die Attraktivität dieser Flächen auf einer Skala von 1 (besonders attraktiv) bis fünf (sehr unattraktiv) und welche Bilder finden Sie am attraktivsten und am unattraktivsten?

**Bild F1**     *hoch*      *Attraktivität*      *niedrig*

☐    ☐    ☐    ☐    ☐
1     2     3     4     5

**Bild F2**     *hoch*      *Attraktivität*      *niedrig*

☐    ☐    ☐    ☐    ☐
1     2     3     4     5

**Bild F3**     *hoch*      *Attraktivität*      *niedrig*

☐    ☐    ☐    ☐    ☐
1     2     3     4     5

**Bild F4**     *hoch*      *Attraktivität*      *niedrig*

☐    ☐    ☐    ☐    ☐
1     2     3     4     5

**Bild F5**     *hoch*      *Attraktivität*      *niedrig*

☐    ☐    ☐    ☐    ☐
1     2     3     4     5

**Bild Z1**     *hoch*      *Attraktivität*      *niedrig*

☐    ☐    ☐    ☐    ☐
1     2     3     4     5

**Bild Z2**     *hoch*      *Attraktivität*      *niedrig*

☐    ☐    ☐    ☐    ☐
1     2     3     4     5

**Bild Z3**     *hoch*      *Attraktivität*      *niedrig*

☐    ☐    ☐    ☐    ☐
1     2     3     4     5

b) Sie sehen hier Bilder von drei verschiedene Pflegeverfahren, Plaggen Mä hen und Brennen. Bitte sagen Sie uns, wie Sie die Verfahren – anhand der Bilder – beurteilen, wieder in einer Skala von 1 (besonders attraktiv) bis fünf (sehr unattraktiv).

**Bild V1**     *hoch*          *Attraktivität*          *niedrig*

  □          □          □          □          □
  1          2          3          4          5

**Bild V2**     *hoch*          *Attraktivität*          *niedrig*

  □          □          □          □          □
  1          2          3          4          5

**Bild V3**     *hoch*          *Attraktivität*          *niedrig*

  □          □          □          □          □
  1          2          3          4          5

---

Interviewer: Die Heideflächen erhalten sich nicht von selbst. Zur Pflege müssen die früher durchgeführten Maßnahmen der Heidebauernwirtschaft nachgeahmt werden, wie z.B. Abplaggen, Mähen, Abbrennen und auch Schafbeweidung. Das deckt derzeit nicht die anfallenden Kosten. Die Zuschüsse werden von verschiedenen Institutionen aufgebracht, i.w. aus öffentlichen Mitteln, Spenden und Vereinsbeiträgen. Es ist nicht ausgeschlossen, dass dieses Geld in Zukunft nicht mehr reicht, um die Heideflächen zu erhalten.

16  Sind die Heidschnuckenherden und die Schafställe hier für Sie so wichtig, dass Sie gegebenenfalls einen finanziellen Beitrag zu ihrer Erhaltung leisten würden?

□  *Ja, auf jeden Fall*
□  *Ja, vielleicht*
□  *Eher nicht*
□  *Bestimmt nicht*

                                                    □  *weiß nicht*  □ *k. A.*

---

17  Wenn es aus Naturschutzgründen nötig wäre, einen Teil der bisher zugänglichen Wege (ca. 10 %) für die Heidebesucher zu sperren – würden Sie das <u>akzeptieren</u> oder würden Sie dann irgendwelche Konsequenzen ziehen ?

☐ *akzeptieren*
☐ *Konsequenzen, nämlich*_____

☐ *weiß nicht*   ☐ *k. A.*

18 Bitte stellen Sie sich einmal vor, es muss ein Beitrag der Heidebesucher erhoben werden, um die Kosten, die **insgesamt für die verschiedenen Verfahren** zur Erhaltung der Landschaft entstehen, zu decken. Was wäre für Sie persönlich der **maximal erträgliche (Urlaubs-)tägliche** Beitrag (pro Person) dazu?
Wir haben einige Vorschläge auf dieser Karte eingezeichnet, Sie können aber selbstverständlich auch einen Betrag nennen, der nicht auf der Karte steht.

*MAX.*_____ *EUR*

19 Sie haben jetzt die Gelegenheit, sich Ihre letzte Antwort noch einmal zu überlegen. Schauen Sie sich noch einmal die Karte an.

Bleiben Sie bei Ihrer Antwort oder wollen Sie den Betrag verändern ?

*MAX.*_____ *EUR*

20 Was wäre für Sie ein geeignetes Mittel, einen Beitrag zur Heidepflege zu erheben?

☐ Kurtaxe

☐ Eintrittsgeld

☐ Umlage auf sonstige Angebote (z.B. Gastronomie)

☐ „Heidepaß" (Pauschalgebühr für eine längere Zeiteinheit, z.B. Monat)

☐ andere _____

☐ *weiß nicht*   ☐*k. A.*

## Statistik

So, das war der schwierigere Teil des Fragebogens – zum Schluss noch ein paar kurze Fragen für die Statistik. Ich möchte noch einmal wiederholen, dass Ihre Antworten selbstverständlich **anonym und vertraulich** behandelt werden und diese nicht mit Ihrer Person in Verbindung gebracht werden können.

21a Sind Sie Mitglied einem oder mehreren <u>Natur- bzw. Umweltschutz</u> <u>verbänden</u>?

☐ *ja*
☐ *nein*

☐ *k. A.*

21b in welchen? *Mehrfachnennungen möglich!*

☐ VNP
☐ WWF
☐ Greenpeace
☐ BUND
☐ NABU
☐ Grüne Liga
☐ Schutzgemeinschaft Deutscher Wald
☐ andere:................................................................................................

22  In welchem Jahrzehnt sind Sie <u>geboren</u>?

☐ 1910 – 19    ☐ 1950 - 59
☐ 1920 – 29    ☐ 1960 - 69
☐ 1930 – 39    ☐ 1970 - 79
☐ 1940 – 49    ☐ 1980 – **85**         ☐  *k. A.*

23  Können Sie mir sagen, wie viele Erwachsene und Kinder in Ihrem <u>Haushalt</u> leben?

........ Erwachsene
                              ......
........ Kinder         ☐  *k. A.*

24 a) Zu welcher Gruppe gehört Ihr <u>Beruf</u>?

☐ Hausfrau/-mann
☐ Rentner(in)
☐ Schüler(in)/Student(in)
☐ Beamter ⎫ Position:
☐ Angestellte(r) ⎬ ☐ Mitarbeiter(in)
☐ selbständig ⎭ ☐ Gruppenleiter(in)/Vorarbeiter(in)
☐ arbeitslos ☐ leitender Angestellter
☐ anderes: .................................................... ☐ Top-Management

                                                ☐    *k. A.*

24 b) Zu wie viel Prozent sind Sie erwerbstätig?       ......%
                                                   ☐    *k. A.*

25 a) **Tagesausflug/Urlaubsgast**: Wieviel Geld werden Sie etwa während Ihres Aufenthaltes in der Heide ausgeben?

Ca. _____ EUR

25 b) **nur Urlaubsgast:** Würden Sie uns sagen, in welcher Kategorie der Preis Ihrer Unterkunft (pro Person ohne Frühstück ) liegt ?

☐ unter 20 EUR    ☐ 61-80 EUR
☐ 21-40 EUR      ☐ über 80 EUR
☐ 41-60 EUR                              ☐   *k.A.*

26 Und nun noch die letzte Frage: Wir haben Sie ja vorhin nach (Eintritts)Preisen gefragt. Um das richtig einordnen zu können, sollten wir von Ihnen noch wissen, in welche der folgenden Kategorien das monatliche Netto-<u>Einkommen Ihres Haushaltes</u> fällt *(Karte mit Kategorien zeigen).*

*Bei Zögern erklären: Wir fragen nicht aus Neugier. Wir fragen, weil die Leute ja unterschiedlich viel Geld zur Verfügung haben. Dies zu ignorieren wäre ungerecht und wissenschaftlich ungenau.*

Nur grob – in welcher Kategorie liegt es? Nennen Sie mir nur den Buchstaben.

☐ A *(unter 1000 EUR)*        ☐ E *(4001.- bis 5000.- EUR)*
☐ B *(1001.- bis 2'000.-EUR)*    ☐ F *(5001.- bis 6000.- EUR)*
☐ C *(2001.- bis 3000.- EUR)*    ☐ G *(6001.- bis 7000.- EUR)*
☐ D *(3001.- bis 4000.- EUR)*    ☐ H *(über 7000.- EUR)*

                                            ☐ weiß nicht   ☐ k. A.

## Nach dem Interview für jede(n) Befragte(n) auszufüllen

a)  *Datum, Uhrzeit am Ende des Interviews:* _____

    *Wetter:*_____

    *Dauer des Interviews:*    _____

    *Standort:* _____

---

b1) *Geschlecht der befragten Person*    ☐ *w*
                                       ☐ *m*

---

b2) *Zusammensetzung der befragten Gruppe*   .... *Frauen* ⎤
                              .... *Männer* ⎦   .... *insgesamt*

                              .... *Kinder*

---

c)  *Kurze Beurteilung des Verlaufs der mündlichen Befragung*

*Das Interview schien für den Interviewten eher:*

☐ *zu lang,*
☐ *angemessen oder*
☐ *es hätte noch länger dauern können.*
☐ *Das Interview wurde nachträglich abgebrochen.*

---

d)  *Einschätzung der Reaktion des Interviewten auf die "Eintrittsfragen"?*

☐ *sehr interessiert, gründlich nachgedacht*
☐ *interessiert*
☐ *weniger interessiert*

☐ *desinteressiert, hat eher willkürlich ("ins Blaue hinein") geantwortet*

---

*e) Bemerkungen:*

## Anhang 2 Fragebogen Landwirte

**Universität Lüneburg**

Lehrstuhl für BWL, insb. Umweltmanagement
Dipl.-Forstw. Jan Müller
Scharnhorststr. 1, Geb. 6
D- 21335 Lüneburg
☎ (49) 4131-78-2128
Fax: (49) 4131-78-2186
e-mail: jmueller@uni-lueneburg.de
http://www.uni-lueneburg.de/umanagement

*Akzeptanz der Heidepflegemaßnahmen*

### Einleitung

Guten Tag, mein Name ist ...
Ich führe im Rahmen eines Forschungsprojekts der Universität Lüneburg eine Umfrage durch, in der es um die Lüneburger Heide als Naturschutz- und Erholungsregion geht.
Wir möchten Sie bitten, uns über Ihre Einstellung zu Heideflächen einige Auskünfte zu geben. Sie helfen damit, die Bedürfnisse der Anspruchsgruppen bei der Gestaltung der Heide besser zu berücksichtigen.
Das Interview dauert etwa 8 Minuten.

### Einverständnis

ja
↓

Nein

Mit Frage 1 beginnen...

Ende der Befragung, Verweigerung notieren

**Fragen**

Vorab versichere ich Ihnen, dass Ihre Antworten selbstverständlich **anonym und vertraulich** behandelt werden.

01  Sind Sie selbständiger Landwirt oder Angestellter ?

☐ *selbständig*
☐ *Angestellter*
                                                              ☐  *k. A.*

.
02  Liegen die Flächen, die Sie bearbeiten

☐ direkt angrenzend an Heideflächen
☐ in unmittelbarer Nähe (bis 500m)
☐ weiter als 500m entfernt von Heideflächen?                  ☐  *k. A.*

03  Betreiben Sie auf diesen Flächen überwiegend

☐ Ackerbau
☐ Viehwirtschaft
☐ Grünlandwirtschaft
☐ alle drei auf etwa gleicher Fläche                          ☐  *k. A.*

04a) Vermarkten Sie die Produkte, die Sie erzeugen, nur über Großhandel/Genossenschaften oder auch in nennenswertem Umfang ( ca. 10 % oder mehr ) direkt an Endverbraucher oder andere Abnehmer?

☐ *nur Großhandel*
☐ *auch Endverbraucher (> 10 %)*
☐ *andere Abnehmer, nämlich_____*
                                  ☐ *weiß nicht*      ☐  *k. A.*

04b)  *nur bei 04a): „Endverbraucher":* Sind diese Endverbraucher nach Ihrer Erfahrung eher Einheimische oder auswärtige Heidebesucher ?

☐ *Einheimische*
☐ *auswärtige Heidebesucher*
☐ *weiß nicht*
                                                              ☐  *k. A.*

05 Nutzen Sie selbst die **Heide**flächen in irgendeiner Form (z.B. zu Spazieren gehen o. ä.) ?

☐   *ja, und zwar zum*_____
☐   *nein*

                                                  ☐   *k. A.*

---

06 Wissen Sie, ob die Heideflächen im Naturschutzpark irgendwie bearbeitet oder gepflegt werden ?

☐ *ja, und zwar durch* _____
☐ *nein, weiß ich nicht*(➜ **zu Frage 12**)

                                                  ☐   *k. A.*

---

07 **Falls 06 „ja"** Wie betreffen Sie die Maßnahmen, die auf den Heideflächen durchgeführt werden:
Haben Sie persönlich davon Vorteile, Nachteile oder betrifft es Sie nicht ?

☐ *betrifft mich nicht*
☐ *habe eher Vorteile davon nämlich* _____
☐ *habe eher Nachteile davon, nämlich* _____

                              ☐ *weiß nicht*    ☐ *k. A.*

---

08 Glauben Sie persönlich, dass die Heidepflegemaßnahmen die Attraktivität der Heide eher

☐ verbessern    ☐ verschlechtern    ☐ nicht verändern?

                              ☐ *weiß nicht*    ☐ *k. A.*

---

09 Kommen Sie selbst in irgendeiner Form (vielleicht als Pensionswirt, bei Kutschfahrten o.ä.) aktiv mit dem Tourismus der Region in Berührung?

☐ *ja, als* _____
☐ *nein*

                                                ☐ *k. A.*

---

10 Sind Sie der Ansicht, dass die Heideflächen grundsätzlich in der derzei
tigen Größe erhalten werden sollten, vergrößert oder verkleinert werden
sollten ?

☐ *erhalten*
☐ *vergrößert*
☐ *verkleinert*                                    ☐ *k. A.*

---

11 Tun Sie irgendetwas für oder gegen die derzeitigen Heidepflege
maßnahmen (z. B.Vereinsmitgliedschaft, Politik, Ehrenamt o.ä.)?

☐   *ja, nämlich_____*
☐   *nein*

                                    ☐ *weiß nicht*      ☐ *k. A.*

---

Interviewer: Um die Heideflächen in dem derzeitigen Zustand zu erhalten,
entstehen Kosten. Es müssen die früher durchgeführten Maßnahmen der Heidebauernwirtschaft nachgeahmt werden, wie z.b. Abplaggen, Mähen,
Abbrennen und auch Schafbeweidung. Die anfallenden Kosten werden von
verschiedenen Institutionen aufgebracht, i.w. aus öffentlichen Mitteln, Spenden und Vereinsbeiträgen. Es ist nicht ausgeschlossen, dass dieses Geld in
Zukunft nicht mehr reicht, um die Heideflächen zu erhalten.

12 Wie stehen Sie persönlich zu den einzelnen Verfahren, die zur Pflege der
Heide durchgeführt werden. Bitte antworten Sie in einer Skala von 1 (finde ich sehr gut) bis 5 (finde ich sehr schlecht)

|          | *1* | *2* | *3* | *4* | *5* |
|----------|-----|-----|-----|-----|-----|
| Plaggen  | ☐   | ☐   | ☐   | ☐   | ☐   |
| Schoppern| ☐   | ☐   | ☐   | ☐   | ☐   |
| Mähen    | ☐   | ☐   | ☐   | ☐   | ☐   |
| Brennen  | ☐   | ☐   | ☐   | ☐   | ☐   |
| Beweidung| ☐   | ☐   | ☐   | ☐   | ☐   |

---

13 a)  Leisten Sie derzeit einen materiellen Beitrag zur Erhaltung der Heide
z.B. kostenlose Bereitstellung von Maschinen, Spenden o.ä.)?

☐ ja
☐ nein
☐ weiß nicht

☐ k. A.

13 b) **Wenn 13 a) ja:** Wie hoch ist dieser Beitrag etwa in EUR?

_____ EUR

☐ k. A.

14 Wieviel EUR wäre Ihnen die von Ihnen gewünschte Entwicklung der Heideflächen im Naturschutzpark jährlich **zusätzlich** maximal wert? Wir haben eine Karte vorbereitet, an der Sie sich orientieren können.

Maximal _____EUR

**Jetzt haben wir nur noch einen kurzen Statistik-Teil:**

14 In welchem Jahrzehnt sind Sie geboren?

☐ 1910 – 19     ☐ 1950 - 59
☐ 1920 – 29     ☐ 1960 - 69
☐ 1930 – 39     ☐ 1970 - 79
☐ 1940 – 49     ☐ 1980 – **85**        ☐ k. A.

15 Können Sie mir sagen, wie viele Erwachsene und Kinder in Ihrem Haushalt leben?

......... Erwachsene ⎱
              ⎰ ......

......... Kinder                                 ☐ k. A.

16 Zu wie viel Prozent sind Sie in der Landwirtschaft erwerbstätig? ......%

☐ k. A.

17 Und nun noch die letzte Frage: Wir haben Sie ja vorhin nach einem finanziellen Beitrag zur Heidepflege gefragt. Um das richtig einordnen zu

können, sollten wir von Ihnen noch wissen, in welche der folgenden Kategorien das monatliche Netto-Einkommen Ihres Haushaltes fällt *(Karte mit Kategorien zeigen).*

**Bei Zögern erklären**: *Wir fragen nicht aus Neugier. Wir fragen, weil die Leute ja unterschiedlich viel Geld zur Verfügung haben. Dies zu ignorieren wäre ungerecht und wissenschaftlich ungenau.*

Nur grob – in welcher Kategorie liegt es? Nennen Sie mir nur den Buchstaben.

☐  A *(unter 1000 EUR)*      ☐  E *(4001.- bis 5000.- EUR)*
☐  B *(1001.- bis 2´000.-EUR)*   ☐  F *(5001.- bis 6000.- EUR)*
☐  C *(2001.- bis 3000.- EUR)*   ☐  G *(6001.- bis 7000.- EUR)*
☐  D *(3001.- bis 4000.- EUR)*   ☐  H *(über 7000.- EUR)*
                    ☐  weiß nicht          ☐  *k. A.*

---

**Nach dem Interview für jede(n) Befragte(n) auszufüllen**

*a)   Uhrzeit am Ende des Interviews:* .................................

*Dauer des Interviews:* .................................

*Standort:* .................................

---

*b1) Geschlecht der befragten Person*   ☐  *w*
                    ☐  *m*

---

*b2) Zusammensetzung der befragten Gruppe.... Frauen*

*.... Männer*  }  *.... insgesamt*

*.... Kinder*

---

*c)   Kurze Beurteilung des Verlaufs der mündlichen Befragung*

*Das Interview schien für den Interviewten eher:*

☐  *zu lang,*
☐  *angemessen oder*
☐  *es hätte noch länger dauern können.*
☐  *Das Interview wurde nachträglich abgebrochen.*

---

d)  *Einschätzung der Reaktion des Interviewten auf die "Eintrittsfragen"?*

☐  *sehr interessiert, gründlich nachgedacht*
☐  *interessiert*
☐  *weniger interessiert bis desinteressiert*
☐  *hat eher willkürlich ("ins Blaue hinein") geantwortet*

---

e)  Bemerkungen

**Universität Lüneburg**

Lehrstuhl für BWL, insb.
Umweltmanagement
-Forstw. Jan Müller
rnhorststr. 1, Geb. 6
.335 Lüneburg
(49) 4131-78-2128
Fax: (49) 4131-78-2186
e-mail: jmueller@uni-
lueneburg.de
http://www.uni-
lueneburg.de/umanagement

*Akzeptanz der Heidepflegemaßnahmen*

**Einleitung**

Guten Tag, mein Name ist ...
Ich führe im Rahmen eines Forschungsprojekts der Universität Lüneburg ei-
ne Umfrage durch, in der es um die Lüneburger Heide als Naturschutz- und
Erholungsregion geht.

Wir möchten Sie bitten, uns über Ihre Einstellung zur Heide einige Auskünfte
zu geben. Sie helfen damit, die Bedürfnisse der Anspruchsgruppen bei der
Gestaltung der Heide besser zu berücksichtigen.
Das Interview dauert rund 12 Minuten.

---

**Fragen**

Vorab versichere ich Ihnen, dass Ihre Antworten selbstverständlich **anonym
und vertraulich** behandelt werden.

01  Welche Art von Unternehmen betreiben Sie/in welcher Art von Unter
    nehmen sind Sie beschäftigt?

☐ Hotel
☐ Restaurant
☐ Pension
☐ Handel
☐ sonstige_____

☐ k. A.

02 Welche Entfernung hat Ihr Betrieb von den nächstgelegenen Heideflächen des Naturschutzparks?

☐ bis 1 km
☐ bis 5 km
☐ bis 10 km
☐ über 10 km

03 Nutzen Sie selbst die Heideflächen in irgendeiner Form, z.B. zum Spazierengehen, Joggen o. ä. ?

☐ Spazierengehen,
☐ Joggen
☐ Hund ausführen
☐ Fahrrad fahren
☐ Reiten
☐ sonstiges_____

☐ k. A.

04 Wissen Sie, ob die Heideflächen im Naturschutzpark irgendwie bear beitet oder gepflegt werden ?

☐ werden gepflegt, und zwar durch _____
☐ werden nicht gepflegt  ➡ weiter mit Frage 12
☐ nein, weiß ich nicht

☐ k. A.

05 Denken Sie, dass Sie von den Maßnahmen, die auf den Heideflächen durchgeführt werden, eher Vor- oder Nachteile haben?

☐ habe eher Vorteile davon
☐ habe eher Nachteile davon
☐ betrifft mich wenig

□ *weiß nicht*  □ *k. A.*

06 (Falls 04 „ja") Haben Sie **spezielle Beobachtungen** zu den verschiedenen
Verfahren (Brennen, Beweidung, mechanische Verfahren) gemacht, (z.B.
Wirksamkeit, Akzeptanz/Ablehnung durch Touristen o.ä.) ?

□ *ja, nämlich* _____
□ *nein*

□  *k. A.*

07 Finden Sie persönlich, dass die Attraktivität der Heide durch die
Pflegemaßnahmen eher

□ verbessert     □ verschlechtert oder     □ nicht verändert   wird ?

□  *k. A.*

08 Denken Sie, dass aktuell **in ausreichendem Maß** Pflegemaßnahmen
durchgeführt werden, **zu wenige oder zu viele?**

□ *ausreichend*
□ *zu wenige*
□ *zu viele*                                   □   *k. A.*

09 Wie beurteilen Sie den **aktuellen** Zustand der Heideflächen?

□ *sehr gut*
□ *gut*
□ *mittelmässig*
□ *schlecht*
□ *sehr schlecht*

□ *weiss nicht*     □ *k. A.*

10 Was denken Sie, wie werden die Heidepflegemaßnahmen finanziert ?

□ *Privat, nämlich* _____
□ *Öffentlich, nämlich* _____
□ *beides*

□ weiß nicht  □ *k. A.*

11  Glauben Sie, dass **Ihr Betrieb** in irgendeiner Form von der Pflegequa
lität der Heideflächen beeinflusst       wird ?

☐  *ja, positiv*
☐  *ja, negativ*
☐  *nein*                                         ☐  weiß nicht   ☐  *k. A.*

---

Interviewer: Um die Heideflächen in dem derzeitigen Zustand zu erhalten,
entstehen Kosten. Es müssen die früher durchgeführten Maßnahmen der Heidebauernwirtschaft nachgeahmt werden, wie z.B. Abplaggen, Mähen, Abbrennen und auch Schafbeweidung. Das deckt derzeit nicht die anfallenden
Kosten. Die Zuschüsse werden von verschiedenen Institutionen aufgebracht,
i.w. aus öffentlichen Mitteln, Spenden und Vereinsbeiträgen. Es ist nicht ausgeschlossen, dass dieses Geld in Zukunft nicht mehr reicht, um die Heideflächen zu erhalten.

12a)  Wie würden Sie – angenommen, die Pflegemaßnahmen könnten nicht
mehr in bisheriger Form finanziert werden - über eine Art „Abgabe" für die
beteiligten Gruppen ( u.a. **Gastronomie, Handel, Besucher**) denken ?

☐  *Fände ich akzeptabel*
☐  *Fände ich nicht azeptabel*

                                        ☐  *weiss nicht* ☐  *k. A.*

12b)**Falls 12a) „akzeptabel":** In welcher Höhe für Ihren Betrieb jährlich?
(Zur Orientierung haben wir eine Karte mit möglichen jährlichen Abgabehö-
hen vorbereitet)

_____€


**Falls 12a) „nicht akzeptabel":** Warum nicht?

☐  *Grundsätzlich nicht*
☐  *Keine zusätzliche Belastung tragbar*
☐  *Sonstiges_____*
                                        ☐  *weiss nicht*        ☐  *k. A.*

---

13  Sind Sie oder ist Ihr Betrieb Mitglied oder unterstützen Sie eine Vereini
    gung oder Interessengemeinschaft (z.b. VNP), die sich für den Erhalt
    der regionsspezifischen Merkmale wie Heideflächen, Schafhaltung etc.
    einsetzt? *Wenn Unterstützung, in welcher Form?*

☐ *ja, im*_____*, unterstütze durch* _____
☐ *nicht Mitglied, aber unterstütze* _____
☐ *nein*

☐  *k. A.*

---

14  Was denken Sie, müsste anders sein, damit die Heide für die Besucher at
    traktiver würde?

*mehr / weniger*
☐ *nichts (alles soll so bleiben wie es ist)*      ☐ ☐  *Besucher*
☐ *besser gepflegte Heide*                          ☐ ☐  *Sitzbänke*
☐ *größere Heideflächen*                            ☐ ☐  *Grillplätze*
☐ *mehr Wald*                                       ☐ ☐  *Parkplätze*
☐ *mehr Ruhe*                                       ☐ ☐  *Wege*
☐ *weniger Hunde*                                   ☐ ☐  *Schafe*
☐ *größeres Angebot für Sportler*                   ☐ ☐  *Reitwege*
☐ *bessere ÖPNV-Verbindungen*                       ☐ ☐  *Fahrradwege*
☐ *mehr Kiosk/Lokale*                               ☐ ☐  *Schafställe*
☐ *weniger Abfall*                                  ☐ ☐  *anderes:* ....................................
☐ *weniger vergraste Flächen*                       ☐ ☐  *anderes:*
  ....................................
☐ *anderes:* ....................................

☐  *weiss nicht*        ☐  *k. A.*

**Statistik**

So, das war der schwierigere Teil des Fragebogens – zum Schluss noch ein
paar kurze Fragen für die Statistik. Ich möchte noch einmal wiederholen,
dass Ihre Antworten selbstverständlich **anonym und vertraulich** behandelt
werden und diese nicht mit Ihrer Person in Verbindung gebracht werden
können.

15a) Sind Sie Mitglied einem oder mehreren überregionalen <u>Natur- bzw. Umweltschutzverbänden?</u>

☐ *ja*
☐ *nein*

☐ *k. A.*

15b)  in welchen? *Mehrfachnennungen möglich!*

☐ WWF
☐ Greenpeace
☐ BUND
☐ NABU
☐ Grüne Liga
☐ Schutzgemeinschaft Deutscher Wald
☐ andere: ................................................................................................

16  Würden Sie mir sagen, wie groß Ihr Betrieb ist?

......... Angestellte

.........Betten **(Hotel / Pension)**                                           ☐   *k. A.*

17  Wie viel Jahresumsatz macht Ihr Betrieb etwa?

☐  A bis 100000 €
☐  B 100001 bis 200000 €
☐  C 200001 bis 300000 €
☐  D 300001 bis 400000 €
☐  E 400001 bis 500000 €
☐  F über 500000 €

☐   *k. A.*

**Nach dem Interview für jede(n) Befragte(n) auszufüllen**

a) *Uhrzeit am Ende des Interviews:* ...............

*Dauer des Interviews:* ...............

---

b1) *Geschlecht der befragten Person*   ☐ *w*
                                        ☐ *m*

---

b2) *Zusammensetzung der befragten Gruppe*   .... *Frauen* ⎫
                                             .... *Männer* ⎬   .... *insgesamt*
                                             .... *Kinder*

---

c) *Kurze Beurteilung des Verlaufs der mündlichen Befragung*

*Das Interview schien für den Interviewten eher:*

☐ *zu lang,*
☐ *angemessen oder*
☐ *es hätte noch länger dauern können.*
☐ *Das Interview wurde nachträglich abgebrochen.*

---

d) *Einschätzung der Reaktion des Interviewten auf die "Eintrittsfragen"?*

☐ *interessiert, gründlich nachgedacht*
☐ *weniger interessiert bis desinteressiert*
☐ *hat eher willkürlich ("ins Blaue hinein") geantwortet*

---

e) *Bemerkungen:*

## Anhang 4 Skalen und Zahlungskarte

Attraktivitätsskala der Bilder (vgl. Anhang 5)

| | |
|---|---|
| 1 | hoch |
| 2 | ziemlich hoch |
| 3 | mittel |
| 4 | ziemlich niedrig |
| 5 | niedrig |

Zustandsbewertung der Heide & Fragebogen Landwirte

| | |
|---|---|
| 1 | sehr gut |
| 2 | gut |
| 3 | mittelmässig |
| 4 | schlecht |
| 5 | sehr schlecht |

Zahlungskarte, die den Befragten bei der Frage nach der Zahlungsbereitschaft gezeigt wurde (verkleinert):

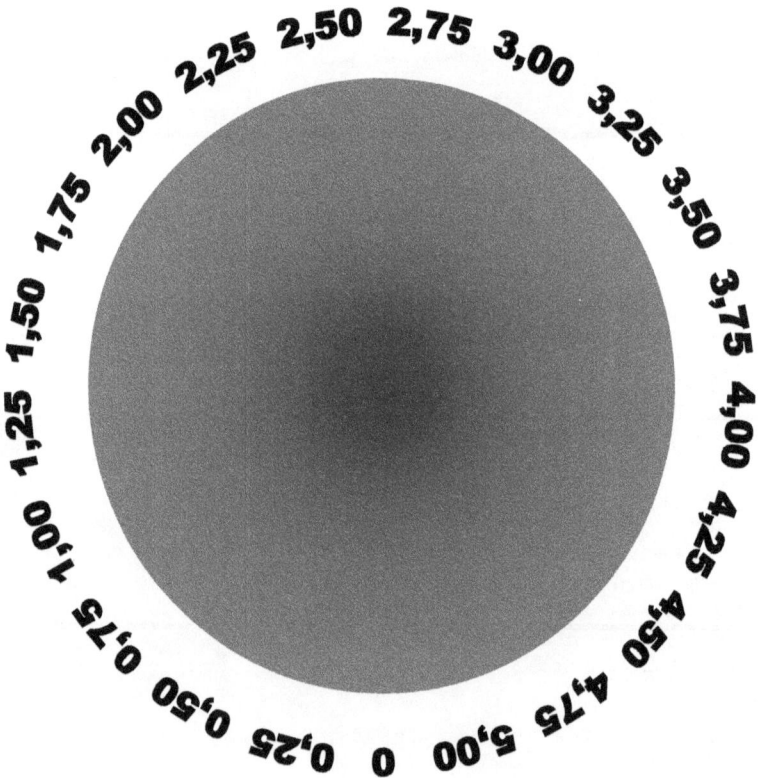

## Bilderserie „Durchführung der Verfahren"

Mahd

Plaggen mit Raupe

Kontrolliertes Brennen

## Bilderserie „Frisch bearbeitete Flächen"

Gebrannte Fläche

Gemähte Fläche

Geplaggte Fläche

Geschopperte Fläche

**<u>Bilderserie „Flächen zwei Jahre nach der Durchführung"</u>**

Geplaggte Fläche

Gemähte Fläche

Geschopperte Fläche

Bilder: Verfasser, Verein Naturschutzpark (S. 244, 245 oben).

## Anhang 6 Interviewer-Leitfaden

## Interviewer-Leitfaden

Lieber Interviewer, liebe Interviewerin,

vielen Dank für Ihre Mitarbeit.
Ein Interview ist eine psychologisch sehr komplexe und mit vielen Gefahren
der Subjektivität behaftete Methode der Datenerhebung.
Bitte helfen Sie mit, unsere Untersuchung so präzise wie möglich
durchzuführen und halten Sie sich an folgende Hinweise:

Zum Fragebogen:

Die Fragen sollen grundsätzlich vorgelesen werden, ohne dass der Befragte
die Antworten einsehen kann. Wenn die Antwortmöglichkeiten normal
gesetzt sind, sollen sie dem Befragten vorgelesen werden. Wenn sie *kursiv*
sind, sollen sie **nicht vorgelesen** werden, sondern nur dem Interviewer ein
schnelleres Notieren ermöglichen.
Es hat viel Aufwand gekostet, den Fragebogen zu konzipieren, man sollte
sich möglichst wörtlich daran halten. Wenn Sie im Interview eigene
Kommentare dazu machen (müssen), beschränken Sie sich bitte auf
notwendige Erklärungen und formulieren Sie möglichst sachlich und klar. In
die auszufüllenden Felder tragen Sie bitte genau das ein, was der Befragte
sagt, auch wenn es nicht innerhalb der bisher üblichen Werte liegt.
Trotzdem prüfen Sie bitte die Antworten auf Plausibilität, falls z.B. ein
Befragter angibt, er sei für einen Tagesausflug aus München gekommen,
sollte man nachfragen, ob das denn wirklich so sein kann.

Zur Auswahl der Befragten:
Es sollen so viele Mitglieder der jeweiligen Befragungsgruppen (Touristen,
Landwirte etc.) erfasst werden wie möglich, aber nur so viele, dass jeder
Fragebogen vollständig und in Ruhe ausgefüllt werden kann.
Neben der Erhebung der Daten über die Fragebögen brauchen wir im Fall
der Befragungen auf den Heideflächen (Touristen, Wanderer etc.) auch
Stichprobenzählungen. Zählen Sie bitte jede Stunde genau 5 Minuten lang die
Personen, die Ihre Station passieren.

Bitte lassen Sie sich bei der Auswahl der Befragten nicht von irgendwelchen
Merkmalen leiten, sondern befragen Sie immer die als nächste erreichbare
Person. Aus Besuchergruppen befragen Sie bitte immer nur *eine* Person.

Erfassen Sie dabei nur die Aussagen dieser Person, versuchen Sie, die Beeinflussung anderer auf freundliche Art und Weise zu unterbinden. Falls der Passant kein Interview geben möchte, bieten Sie Ihm einen schriftlichen Fragebogen an, den er mitnehmen und zurückschicken kann (incl. frankiertem Kuvert); aber bitte nur dann, wenn er wirklich nicht befragt werden will!

Falls jemand das Interview und die Annahme des Fragebogens ablehnt, füllen Sie bitte einen Fragebogen aus mit allen Angaben, die aus der Situation möglich sind.

Bei etwaigen Protesten gegen einzelne Fragen erklären Sie bitte, dass es nicht darum geht, ein Eintrittsgeld für die Heide einzuführen, sondern nur darum, eine möglichst genaue Schätzung der Wertschätzung der verschiedenen Gruppen zu erhalten.

Denken Sie bitte an folgende Ausrüstung:

Schreibbrett
Fragebogen
Kuverts frankiert
Lostrommel
Uhr
**Freundlichkeit erhöht die Bereitschaft der Befragten, mitzumachen !!!!!**

# Anhang 7 Karte der Interviewplätze

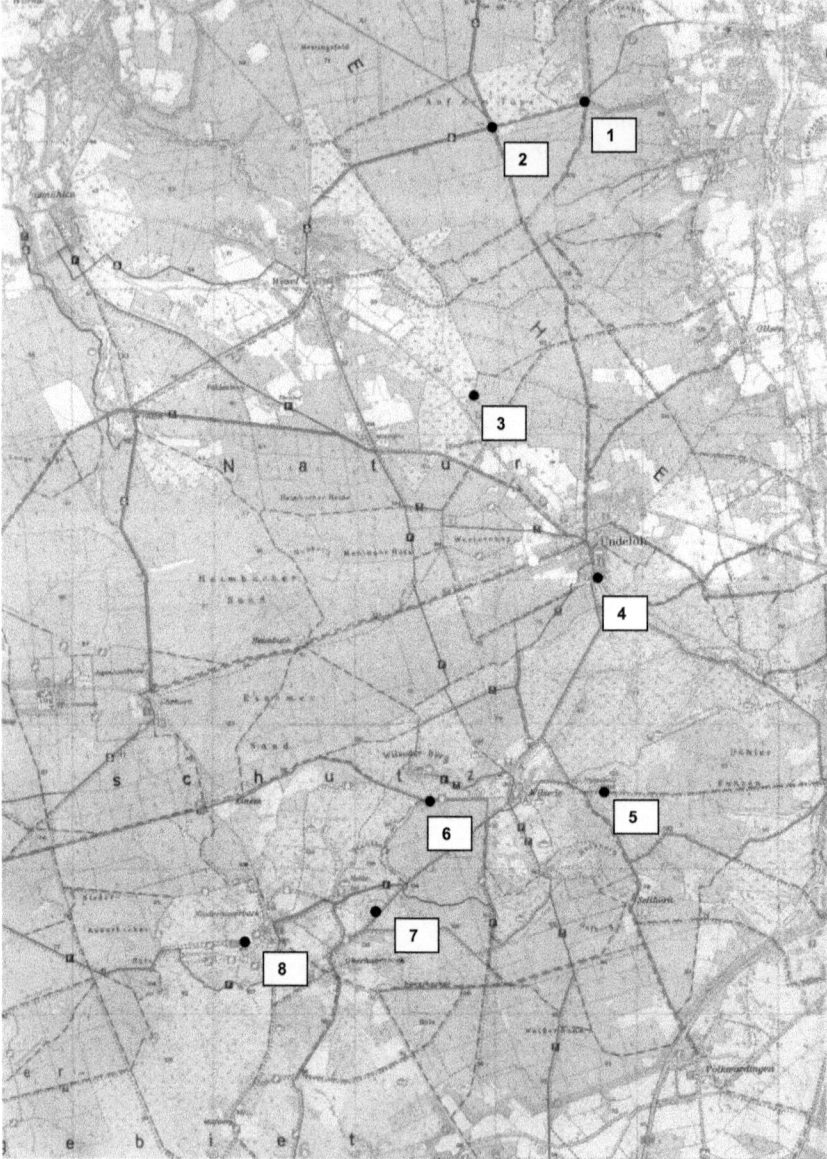

**Anhang 8 Originalergebnisse der Tobit-Analyse**

--> dstat;rhs=*$
Descriptive Statistics
All results based on nonmissing observations.
=========================================================
=======================

| Variable | Mean | Std.Dev. | Minimum | Maximum | Cases |
|---|---|---|---|---|---|

=========================================================
=======================

--------------------------------------------------------------------------

All observations in current sample

--------------------------------------------------------------------------

| Variable | Mean | Std.Dev. | Minimum | Maximum | Cases |
|---|---|---|---|---|---|
| ZAH | 1.92588578 | 1.47106800 | .000000000 | 10.0000000 | 858 |
| WOHW | .120046620 | .325205613 | .000000000 | 1.00000000 | 858 |
| WOHZ | .455710956 | .498325102 | .000000000 | 1.00000000 | 858 |
| WOHG | .424242424 | .494515731 | .000000000 | 1.00000000 | 858 |
| NAT1 | .502917153 | .500283456 | .000000000 | 1.00000000 | 857 |
| NAT2 | .453908985 | .498161814 | .000000000 | 1.00000000 | 857 |
| EINK | .767414404E-01 | .266338021 | .000000000 | 1.00000000 | 847 |
| EINK1 | .249114522 | .432755802 | .000000000 | 1.00000000 | 847 |
| EINK2 | .298701299 | .457958998 | .000000000 | 1.00000000 | 847 |
| EINK3 | .144037780 | .351335498 | .000000000 | 1.00000000 | 847 |
| EINK4 | .814639906E-01 | .273707979 | .000000000 | 1.00000000 | 847 |
| EINK5 | .224321133E-01 | .148171638 | .000000000 | 1.00000000 | 847 |
| EINK6 | .141676505E-01 | .118251586 | .000000000 | 1.00000000 | 847 |
| EINK7 | .177095632E-01 | .131971577 | .000000000 | 1.00000000 | 847 |
| VERN | .846698113 | .360490867 | .000000000 | 1.00000000 | 848 |
| VERJ | .153301887 | .360490867 | .000000000 | 1.00000000 | 848 |
| AUS | 151.218327 | 257.280737 | .000000000 | 3579.04000 | 813 |
| AND1 | .385331781 | .486957134 | .000000000 | 1.00000000 | 859 |
| AND2 | .614668219 | .486957134 | .000000000 | 1.00000000 | 859 |
| ZUS1 | .628637951E-01 | .242859219 | .000000000 | 1.00000000 | 859 |
| ZUS2 | .360884750 | .480536956 | .000000000 | 1.00000000 | 859 |
| ZUS3 | .356228172 | .479162755 | .000000000 | 1.00000000 | 859 |
| ZUS4 | .663562282E-01 | .249048761 | .000000000 | 1.00000000 | 859 |
| ZUS5 | .465657742E-02 | .681197158E-01 | .000000000 | 1.00000000 | 859 |

--> save; file=Jdata.sav$
-->
TOBIT;Lhs=ZAH;Rhs=ONE,WOHW,WOHZ,NAT2,EINK1,EINK2,EINK3,E
INK4,EINK5,EINK6

,EINK7,VERJ,AUS,AND1,ZUS2,ZUS3,ZUS4,ZUS5;Margin$
Normal exit from iterations. Exit status=0.

```
+----------------------------------------------+
| Limited Dependent Variable Model - CENSORED  |
| Maximum Likelihood Estimates            |
| Model estimated: May 05, 2004 at 01:03:10PM. |
| Dependent variable         ZAH   |
| Weighting variable         None   |
| Number of observations        859  |
| Iterations completed        20   |
| Log likelihood function    -1511.488  |
| Threshold values for the model:      |
| Lower=   .0000   Upper=+infinity    |
| LM test [df] for tobit=   39.906[ 18]  |
| ANOVA  based fit measure =  .000285    |
| DECOMP based fit measure =  .001694    |
+----------------------------------------------+
```

```
+---------+--------------+----------------+--------+---------+----------+
|Variable | Coefficient | Standard Error |b/St.Er.|P[|Z|>z] | Mean of X|
+---------+--------------+----------------+--------+---------+----------+
```

Primary Index Equation for Model

| Variable | Coefficient | Standard Error | b/St.Er. | P[|Z|>z] | Mean of X |
|---|---|---|---|---|---|
| Constant | 1.583552618 | .16774176 | 9.440 | .0000 | |
| WOHW | -.3890115301 | .19103529 | -2.036 | .0417 | -1.0430733 |
| WOHZ | .4946696256 | .11919561 | 4.150 | .0000 | -.70779977 |
| NAT2 | .2332086994 | .10631666 | 2.194 | .0283 | -1.8731083 |
| EINK1 | -.2285954144 | .12884397 | -1.774 | .0760 | -13.710128 |
| EINK2 | .1217717312 | .12178152 | 1.000 | .3173 | -13.661234 |
| EINK3 | -.7283039811E-01 | .15251931 | -.478 | .6330 | -13.813737 |
| EINK4 | .3768244038 | .18835946 | 2.001 | .0454 | -13.875437 |
| EINK5 | -.7251608618 | .32007475 | -2.266 | .0235 | -13.933644 |
| EINK6 | .5168639008 | .37935470 | 1.362 | .1730 | -13.941793 |
| EINK7 | .1454723041E-01 | .34967493 | .042 | .9668 | -13.938300 |
| VERJ | .4820024883E-03 | .92506916E-03 | .521 | .6023 | -12.641444 |
| AUS | .7822006536E-04 | .18594196E-03 | .421 | .6740 | 89.623399 |
| AND1 | .8012598088E-01 | .11292290 | .710 | .4780 | .38533178 |
| ZUS2 | .2014791404E-01 | .14840483 | .136 | .8920 | .36088475 |
| ZUS3 | .1124075652E-01 | .15157348 | .074 | .9409 | .35622817 |
| ZUS4 | -.4909742851 | .24744731 | -1.984 | .0472 | .66356228E-01 |
| ZUS5 | -1.001844096 | .81476672 | -1.230 | .2188 | .46565774E-02 |

Disturbance standard deviation

| Variable | Coefficient | Standard Error | b/St.Er. | P[|Z|>z] | Mean of X |
|---|---|---|---|---|---|
| Sigma | 1.543357343 | .40457115E-01 | 38.148 | .0000 | |

(Note: E+nn or E-nn means multiply by 10 to + or -nn power.)

```
+--------------------------------------------+
| Partial derivatives of expected val. with  |
| respect to the vector of characteristics.  |
| They are computed at the means of the Xs.   |
| Observations used for means are All Obs.    |
| Conditional Mean at Sample Point   1.3553   |
| Scale Factor for Marginal Effects   .7722   |
+--------------------------------------------+
+---------+--------------+-----------------+--------+---------+----------+
|Variable | Coefficient  | Standard Error  |b/St.Er.|P[|Z|>z] | Mean of X|
+---------+--------------+-----------------+--------+---------+----------+
```

| Variable | Coefficient | Standard Error | b/St.Er. | P[\|Z\|>z] | Mean of X |
|---|---|---|---|---|---|
| Constant | 1.222822918 | .21289296 | 5.744 | .0000 | |
| WOHW | -.3003955844 | .16698184 | -1.799 | .0720 | -1.0430733 |
| WOHZ | .3819850050 | .77990403E-01 | 4.898 | .0000 | -.70779977 |
| NAT2 | .1800842858 | .74329518E-01 | 2.423 | .0154 | -1.8731083 |
| EINK1 | -.1765218966 | .10200318 | -1.731 | .0835 | -13.710128 |
| EINK2 | .9403240655E-01 | .93902382E-01 | 1.001 | .3166 | -13.661234 |
| EINK3 | -.5623979833E-01 | .11789856 | -.477 | .6333 | -13.813737 |
| EINK4 | .2909846579 | .14836048 | 1.961 | .0498 | -13.875437 |
| EINK5 | -.5599708595 | .25225375 | -2.220 | .0264 | -13.933644 |
| EINK6 | .3991234746 | .29632164 | 1.347 | .1780 | -13.941793 |
| EINK7 | .1123340426E-01 | .27002582 | .042 | .9668 | -13.938300 |
| VERJ | .3722034129E-03 | .71569569E-03 | .520 | .6030 | -12.641444 |
| AUS | .6040171159E-04 | .14123870E-03 | .428 | .6689 | 89.623399 |
| AND1 | .6187346387E-01 | .86902870E-01 | .712 | .4765 | .38533178 |
| ZUS2 | .1555826484E-01 | .11461301 | .136 | .8920 | .36088475 |
| ZUS3 | .8680137639E-02 | .11711975 | .074 | .9409 | .35622817 |
| ZUS4 | -.3791314547 | .19052475 | -1.990 | .0466 | .66356228E-01 |
| ZUS5 | -.7736262791 | .63306154 | -1.222 | .2217 | .46565774E-02 |
| Sigma | .0000000000 | ........(Fixed Parameter)........ | | | |

(Note: E+nn or E-nn means multiply by 10 to + or -nn power.)

www.ingramcontent.com/pod-product-compliance
Lightning Source LLC
Chambersburg PA
CBHW021525210326
41599CB00012B/1383